U0110518

古典文獻研究輯刊

二二編

潘美月・杜潔祥 主編

第1冊

《二二編》總目

編輯部 編

21世紀遼金史論著目錄（上）（2001～2010年）

周峰 著

國家圖書館出版品預行編目資料

21世紀遼金史論著目錄（2001～2010年）（上）／周峰 著—初版—新北市：花木蘭文化出版社，2016〔民105〕

目 4+200 面；19×26 公分

（古典文獻研究輯刊 二二編；第1冊）

ISBN 978-986-404-494-8（精裝）

1. 遼史 2. 金史 3. 專科目錄

011.08 105001911

古典文獻研究輯刊

二二編 第一冊 ISBN：978-986-404-494-8

21世紀遼金史論著目錄（2001～2010年）（上）

作　者 周 峰

主　編 潘美月 杜潔祥

總編輯 杜潔祥

副總編輯 楊嘉樂

編　輯 許郁翎

企劃出版 北京大學文化資源研究中心

出　版 花木蘭文化出版社

社　長 高小娟

聯絡地址 235 新北市中和區中安街七二號十三樓

電話：02-2923-1455／傳真：02-2923-1452

網　址 http://www.huamulan.tw 信箱 hml 810518@gmail.com

印　刷 普羅文化出版廣告事業

初　版 2016年3月

全書字數 307983字

定　價 二二編15冊（精裝）新台幣28,000元

《二二編》總目

編輯部　編

《古典文獻研究輯刊》二二編　書目

專題書目研究專輯

第一冊　周　峰　21 世紀遼金史論著目錄（2001～2010 年）（上）

第二冊　周　峰　21 世紀遼金史論著目錄（2001～2010 年）（下）

校勘學研究專輯

第三冊　蕭　旭　《呂氏春秋》校補（上）

第四冊　蕭　旭　《呂氏春秋》校補（下）

第五冊　蔡琳琳　章學誠《校讎通義》之經典校讎學

史學文獻研究專輯

第六冊　霍志軍　唐御史臺職官編年彙考（初盛唐卷）

第七冊　周　峰　西夏文《亥年新法・第三》譯釋與研究

第八冊　孔祥軍　清人經解地理考據研究

文學文獻研究專輯

第九冊　杜貴晨、周晴編　《水滸傳》與山東資料彙編

第十冊　李昭鴻　陸楫及其《古今說海》研究（上）

第十一冊　李昭鴻　陸楫及其《古今說海》研究（下）

第十二冊　趙興勤、趙韡編　清代散見戲曲史料彙編（方志卷・初編）（上）

第十三冊　趙興勤、趙韡編　清代散見戲曲史料彙編（方志卷・初編）（中）

第十四冊　趙興勤、趙韡編　清代散見戲曲史料彙編（方志卷・初編）（下）

第十五冊　楊傳慶、和希林輯校　輯校民國詞話三十種

《二二編》各書作者簡介・提要・目次

第一、二冊　21世紀遼金史論著目錄（2001～2010年）

作者簡介

周峰，男，漢族，1972 年生，現任中國社會科學院民族學與人類學研究所副研究員，主要從事遼金史、西夏學的研究。1993 年畢業於北京聯合大學文理學院，獲得歷史學學士學位。2010 年考入中國社會科學院研究生院攻讀博士學位，導師史金波先生，2013 年 6 月獲歷史學博士學位。1993 年 7 月至 1994 年 2 月，在北京市文物研究所工作。1994 年 2 月至 1999 年 8 月在北京遼金城垣博物館工作。1999 年 8 月至今在中國社會科學院民族學與人類學研究所工作。主要代表作：《完亮評傳》，22 萬字，民族出版社 2002 年；《金章宗傳》（與范軍合作），15 萬字，中國廣播電視出版社 2003 年。

提　要

一個學科一段時間內的論著目錄彙編無疑是進行研究工作的基礎，是研究者必須要瞭解和掌握的。遼金史作爲中國古代史中的斷代史，研究者歷來對這一領域論著目錄的編纂極爲重視，據劉浦江先生統計，此類目錄公開發表的有二十種左右（見劉浦江編《二十世紀遼金史論著目錄》前言，上海辭書出版社 2003 年）。北京大學劉浦江先生編的目錄共輯有遼金史論著 9216 條，是此類目錄集大成者和最爲完善者。

無疑，繼續對 21 世紀出版、發表的遼金史論著目錄進行搜集整理是學科發展的必要前提工作。本目錄共收錄中文、日文、英文、蒙古文、韓文、維吾爾文六種文字的遼金史論著 7084 條，其中後三種文字由於排版問題，譯爲中文收入。將全部目錄分爲專著、總論、史料與文獻、政治、經濟、民族、人物、元好問、社會、文化、文學、宗教、科學技術、歷史地理、考古、文物等共 15 大類，每類下再分細目，如歷史地理下再分概論、地方行政建置、疆域、都城、城址、長城、山川、交通等細目。每條目錄按照序號、篇名、作者、文獻來源的順序編排。21 世紀的前十年刊布的遼金史論著即達 7000 餘種，這其中雖然不免有泛泛之作，但以此與 20 世紀的 9000 餘種遼金史論著相比，確實可以看出遼金史學科的長足發展。本目錄的編纂出版希望爲遼金史研究者乃至中國古代史研究者提供一部瞭解本世紀前十年遼金史研究全貌的工具書。

目　次

上　冊

下　冊

第三、四冊　《呂氏春秋》校補

作者簡介

蕭旭，男，漢族， 1965 年 10 月 14 日（農曆）出生，江蘇靖江市人。中國訓詁學會會員, 中國敦煌吐魯番學會會員，江蘇省語言學會會員。現在靖江廣播電視臺工作。

無學歷，無職稱，無師承。竊慕高郵之學，校讀群書自娛。出版學術專著《古書虛詞旁釋》、《群書校補》、《群書校補（續）》、《淮南子校補》、《韓非子校補》，發表學術論文 90 餘篇，120 餘萬字。

提　要

《呂氏春秋》又稱《呂覽》，26 卷，160 篇，秦相呂不韋主編，是秦代以前中國學術的集大成者。今傳東漢高誘注。

有清以還，董理《呂氏春秋》者亦云夥矣，幾近百家，成就斐然。然其爲先秦古籍，疑義尚多，還有待匡補修正，此《呂氏春秋校補》之所由作也。

目　次

上　冊

第五冊　章學誠《校讎通義》之經典校讎學

作者簡介

蔡琳琳　61.12.2

臺灣彰化人。逢甲大學中國文學系博士。研究專長爲目錄學、校讎學、文心雕龍。現任大葉大學教官，並於大葉通識教育中心兼任。

提　要

《校讎通義》繼劉向、劉歆之校讎理論，以《七略》可溯流別之源，不僅爲甲、乙簿注。雖《七略》已亡佚，然班固依《七略》增補而成《漢志》，其〈輯略〉即爲各略之敘錄；一般學者認爲章學誠講求溯源學術流別尊劉氏之義例，《校讎通義》亦有〈宗劉〉一篇，但深入分析後，發現並未全盤接受，章學誠自己也說，二劉初創之例難免有疏失。此外，鄭樵《通志》是千年之後唯一有劉向、劉歆之旨，但亦有不足；而焦竑《國史經籍志》後有〈糾繆〉一卷，譏正前代之誤，其糾《漢志》十三條雖有所見，然仍爲僅求甲乙部次簿記之成法；因此欲明瞭章學誠所論，本文以《校讎通義》所論及一百九十三部書，藉由校讎之法，案頭索查，一則可明諸志目錄之歸類，亦針對各書流變作要略的辨正。二則從實地查閱原典中，得知章學誠學術思想脈絡，及其如何補述《漢志》之疏，進而糾補鄭樵、焦竑之失與不足。三則論述校讎之理論與實際，其校讎學以辨章學術源流，超越狹義的訓詁考據之學，進得窺見學術史之脈絡。四則指出章學誠失於考據及所論前後矛盾不一之處。

本論文凡七章，共二十萬餘言，第一章爲研究動機、目的、範圍、文獻討論等；第二章爲章學誠生平及時空背景；第三章爲《校讎通義》之校讎義例、方法、文獻典藏；第四章及第五章分述《漢志》、《通志・校讎略》以及焦竑等人之論，進而補述；第六章爲綜觀《校讎通義》之通、義，最後第七章結論歸納其優、缺失與影響等。

章學誠所謂「校讎」乃採廣義之名，欲跨文獻、目錄、版本、校勘，躍而可以辨章學術，考鏡源流，條別學術之異同；本文以章學誠定義之「校讎學」理論探討《校讎通義》，故命題以章學誠之原意定爲「校讎學」。

《校讎通義》從校讎條理到義例，從求書到治書，皆有一套完整文獻之典藏與尋繹方法。雖以《七略》爲部次原則，惟七略別爲四部，乃勢之所趨，故解決之法則附以辨章流別之義；又部類區分講求經主傳附，著錄依道器，依序爲形而上的理論與形而下的數術技巧，使求書者可以即器明道，會偏而得全，並運用互著、別裁之法，使後學者可即類求書，因書究學，此見章學誠「徵實」之學，不立空言，契合中國文化學術精神。歸納《校讎通義》，其主體乃是藉由古籍部次之分類，輔以敘錄、提要之「知人論世」，討論群書之旨，以書類人，縱向可明家學、師承；橫向則爲一部學術之史。

《校讎通義》透過校讎方式，以文獻學梳理經典之學術源流，回歸經典的客觀義理；不僅爲後世樹立許多校讎典範，細而觀之，這典範正是章學誠於《校讎通義》所蘊涵之文化意義，綜論其重點有三：一爲「辨章學術，考鏡源流」；二爲「校讎爲法，以明大道」；三爲「通經服古，與時俱變」。回復至《校讎通義》著作之原旨，進而能學以致用。

經全面研究《校讎通義》，發現章學誠所謂「通」，即是以校讎之法辨別學術之源流，其「義」則是推闡大義，宣明大道，以經世致用，達成儒者治學最高之精神；並爲後人開啓爲學之鑰，其所主張校讎與學術結合，推原學術之流別，建立「專科目錄」，爲文獻學樹立典範。

目　次

第六冊　唐御史臺職官編年彙考（初盛唐卷）

作者簡介

霍志軍，甘肅天水人，文學博士，甘肅天水師範學院教授。2001 年考入江蘇師範大學師從著名學者孫映逵先生攻讀碩士學位，2004 年獲文學碩士學位。2007 年考入陝西師範大學師從傅紹良先生攻讀博士學位，2010 年獲得文學博士學位。主要研究方向爲唐代文學、隴右地方文學。迄今在《文藝研究》、《晉陽學刊》、《唐史論叢》、《光明日報》等刊物發表論文 50 餘篇。代表著作有《唐代御史制度與文人》、《唐代御史與文學》（上、下卷）等。代表論文有《唐代彈劾文文體及源流研究》、《陶藝與文藝——陶器製作與古代文論關係初探》、《涼州「賢孝」藝術的文化淵源及特色》等。社會兼職有中國人文社會科學核心期刊評審專家、甘肅省古代文學學會理事、甘肅省唐代文學學會理事及中國韻文學會、遼金史研究會等多個學會會員。

提　要

御史臺是唐王朝中央監察機構，包括御史大夫，御史中丞，侍御史，殿中侍御史，監察御史及各種供奉、裏行官，留臺及外臺御史等。由於唐代御史的雄峻地位和在國家政治生活中的特殊作用，唐代御史制度一直是唐史研究的「熱門」領域之一。以考證精審、搜集史料宏富的《唐御史臺精舍題名考》收錄唐代御史總計題名 1100 餘人次，尤以武后至開元年間題名居多，向來被視爲研究唐代監察制度和唐代御史生平的重要文獻，是研治唐代文史必備的重要工具書之一。

本書在《唐御史臺精舍題名考》等先賢時彥研究的基礎上，廣搜博取歷史文獻、出土金石拓片、佛道二藏、詩文總集、作家別集等各方面資料，對初唐至盛唐時期百餘年間的御史資料詳加考證，新增初盛唐時期御史 400 餘人次；對初盛唐御史資料進行相應的排比、編年；對唐代御史的沿革、職能、品階、職權、兼官、別稱以及與中書門下、尚書六部的關係進行梳理闡發。本書使治唐代文史的學者免除遍檢典籍而不得之苦，爲學界提供便於檢索的工具書。同時，本書有助於傳統廉政文化的開展，有助於當代中國的民主、法制建設，彰顯出當代中國人文學者的學理感知所具有的人文氣息與正義質性。

目　次

第七冊　西夏文《亥年新法・第三》譯釋與研究

作者簡介

周峰，男，漢族，1972 年生，現任中國社會科學院民族學與人類學研究所副研究員，主要從事遼金史、西夏學的研究。1993 年畢業於北京聯合大學文理學院，獲得歷史學學士學位。2010 年考入中國社會科學院研究生院攻讀博士學位，導師史金波先生，2013 年 6 月獲歷史學博士學位。1993 年 7 月至 1994 年 2 月，在北京市文物研究所工作。1994 年 2 月至 1999 年 8 月在北京遼金城垣博物館工作。1999 年 8 月至今在中國社會科學院民族學與人類學研究所工作。主要代表作：《完亮評傳》，22 萬字，民族出版社 2002 年；《金章宗傳》（與范軍合作），15 萬字，中國廣播電視出版社 2003 年。

提　要

西夏文《亥年新法》是西夏繼《天盛律令》之後制定、頒佈的又一部重要法典，出土於內蒙古額濟納旗黑水城遺址，現藏俄羅斯科學院東方文獻研究所，1999 年刊佈於《俄藏黑水城文獻》第九冊。現存《亥年新法》都是手抄本，有甲、乙、丙、丁、戊、己、庚、辛諸種本，其中第三有甲、乙種本，主要爲關於盜竊罪的法律條文，有關於一般盜竊、盜親、群盜、監守自盜等的具體規定。

本書共分爲五章，第一章是對《亥年新法》第三的譯釋，以乙種本爲底本，校以甲種本並參照《天盛律令》中的相關內容，對《亥年新法》第三進行逐字翻譯，也就是對譯，然後在此基礎上進行意譯，給出一個較爲完善的漢文譯本。第二章是《亥年新法》第三與《天盛律令》第三的比較研究，從中可以看出西夏前後法律制度的發展變化情況。第三章、第四章是西夏盜竊法與《唐律疏議》盜竊法以及宋朝盜竊法的比較研究，主要通過對比《天盛律令》與《唐律疏議》、《宋刑統》、《慶元條法事類》中有關盜竊法的內容，從而瞭解了西夏法典的「源」，瞭解其吸收、借鑒了唐宋的哪些法律成分。第五章是西夏盜竊法與遼金盜竊法比較研究，由於遼代、金代沒有完整的法典流傳下來，因此通過對比《遼史》、《金史》中零星的相關法律條文，瞭解西夏與其同時的少數民族王朝法律的異同，對於西夏、遼、金三個少數民族王朝吸收、借鑒中原王朝法律的不同特點也有所認識。通過對西夏重要刑法內容盜竊法的對比研究，可以更深刻地認識西夏對官私財物的保護、保護統治階級既得利益、維護社會穩定的對策和前後發展的變化，加深對西夏社會、特別是晚期社會的認識。

目　次

第八冊　清人經解地理考據研究

作者簡介

孔祥軍，1979年生，江蘇揚州人，歷史學博士，揚州大學社會發展學院副教授。目前主要從事清人經解提要、《毛詩注疏》版本挍勘等研究工作。已出版專著《晉書地理志校注》、《漢唐地理志考校》、《三國政區地理研究》，發表學術論文若干篇，主持中國國家社科基金項目、中國教育部社科基金項目各一項。

提　要

本書研究對象是清人經解地理考據，其主要成果以考據專著和單篇文字爲主。據此，本書寫作思路是對清人經解「釋地專著」所體現出的學術價值和考辨思路展開研究，兼顧出現在經解、筆記、文集以及史部著作中的「零星考據」。主要的研究方法，是通過甄別遴選具有代表性的典型實例，一方面展示清人所取得的考據成果，藉以明瞭地理考據在清代學術史上之地位；另一方面詳細分析清人進行經解地理考證時所使用的各種手段和方法，從而爲判定清人經解地理考據所具有的學術價值，提供堅實的依據，以此勾勒出清人經解地理考據的全景。

目　次

第九冊　《水滸傳》與山東資料彙編

作者簡介

杜貴晨（1950～）男。山東寧陽人。1982年畢業於中國人民大學語文系。短暫任全國人大常委會法工委辦公室秘書。先後執教於曲阜師範大學、河北大學，歷任至教授、博士生導師。長期擔任中國古代文學教研室主任、學科負責人。現爲山東師範大學文學院教授，碩士、博士生導師及博士後合作導師。主要研究中國古典文學，兼及文學理論。出版有《傳統文化與古典小說》《齊魯文化與明清小說》《數理批評與小說考論》等專著和古籍整理或選注《小豆棚（校注）》《明詩選》等 10 餘種，以及主編《紅樓夢百家言》（叢書）等；在《中國社會科學》《文學評論》《文學遺產》《北京大學學報》等刊發表論文 200 餘篇；提出並倡導「文學數理批評」和「羅（貫中）學」理論，揭蔽泰山與《西遊記》關係和泰山別稱「太行山」之秘。主要兼職有山東財經大學文學與新聞傳播學院教授，山東省水滸研究會（創會）會長，中國三國演義學會副會長，山東省古典文學學會副會長兼秘書長等。

周晴（1965～），女。山東金鄉人。2010 年畢業於山東師範大學文學院，獲文學博士學位。現爲濟寧學院中文系教授，專業中國古代文學。出版專著和參加撰寫學術著作多部，在《文學遺產》《明清小說研究》等刊發表論文 30 餘篇。論著獲獎多次。兼任山東省古代文學學會，山東省水滸研究會理事，濟寧市第十一屆、十二屆政協委員等。

提　要

山東尤其梁山泊，是北宋末年宋江之亂（或曰起義）與《水滸傳》故事發生與演變的主要地域，自然是梁山泊、宋江、《水滸傳》及其作者研究關注的中心。至今八百年，留下大量史籍、筆記、詩文、戲曲、小說、論述等相關文獻資料，而從無彙集，不易查找。本書主要圍繞《水滸傳》及其作者（或主要作者）「東原羅貫中」研究，或全文，或節錄，選編宋、元、明、清至今有關歷史資料與學術論述，分爲「古籍中的宋江與梁山泊」，「梁山泊、宋江與《水滸傳》的成書」、「《水滸傳》的描寫與山東」、「《水滸傳》作者『東原羅貫中』考」等四輯。部分內容爲前人所未曾參考或新近散見之作，全編內容均足代表一時學者之見，具有很高的學術價值，是《水滸傳》研究與水滸文化愛好者良好參考。

目　次

第十、十一冊　陸楫及其《古今說海》研究

作者簡介

李昭鴻，一九七三年生於臺北市。中國文化大學中國文學系文學博士，師事劉兆祐教授和王國良教授，研究以中國古典小說、文獻學和詩話學爲主要範疇。曾任實踐大學博雅學部兼任助理教授，現職爲新生醫護管理專科學

校通識教育中心專任助理教授，教授「小說欣賞」、「中國文學賞析」和「靈修宗教與文學」等專業課程。著有《孟棨《本事詩》研究》（碩士學位論文）及學術論文二十餘篇。

提 要

《古今說海》乃中國第一部小說叢書，旨在成爲古今說部之淵藪。由陸楫號召姜南、顧定芳、談萬言、黃標、姚昭、瞿學召、唐贇、顧名世、沈希皐、余采、董宜陽、張之象、瞿成文，或提供藏書，或負責謄錄，或擔任校勘，共同編纂完成。明朝嘉靖二十三年（1544），雲間陸氏儼山書院家刻刊行。全書一百四十二卷，分「說選」、「說淵」、「說畧」、「說纂」四部，採以類相從方式，分爲小錄、偏記、別傳、雜記、逸事、散錄、雜纂七家，收錄唐宋到明代文言小說一百三十五種，在小說史和叢書史上皆有值得關注之處。

本書分成上、下兩篇，各四章，第九章則爲結論。上篇按照分章分節方式，依所標目予申論考證；下篇遵循《古今說海》分四部七家原則，考述各子目書之作者、傳本和內容。茲將本書要點分述如下：

首先，陸楫乃促成《古今說海》刊刻成書的關鍵人物，故先針對其家世背景與生平事蹟進行探索，再就所著作《蒹葭堂稿》，概述其命名、成書、版本和內容，並探討陸楫的政治、經濟、史學、民族等思想主張。

其次，歸納《古今說海》之成書原因，包括出版印刷事業發達、小說纂輯風氣盛行、雲間文人集團推動和陸氏家藏數量充沛。再者，論其編選校勘的動機是出於牟利之需，或爲崇尚博雅、廣行好事，且編輯群與陸深父子多存在世交、姻親或師友關係，說明《古今說海》之編纂係屬區域性和集團性的文學活動。

其三，《古今說海》雖有還原《昨夢錄》、《清尊錄》撰者與《鄴侯外傳》、《薛昭傳》篇名之例證，又能根據《三水小牘・王知古》之特殊性質而節鈔改置「說淵部」。然其不題撰人和改題篇名情形嚴重，且偶有篇目重複之現象，反映陸楫等對於作品版權的輕忽與編輯態度的大意。

其四，透過對《古今說海》子目書之版本研究，明白《古今說海》主要引據《太平廣記》和《說郛》，間有刪削、脫文或衍文情形。復因《古今說海》具備匯聚資料和保存書籍文獻之價值，提供今本《太平廣記》研究參稽之用，及後世刊刻叢書、類書之珍貴文獻，又收錄許多唐人志怪傳奇和宋代筆記小說的精品，可見兼具學者研究和讀者閱讀之學術和實用價值。

目　次

上　冊

下 冊

第十二、十三、十四冊 清代散見戲曲史料彙編（方志卷・初編）

作者簡介

趙興勤，1949 年 7 月生，江蘇沛縣人，江蘇師範大學文學院教授，中國古代文學、戲劇戲曲學研究生導師。兼任中國元好問學會理事、中國元代文學學會理事、中國《金瓶梅》研究會（籌）理事，江蘇省明清小說研究會副會長、《西遊記》研究分會常務理事、常州市趙翼研究會副會長等職。已出版的學術著作有《古代小說與倫理》、《明清小說論稿》、《趙翼評傳》（南京大學版）、《中國古典戲曲小說考論》、《古代小說與傳統倫理》、《趙翼評傳》（江蘇人民版）、《理學思潮與世情小說》、《元遺山研究》、《話說〈封神演義〉》、《趙翼年譜長編》（全五冊）、《古典文學作品鑑賞集》、《趙翼研究資料彙編》（上、下冊）、《清代散見戲曲史料彙編（詩詞卷・初編）》（全三冊）、《清代散見戲曲史料彙編（詩詞卷・二編）》（上、下冊）、《趙興勤〈金瓶梅〉研究精選集》、《中國早期戲曲生成史論》等 23 種，主編、參編《中國風俗大辭典》、《中國古代戲曲名著鑑賞辭典》等近 40 種，在海峽兩岸發表論文 200 餘篇。

趙韡，1981 年 4 月生，江蘇徐州人。大學二年級開始發表論文，迄今已有 80 餘篇，散見於《文獻》、《民族文學研究》、《戲曲研究》、《讀書》、《晉陽學刊》、《藝術百家》、《東南大學學報》、《中國礦業大學學報》、《中華詩詞》、

《博覽群書》、《古典文學知識》、《社會科學論壇》、《中華藝術論叢》、《長城》、《作品與爭鳴》、《語文月刊》、《中國社會科學報》、《中國文化報》、《中國勞動保障報》、《歷史月刊》（臺灣）、《書目季刊》（臺灣）、《國文天地》（臺灣）、《戲曲研究通訊》（臺灣中央大學）、《澳門文獻信息學刊》（澳門）等兩岸三地刊物，已出版的學術著作有《趙翼研究資料彙編》（上、下冊）、《清代散見戲曲史料彙編（詩詞卷・初編）》（全三冊）、《清代散見戲曲史料彙編（詩詞卷・二編）》（上、下冊）等 4 種，另參編（撰）《元曲鑑賞辭典》、《徐州文化博覽》等 7 種。代表作獲江蘇省高校第九屆哲學社會科學研究優秀成果二等獎。

提　要

清代戲曲價值大而研究者少，下筆易而突破難，關鍵問題是研究資料的難以蒐訪。儘管經過眾多學者的不懈努力，資料搜集工作已取得某些成果，但相對清代戲曲史料的總量而言，還有相當多的散見史料有待發掘。目下的史料整理，仍難以滿足研究者的需要。鑒於此，本書編者承前賢時彥之餘緒，計劃編纂一套《清代散見戲曲史料彙編》，分爲《詩詞卷》、《方志卷》、《筆記卷》、《小說卷》、《詩話卷》、《尺牘卷》、《日記卷》、《文告卷》、《圖像卷》等，將依次推出，以期對清代戲曲的整體研究有所助推。已出版的《詩詞卷・初編》、《詩詞卷・二編》，共收錄清代 600 餘位作家的 2576 題（4000 首左右）涉劇詩、詞。本編爲《方志卷・初編》，共使用方志 320 餘種，蒐得涉劇（含伎藝表演）內容 1636 則，資料涵蓋 25 個省。所收散見戲曲史料的學術價值，主要表現在如下幾個方面：一是頻繁的節令慶典、密集的廟會祭儀與戲曲、歌舞等伎藝表演的密切融合、互爲作用。村鎮必有廟，有廟必有祭，有祭必有會，逢會必演戲，已成爲傳統社會民間生活之常態，這大大提高了戲曲的地位，甚或有人將戲曲與被奉爲儒家經典的《詩》等量齊觀。二是戲曲、歌舞、雜耍等表演伎藝的多層面載述。在伎藝表演方面，如鐵花、橋燈、龍舟、擡垜、緣竿、猴戲、說平話、跳腳舞、跳端公、秧歌、節節高、雲車等，均曾涉及。在戲曲演出方面，清戲、囉囉腔、梆子腔、南腔、崑腔、弋陽腔、秦腔以及採茶歌、花鼓戲、影戲等各類戲曲及地方伎藝的生存狀態與活動場景均有載述。在演出場所方面，有各神廟前戲臺（或戲樓）的演出、搭臺演戲、在船上或水面演劇等。在戲曲班社的運作方式上，主要有熱心人士「醵錢演劇」、農民主動湊錢演戲、商賈富豪輪流出資演戲、靠演出基金盈利所得支撐演出等形式。三是在劇目著錄、戲曲班社及戲曲語言方面的文獻價值。在相關劇目的收錄方面，涉及古代戲曲劇目五六十種，其中《存孤記》、《梁太傅傳奇》、《桂宮秋》、《玉蓮華》、《鴛鴦傳奇》、《霜磨劍》、《黃亮國傳奇》、《蓮花報》、《臺城記》等，論者極少，資料彌足珍貴；在方言、俗語、隱語、江湖市語的收錄方面，不僅有助於對戲曲、小說之類作品文本的理解，而且還爲語言研究提供了珍貴的史料。

第十五冊　輯校民國詞話三十種

作者簡介

楊傳慶，男，1981 年生，安徽六安人。文學博士。任教於南開大學文學院，從事詞學研究。出版專著《鄭文焯詞及詞學研究》，編著有《詞學書札萃編》等。在《文學遺產》、《文獻》、《詞學》等刊物發表文章多篇。

和希林，男，1984 年生，河南衛輝人。文學博士。任教於南陽師範學院文史學院，從事詞學研究。在《詞學》、《古代文學理論研究》等刊物發表學術論文二十餘篇。

提　要

本編輯校三〇種民國詞話，其中二七種輯自民國報刊，高毓浵《詞話》、王蘊章《秋平雲室詞話》、夏仁虎《談詞》三種由著者文集錄出。另附錄民國詞品二種。本編所輯詞話內容豐富，既有對詞史上重要詞人詞作的賞析評論，也有對近代、民國詞人詞作的錄評，前者如蕭滌非《讀詞星語》、巴壺天《讀詞雜記》等，後者如方廷楷《習靜齋詞話》、翁麟聲《怡簃詞話》等。方、翁等人詞話實有存人存詞之功，另如楊全蔭《綰春樓詞話》、無名氏《閨秀詞話》更體現了民國時期閨秀詞學研究的自覺。本編所輯詞話不乏探討詞藝、詞體者，如周焯《倚琴樓詞話》、夏仁虎《談詞》、譚覺園《覺園詞話》等對詞法、詞律、詞韻多有總結。本編所輯詞話還往往涉及詞學理論與批評方面的內容，如《漚盦詞話》對於王國維以「境界」論詞的詮解，陳運彰《紉芳簃說詞》對於清代詞學的評論等。民國時期詞話眾多，形態多樣，本編所輯僅爲其中一小部分，可供詞學愛好者與研究者閱讀使用，希望能對今人認識民國詞話，研究民國詞學及梳理詞學學術史有所助益。

目　次

21世紀遼金史論著目錄

（2001～2010年）（上）

周峰 著

作者簡介

周峰，男，漢族，1972年生，現任中國社會科學院民族學與人類學研究所副研究員，主要從事遼金史、西夏學的研究。1993年畢業於北京聯合大學文理學院，獲得歷史學學士學位。2010年考入中國社會科學院研究生院攻讀博士學位，導師史金波先生，2013年6月獲歷史學博士學位。1993年7月至1994年2月，在北京市文物研究所工作。1994年2月至1999年8月在北京遼金城垣博物館工作。1999年8月至今在中國社會科學院民族學與人類學研究所工作。主要代表作：《完顏亮評傳》，22萬字，民族出版社2002年；《金章宗傳》（與范軍合作），15萬字，中國廣播電視出版社2003年。

提　要

一個學科一段時間內的論著目錄彙編無疑是進行研究工作的基礎，是研究者必須要瞭解和掌握的。遼金史作爲中國古代史中的斷代史，研究者歷來對這一領域論著目錄的編纂極爲重視，據劉浦江先生統計，此類目錄公開發表的有二十種左右（見劉浦江編《二十世紀遼金史論著目錄》前言，上海辭書出版社2003年）。北京大學劉浦江先生編的目錄共輯有遼金史論著9216條，是此類目錄集大成者和最爲完善者。

無疑，繼續對21世紀出版、發表的遼金史論著目錄進行搜集整理是學科發展的必要前提工作。本目錄共收錄中文、日文、英文、蒙古文、韓文、維吾爾文六種文字的遼金史論著7084條，其中後三種文字由於排版問題，譯爲中文收入。將全部目錄分爲專著、總論、史料與文獻、政治、經濟、民族、人物、元好問、社會、文化、文學、宗教、科學技術、歷史地理、考古、文物等共15大類，每類下再分細目，如歷史地理下再分概論、地方行政建置、疆域、都城、城址、長城、山川、交通等細目。每條目錄按照序號、篇名、作者、文獻來源的順序編排。21世紀的前十年刊布的遼金史論著即達7000餘種，這其中雖然不免有泛泛之作，但以此與20世紀的9000餘種遼金史論著相比，確實可以看出遼金史學科的長足發展。本目錄的編纂出版希望爲遼金史研究者乃至中國古代史研究者提供一部瞭解本世紀前十年遼金史研究全貌的工具書。

目次

上　冊

前　言

一個學科一段時間內的論著目錄彙編無疑是進行研究工作的基礎，是研究者必須要瞭解和掌握的。遼金史作爲中國古代史中的斷代史，研究者歷來對這一領域論著目錄的編纂極爲重視，據劉浦江先生統計，此類目錄公開發表的有二十種左右（見劉浦江編《二十世紀遼金史論著目錄》前言，上海辭書出版社 2003 年）。北京大學劉浦江先生編的目錄共輯有遼金史論著 9216 條，是此類目錄集大成者和最爲完善者。本人曾對其進行補遺，補充了遼金史論著 430 餘條，刊佈在王明蓀先生主編的《遼夏金元史教研通訊》（臺灣）2004 年第 1、2 期。至此，20 世紀的遼金史論著得以全面地展現在研究者面前。

無疑，繼續對 21 世紀出版、發表的遼金史論著目錄進行搜集整理是學科發展的必要前提工作。由於當代互聯網技術的迅速發展，有很多數據庫我們可以方便地檢索，利用這一現代化的手段，使傳統的目錄編纂工作得以更加快捷、有效。本人充分利用了中國知網、維普、萬方等期刊數據庫，以及國家圖書館網站，卓越、當當等大型網上書店，全面檢索、搜集新刊佈的遼金史論著。在利用網上資源的同時，本人也較爲全面地購藏了新出版的遼金史著作，對於一些發表遼金史論文的內部出版物，本人也進行了較爲全面的檢索。

本目錄共收錄中文、日文、英文、蒙古文、韓文、維吾爾文六種文字的遼金史論著 7074 條，其中後三種文字由於排版問題，譯爲中文收入。將全部目錄分爲專著、總論、史料與文獻、政治、經濟、民族、人物、元好問、社會、文化、文學、宗教、科學技術、歷史地理、考古、文物等共 15 大類，每類下再分細目，如歷史地理下再分概論、地方行政建置、疆域、都城、城址、長城、山川、交通等細目。每條目錄按照序號、篇名、作者、文獻來源的順序編排。

21 世紀的前十年刊佈的遼金史論著即達 7000 餘種，這其中雖然不免有泛泛之作，但以此與 20 世紀的 9000 餘種遼金史論著相比，確實可以看出遼金史學科的長足發展。本目錄的編纂出版希望爲遼金史研究者乃至中國古代史研究者提供一部瞭解本世紀前十年遼金史研究全貌的工具書，其續編工作也在進行中。希望讀者諸君對內容、體例等提出寶貴意見，可發至我的郵箱：zhoufeng@cass.org.cn，謝謝！

一、專著

（一）哲學、宗教

1. 房山雲居寺遼金石經回藏紀實，單霽翔、王鳳江主編，2001 年。
2. 芷蘭齋藏遼刻孤本觀彌勒菩薩上生兜率天經疏（遼），詮曉定本，北京圖書館出版社，2002 年。
3. 中國佛教經論序跋記集：二・宋遼金元卷，許明編著，上海辭書出版社，2002 年。
4. 佛教與遼金元文化國際學術研討會論文集，香港能仁書院編輯委員會編，香港能仁書院，2005 年。
5. 釋迦塔與中國佛教，溫金玉主編，宗教文化出版社，2009 年。
6. 中國佛教的佛舍利崇奉和朝陽遼代北塔：中國・朝陽第二屆佛教文化論壇論文集，楊曾文、肖景林主編，宗教文化出版社，2009 年。
7. 朝陽遼金佛教文物（上），朝陽市遼金佛教文化研究會編印，2008 年。
8. 金元全眞教史新研究，張廣保著，（香港）青松出版社，2008 年。
9. 金元全眞道教史論，趙衛東著，齊魯書社，2010 年。
10. 金代道教研究：王重陽與馬丹陽，（日）蜂屋邦夫著，欽偉剛譯，中國社會科學出版社，2007 年。
11. 王重陽詩歌中的義理世界，梁淑芳，（臺灣）文津出版社，2002 年。
12. 中國傳統社會宗教的世俗化研究——以金元時期全眞教社會思想與傳播爲個案，夏當英著，巴蜀書社，2010 年。
13. 金元四大醫家與道家道教，程雅君著，巴蜀書社，2006 年。

14. 南宋金元時期的道教文藝美學思想，申喜萍著，中華書局，2007 年。
15. 南宋金元時期的道教美學思想，申喜萍著，巴蜀書社，2009 年。
16. 昆崳紫氣——全眞道始於膠東歷史探謎，王欽法、王濤著，齊魯書社，2007 年。
17. 昆崳山與全眞道：全眞道與齊魯文化國際學術研討會論文集，丁鼎主編，宗教文化出版社，2006 年。
18. 金元全眞教石刻新編，王宗昱編，北京大學出版社，2005 年。
19. 丘處機集，趙衛東輯校，齊魯書社，2005 年。
20. 馬鈺集，趙衛東輯校，齊魯書社，2005 年。
21. 王重陽集，白如祥輯校，齊魯書社，2005 年。
22. 譚處端 劉處玄 王處一 郝大通 孫不二集，白如祥輯校，齊魯書社，2005 年。

（二）政治、法律

1. 中國政治通史．6：動蕩與變遷的宋遼金政治，江曉濤、李曉著，泰山出版社，2003 年。
2. 中國歷史統一趨勢研究——從唐末五代分裂到元朝大一統，王德忠著，商務印書館，2010 年。
3. 中國北疆古代民族政權形成研究，楊茂盛著，黑龍江教育出版社，2004 年。
4. 金代漢族士人研究，王德朋著，中國社會科學出版社，2006 年。
5. 遼夏金元宮廷故事，王蘊冬、劉肅勇編著，陝西旅遊出版社，2006 年。
6. 遼制研究，武玉環著，吉林大學出版社，2001 年。
7. 遼代政權機構史稿，何天明著，內蒙古大學出版社，2004 年。
8. From War to Diplomatic Parity in Eleventh-Century China: Sung's Foreign Relations with Kitan Liao, David Curtis Wright, Brill Academic Publishers, 2005.
9. Unbounded Loyalty: Frontier Crossings in Liao China, Naomi Standen, University of Hawaii Press, 2007.
10. 國策貿易戰爭——北宋與遼夏關係研究，廖隆盛著，（臺灣）萬卷樓圖書股份有限公司，2002 年。

11. 遼夏關係史，楊浣著，人民出版社，2010 年。
12. The Empire of the Qara Khitai in Eurasian History: Between China and the Islamic World（Cambridge Studies in Islamic Civilization）, Michal Biran, Cambridge University Press, 2005.
13. 金宋關係史，趙永春著，人民出版社，2005 年。
14. 中韓關係史研究，魏志江著，中山大學出版社，2006 年。
15. 遼金與高麗關係考，魏志江著，香港天馬圖書有限公司，2001 年。
16. 高麗與宋金外交經貿關係史論，姜吉仲著，（臺北）文津出版社有限公司，2004 年。
17. 遼代后妃參政現象考略，孟凡雲、陶玉坤著，國際華文出版社，2001 年。
18. 五國城與徽欽二帝，郭致超編，依蘭縣文化體育局，2001 年。
19. 北方世界の交流と變容：中世の北東アジアと日本列島，天野哲也、臼杵勲、菊池俊彥編，山川出版社，2006 年。
20. 中世東アジアの周緣世界，天野哲也、池田榮史、臼杵勳編，同成社，2009 年。
21. 遼代法律史研究，張志勇著，高等教育出版社，2003 年。
22. 金元法制叢考，曾代偉著，社會科學文獻出版社，2009 年。

（三）軍事

1. 經略幽燕：宋遼戰爭軍事災難的戰略分析（979～987），曾瑞龍著，香港中文大學出版社，2003 年。
2. 戰和之間的掙扎：北宋、南宋、遼、金，徐斌、顏邦逸著，長春出版社，2009 年。
3. 上帝之鞭：成吉思汗、耶律大石、阿提拉的征戰帝國，王族著，廣西師範大學出版社，2007 年。
4. 中國御林軍——遼金元明清北洋時期北京禁衛軍，紀紅建著，經濟日報出版社，2006 年。
5. 宋遼夏金元兵器研究初稿，林智隆、陳鈺祥編著，（臺灣）文史哲出版社，2008 年。

（四）經濟

1. 契丹貨幣經濟史，田廣林、周錦章著，哈爾濱出版社，2001 年。
2. 宋金元貨幣史研究——元朝貨幣政策之形成過程，高橋弘臣著，林松濤譯，上海古籍出版社，2010 年。
3. 遼西夏金元四朝貨幣圖錄精選，內蒙古遠方出版社，2003 年。
4. 遼金錢幣，李衛著，紫禁城出版社，2009 年。
5. 中國錢幣大辭典·宋遼西夏金編遼西夏金卷，中國錢幣大辭典編纂委員會編，中華書局，2005 年。

（五）民族

1. 北部邊疆民族史研究（上、下冊），孟廣耀著，黑龍江教育出版社，2002 年。
2. 契丹民族史，孫進己、孫泓著，廣西師範大學出版社，2010 年。
3. 追尋遠逝的民族，張力著，湖南科學技術出版社，2003 年。
4. 神秘消失的契丹人，郭文佳、徐新豪著，中州古籍出版社，2007 年。
5. 中國達斡爾族史話，鄂景海、巴圖寶音著，民族出版社，2006 年。
6. 女眞源流史，何光嶽著，江西教育出版社，2004 年。
7. 女眞民族史，孫進己、孫泓著，廣西師範大學出版社，2010 年。
8. 女眞史論，陶晉生著，（臺北）稻鄉出版社，2003 年。
9. 通古斯族系的興起，高凱軍著，中華書局，2006 年。
10. 通古斯族系興起的「遞進重構」模式，高凱軍著，北京出版社、文津出版社，2001 年。
11. 女眞後裔在臺灣：粘氏宗族與彰化福興地區的發展，粘子瑛著，（臺北）昭明出版社，2004 年。
12. 女眞族的一支後裔——仝姓，仝道榮主編，鳳凰出版社，2009 年。
13. 皇裔沉浮——北京的完顏氏，景愛著，學苑出版社，2002 年。
14. 完顏氏變遷記，完顏璽著，吉林攝影出版社，2007 年。
15. 中國西北少數民族通史·遼、宋、西夏、金卷，劉建麗著，民族出版社，2009 年。
16. 宋金時期安多吐蕃部落史研究，湯開建著，上海古籍出版社，2007 年。
17. 中國北方游牧民族兩翼制度研究，肖愛民著，人民出版社，2007 年。

18. 中華民族發展史・第2卷・遼宋金元代，尤中著，晨光出版社，2007年。
19. 十至十三世紀北方游牧民族探析——遼金歷史地位芻論，劉美雲著，中國文聯出版社，2006年。

（六）文化

1. 中國文化通史・宋遼西夏金元卷，任崇岳主編，北京師範大學出版社，2009年。
2. 話說中華文明・第3卷・五代十國至宋遼金夏，李默主編，廣東旅遊出版社，2006年。
3. 宋遼夏金元文化史，葉坦、蔣松岩著，東方出版中心，2007年。
4. 契丹物質文化（蒙古文），寶・福日來著，內蒙古人民出版社，2008年。
5. 契丹非物質文化（蒙古文），寶・福日來著，內蒙古人民出版社，2008年。
6. 平泉遼文化，劉子龍主編，遼寧民族出版社，2008年。
7. 金源文化史稿，王久宇、金寶麗著，黑龍江美術出版社，2008年。
8. 金元之際的儒士與漢文化，趙琦著，人民出版社，2004年。
9. 全眞七子與齊魯文化，牟鍾鑒、白奚、常大群、白如祥、趙衛東、葉桂桐著，齊魯書社，2005年。
10. 中國歷代美學文庫・宋遼金卷，葉朗主編，高等教育出版社，2003年。
11. 插圖本中國古代思想史・宋遼西夏金元卷，劉復生著，廣西人民出版社，2006年。
12. 中國出版通史・宋遼西夏金元卷，李致忠著，中國書籍出版社，2008年。

（七）科學

1. 儒門事親，（金）張從正著，鄧鐵濤編，人民衛生出版社，2005年。
2. 張從正臨證心法，薛益明主編，學苑出版社，2002年。

（八）教育

1. 中國考試史文獻集成・第三～第四卷・宋——遼金元，楊學爲總主編，第三卷主編：張希清，第四卷主編：陳高華、宋德金，高等教育出版社，2003年。

2. 金代科舉，薛瑞兆著，中國社會科學出版社，2004 年。
3. 金代教育研究，蘭婷著，吉林大學出版社，2010 年。

（九）體育

1. 宋遼金元時期北方少數民族體育文化研究，黃聰著，陝西師範大學出版社，2009 年。

（十）語言、文字

1. 龍龕手鏡（高麗本），（遼）釋行均編，中華書局，2006 年。
2.《劉知遠諸宮調》語法研究，楊永龍、江藍生著，河南大學出版社 2010 年。
3. 宋遼金用韻研究，劉曉南主編，香港文化教育出版社有限公司，2002 年。
4. 唐遼宋金北京地區韻部演變研究，丁治民著，黃山書社，2006 年。
5. 金元詞用韻與中原音韻，宋洪民著，中華書局，2008 年。
6. 契丹語研究，孫伯君、聶鴻音著，中國社會科學出版社，2008 年。
7. 契丹語靜詞語法範疇研究，吳英喆著，內蒙古大學出版社，2007 年。
8. 紀念金啓孮先生學術叢書之一・契丹語言文字研究，愛新覺羅・烏拉熙春著，（京都）東亞歷史文化研究會，2004 年。
9. 紀念金啓孮先生學術叢書之二・遼金史與契丹、女真文，愛新覺羅・烏拉熙春著，（京都）東亞歷史文化研究會，2004 年。
10. 紀念金啓孮先生學術叢書之三・契丹大字研究，愛新覺羅・烏拉熙春著，（京都）東亞歷史文化研究會，2005 年。
11. 契丹文墓誌より見た遼史，愛新覺羅・烏拉熙春著，（日本京都）松香堂，2006 年。
12. 契丹小字釋讀問題，清格爾泰、吳英喆著，（日本）不二出版株式會社，2002 年。
13. 契丹小字研究論文選編，陳乃雄、包聯群編，內蒙古人民出版社，2005 年。
14. 契丹文字資料集成 I，武田和哉編，日本學術振興會科學研究費補助金（獎勵研究）報告書，2008 年。
15. The Kitan Language and Script, Daniel Kane, Brill Academic Publishers, 2009.

16. New Materials on the Khitan Small Script: A Critical Edition of Xiao Dilu & Yelü Xiangwen, Wu Yingzhe and Juha Janhunen, Brill Academic Publishers, 2010.
17. 遍訪契丹文字話拓碑，劉鳳翥著，華藝出版社，2005 年。
18. 金代女真語，孫伯君著，遼寧民族出版社，2004 年。
19. 金代字書の研究，大岩本幸次著，(日本仙臺) 東北大學出版會，2007 年。
20. 女眞文字書研究，愛新覺羅・烏拉熙春著，雅社，2001 年。
21. 女眞語言文字新研究，愛新覺羅・烏拉熙春著，(日) 明善堂，2002 年。
22. 女眞語滿洲通古斯諸語比較辭典，金啓孮、烏拉熙春編，日本國文部科學省國際共同研究項目，2003 年。
23. 女眞文大辭典，金啓孮、烏拉熙春編，(日本) 明善堂，2003 年。

（十一）文學

1. 日本宮內廳書陵部藏宋元版漢籍影印叢書：第壹輯・中州集，元好問選，中國線裝書局，2002 年。
2. 中國古代文學名篇選讀・遼金元明清卷，夏傳才主編，南開大學出版社，2001 年。
3. 中國古代文學作品選・第三卷・宋遼金元卷，羅宗強、陳洪主編，高等教育出版社，2004 年。
4. 中國古代文學作品選・第四卷・宋遼金部分，郁賢皓主編，高等教育出版社，2003 年。
5. 遼金元絕句選，劉達科選注，中華書局，2004 年。
6. 遼金元明清絕句品讀，張學淳編著，上海社會科學院出版社，2009 年。
7. 金元詩選，鄧紹基選注，人民文學出版社，2005 年。
8. 遼金元朝狀元詩榜眼詩探花詩，師毅編，崑崙出版社，2009 年。
9. 全遼金文（上、中、下三冊），閻鳳梧主編，山西古籍出版社，2002 年。
10. 中國歷代文論選新編・宋金元卷，羊列榮、劉明今編著，上海教育出版社，2007 年。
11. 劉祁詩詞曲文話輯注，張芙蓉編著，中國文史出版社，2007 年。
12. 滹南遺老集校注，（金）王若虛著，胡傳志、李定乾校注，遼海出版社，2006 年。

13. 元好問全集（增訂本），姚奠中主編，李正民增訂，山西古籍出版社，2004 年。
14. 元好問集，元好問著，李正民等解評，山西古籍出版社，2004 年。
15. 元好問資料彙編，孔凡禮編，學苑出版社，2008 年。
16. 元好問詩編年校注，狄寶心校注，中華書局，2010 年。
17. 元好問詩詞選，狄寶心選注，中華書局，2005 年。
18. 遺山詩詞賞論，齊存田著，中國文聯出版社，2004 年。
19. 元好問詞曲集，元好問撰，蔡鎮楚整理，山東畫報出版社，2004 年。
20. 遺山樂府校注，（金）元好問撰，趙永源校注，鳳凰出版社，2006 年。
21. 元遺山金元史述類編，降大任、魏紹源、狄寶心編著，山西古籍出版社，2007 年。
22. 元好問《論詩三十首》研究，方滿錦著，（臺北）萬卷樓圖書股份有限公司，2002 年。
23. 元好問詩歌接受史，張靜著，中國社會出版社，2010 年。
24. 遺山詞研究，趙永源著，上海古籍出版社，2007 年。
25. 20 世紀中國文學研究·遼金元文學研究，李修生、查洪德主編，北京出版社，2001 年。
26. 新時期中國古典文學研究述論·第三卷·宋遼金，陳友冰編著，商務印書館，2008 年。
27. 中國文學史綱要·三·宋遼金元文學，李修生編著，北京大學出版社，2003 年。
28. 圖文本·中國文學史話·第六卷·遼金元文學，周惠泉、楊佐義主編，吉林文史出版社，2008 年。
29. 中國文學·宋金元卷（修訂版），四川大學中文系中國古代文學教研室編寫，四川人民出版社，2006 年。
30. 文學名家名著故事全集·中國卷·遼金元文學（上中下），周惠泉、楊佐義主編，吉林文史出版社，2009 年。
31. 中國古代文學通論·遼金元卷，張晶主編，遼寧人民出版社，2005 年。
32. 中國古典文學圖志——宋、遼、西夏、金、回鶻、吐蕃、大理國、元代卷，楊義著，生活·讀書·新知三聯書店，2006 年。

33. 中國文學編年史・宋遼金卷（全三冊），諸葛憶兵、張思齊、張玉璞主編，湖南人民出版社，2006 年。
34. 遼金元文學論稿，張晶著，北京廣播學院出版社，2004 年。
35. 遼金元文學史案，劉明今著，上海古籍出版社，2004 年。
36. 金元明文學之整合研究，張高評主編，（臺北）新文豐出版股份有限公司，2007 年。
37. 遼代文學史，黃震雲著，長春出版社，2010 年。
38. 佛禪與金朝文學，劉達科著，江蘇大學出版社，2010 年。
39. 民族文化融合與金代文學研究，李成著，黑龍江教育出版社，2005 年。
40. 文化版圖重構與宋金文學生成研究，沈文雪著，光明日報出版社，2009 年。
41. 南宋金元道教文學研究，詹石窗著，上海文化出版社，2001 年。
42. 金元時期道教文學研究——以全真教王重陽和全真七子詩詞為中心，左洪濤著，人民出版社，2008 年。
43. 山西文學大系：第三卷・宋遼金文學，申維辰主編，李正民、王醒編注，山西人民出版社，2005 年。
44. 遼金元詩選評，劉達科注評，三秦出版社，2004 年。
45. 遼詩釋略，王莉民譯注，中國國際文化出版社，2006 年。
46. 金詩紀事，陳衍輯撰、王慶生增訂，上海古籍出版社，2003 年。
47. 五朝詩話概說：宋遼金元明，吳文治著，黃山書社，2002 年。
48. 中國詩學研究・第 3 輯・遼金詩學研究專輯，安徽師範大學中國詩學研究中心編，上海古籍出版社，2004 年。
49. 政權對立與文化融合：金代中期詩壇研究，楊忠謙著，人民出版社，2010 年。
50. 遼金詩學思想研究，張晶著，遼海出版社，2004 年。
51. 遼金元詩歌史論，張晶著，吉林教育出版社，2006 年。
52. 遼金元詩文史料述要，劉達科著，中華書局，2007 年。
53. 金元詩文與文獻研究，王樹林著，中華書局，2008 年。
54. 遼金元詩話全編（全四冊），吳文治主編，鳳凰出版社，2006 年。
55. 宋金元詞話全編（全三冊），鄧子勉編，鳳凰出版社，2008 年。
56. 宋金元詞籍文獻研究，鄧子勉著，上海古籍出版社，2008 年。

57. 宋金詞論稿，劉鋒燾著，中國社會科學出版社，2002 年。
58. 金元詞學研究，丁放著，中國社會科學出版社，2002 年。
59. 金元詞通論，陶然著，上海古籍出版社，2010 年。
60. 金元詞研究史稿，崔海正著，齊魯書社，2006 年。
61. 金詞生成史研究，李靜著，中國社會科學出版社，2010 年。
62. 金代詞人群體研究，李藝著，首都師範大學出版社，2008 年。
63. 金元全眞道士詞研究，陳宏銘，（臺灣）花木蘭文化出版社，2007 年。
64. 元初宋金遺民詞人研究，牛海蓉著，中國社會科學出版社，2007 年。
65. 金元辭賦論略，康金聲、李丹著，學苑出版社，2004 年。
66. 宋遼金元小說史，張兵著，復旦大學出版社，2001 年。
67. 金元小說戲曲考論，寧希元著，（香港）文星圖書有限公司，2008 年。
68. 北京戲劇通史・遼金元卷，周傳家、秦華生主編；劉禎、秦華生卷主編，北京燕山出版社，2001 年。
69. 宋金戲劇史稿，薛瑞兆著，生活・讀書・新知三聯書店，2005 年。
70. 宋金雜劇考（訂補本），胡忌著，中華書局，2008 年。
71. 走進契丹與女眞王朝的文學——第三屆中國遼金文學學術研討會論文集，趙維江主編，文化藝術出版社，2006 年。
72. 金代文學家年譜（全二冊），王慶生著，鳳凰出版社，2005 年。
73. 中國文學家大辭典・遼金元卷，鄧紹基、楊鐮主編，中華書局，2006 年。
74. 金元文學研究論著目錄（增訂本），何貴初編，（香港）文星圖書有限公司，2003 年。
75. 阿骨打傳奇，馬亞川講述，王宏剛記錄整理，吉林人民出版社，2009 年。
76. 紅羅女三打契丹，傅英仁講述，王宏剛、程迅記錄整理，吉林人民出版社，2009 年。
77. 金世宗走國，傅英仁講述，王松林記錄整理，吉林人民出版社，2009 年。
78. 女眞譜評（上下），馬亞川講述，王宏剛、程迅記錄整理，吉林人民出版社，2009 年。

（十二）藝術

1. 契丹藝術史，李曉峰、周建華、于淑華、趙向陽、王強、孫波著，內蒙古人民出版社，2008 年。

2. 遼代書法與墓誌，羅春政著，遼寧畫報出版社，2002 年。
3. 宋遼金西夏繪畫史，白巍著，海風出版社，2004 年。
4. 中國歷代書畫題跋精粹・唐宋遼金，蘇大椿編著，重慶出版社，2008 年。
5. 金代書畫家史料彙編，伊葆力編，人民美術出版社，2010 年。
6. 遼代繪畫與壁畫，羅春政著，遼寧畫報出版社，2002 年。
7. 故宮博物院藏品大系：繪畫編 4・遼金，故宮博物院編，紫禁城出版社，2008 年。
8. 內蒙古遼代壁畫，孫建華編著，文物出版社，2009 年。
9. 中國寺觀壁畫典藏・山西朔州崇福寺壁畫，金維諾主編，河北美術出版社，2001 年。
10. 中國寺觀壁畫典藏・山西繁峙岩山寺壁畫，金維諾主編，河北美術出版社，2001 年。
11. 歷代寺觀壁畫藝術・繁峙岩山寺壁畫，品豐、蘇慶編，重慶出版社，2001 年。
12. 歷代寺觀壁畫藝術・應縣佛宮寺壁畫、朔州崇福寺壁畫，品豐、蘇慶編，重慶出版社，2001 年。
13. 宣化遼墓壁畫，河北省文物研究所編，文物出版社，2001 年。
14. 宣化遼墓：墓葬藝術與遼代社會，李清泉著，文物出版社，2008 年。
15. 遼墓壁畫研究，張鵬著，天津人民美術出版社，2008 年。
16. 中國寺觀雕塑全集・3・遼金元寺觀造像，金維諾編著，黑龍江美術出版社，2005 年。
17. 中國彩塑精華珍賞叢書・大同下華嚴寺，金維諾主編，山西人民出版社，2004 年。
18. 中國彩塑精華珍賞叢書・大同善化寺，金維諾主編，山西人民出版社，2004 年。
19. 遼金元三史樂志研究，王福利著，上海音樂學院出版社，2005 年。
20. 遼代樂舞，巴景侃著，遼寧畫報出版社，2006 年。
21. 中國舞蹈通史——宋 遼 西夏 金 元卷，董錫玖著，上海音樂出版社，2010 年。
22. 宋遼金西夏舞蹈史，馮雙白著，北京燕山出版社，2008 年。

（十三）歷史

1. 大金弔伐錄校補，金少英校補，李善慶整理，中華書局，2001 年。
2. 中華大典：歷史典・編年分典・宋遼夏金總部，上海古籍出版社，2008 年。
3. 遼宋西夏金代通史・政治軍事卷，漆俠主編，人民出版社，2010 年。
4. 遼宋西夏金代通史・典章制度卷，漆俠主編，人民出版社，2010 年。
5. 遼宋西夏金代通史・社會經濟卷（上、下），漆俠主編，人民出版社，2010 年。
6. 遼宋西夏金代通史・教育科學文化卷，漆俠主編，人民出版社，2010 年。
7. 遼宋西夏金代通史・宗教風俗卷，漆俠主編，人民出版社，2010 年。
8. 遼宋西夏金代通史・周邊民族與政權卷，漆俠主編，人民出版社，2010 年。
9. 遼宋西夏金代通史・文物考古史料卷，漆俠主編，人民出版社，2010 年。
10. 中國歷史・隋唐遼宋金卷，張國剛、楊樹森主編，高等教育出版社，2001 年。
11. 遼金簡史，李桂芝著，福建人民出版社，2001 年。
12. 中國斷代史系列・遼金西夏史，李錫厚、白濱著，上海人民出版社，2003 年。
13. 中國の歷史 08・疾驅する草原の征服者：遼、西夏、金、元，杉山正明著，（東京）講談社，2005 年。
14. 中國歷史・遼史，李錫厚著，人民出版社，2006 年。
15. 中國歷史・金史，宋德金著，人民出版社，2006 年。
16. 中國通史・宋遼金元史，王明蓀著，九州出版社，2010 年。
17. 王曾瑜說遼宋夏金，王曾瑜著，上海科學技術文獻出版社，2009 年。
18. 遼西夏金元史十五講，屈文軍著，上海古籍出版社，2008 年。
19. 金元史十二講，陳廣恩著，中國國際廣播出版社，2009 年。
20. 遼夏金史，鄧書傑著，吉林大學出版社，2005 年。
21. 講述遼金夏，王連升主編，山西教育出版社，2010 年。
22. 遼金史解讀，趙望秦、張新科主編，華齡出版社，2007 年。
23. 遼金西夏 英法德——中外文明同時空——宋元 VS 王國崛起，林言椒、何承偉主編，上海錦繡文章出版社，2009 年。

24. 遼夏金元——草原帝國的榮耀，杭侃著，上海辭書出版社、（香港）商務印書館有限公司，2001 年。
25. 中華文明傳眞・8・遼夏金元——草原帝國的榮耀，杭侃著，（香港）商務印書館，2004 年。
26. 中國通史全編（9～10）宋遼金西夏元歷史編，馮克誠、田曉娜主編，青海人民出版社，2002 年。
27. 中國通史・宋遼西夏金元卷，李伯欽主編，萬卷出版公司，2009 年。
28. 中國通史：青少年版：圖文本宋遼金元卷，石延博、孫文閣主編，內蒙古少年兒童出版社，2002 年。
29. 中華上下五千年全知道・金戈鐵馬：遼夏金元卷，張豔玲主編，北京燕山出版社，2009 年。
30. 中國小通史・遼夏金元，邱樹森著，金盾出版社，2003 年。
31. 中華上下五千年：少兒彩圖版・兩宋遼金，龔勳主編，華夏出版社，2010 年。
32. 圖聞天下——遼西夏金（彩色精編版），張樹敏編著，內蒙古人民出版社，2010 年。
33. 圖說中國歷史・下卷・宋遼西夏金元明清，李波編，內蒙古大學出版社，2010 年。
34. 話說中國大歷史・伍・遼金——元明繁華之後的衍生，王昊、夏炎、夏冬、胡濱編著，華藝出版社，2009 年。
35. 史學天下・精品典藏：遼史，劉毅著，北京燕山出版社，2010 年。
36. 刀鋒上的文明——宋遼金西夏的另類歷史，梅毅著，中國海關出版社，2006 年。
37. 金戈鐵馬的交匯・遼西夏金，《圖說中國歷史》編委會編，吉林出版集團有限責任公司，2006 年。
38. 圖說天下：遼・西夏・金，龔書鐸、劉德麟主編，吉林出版集團有限責任公司，2006 年。
39. 中國歷史故事集：縱橫南北・五代宋遼，程美東主編，中國社會出版社，2003 年。
40. 中國歷史故事・遼金元卷，趙鳴岐、趙永春著，（臺北）知書房出版社，2005 年。

41. 華夏五千年名人勝蹟·南宋金元卷，王行國、夏培卓著，中國畫報出版社，2007 年。
42. 大三國演記（上、下），張貴祥著，河北人民出版社，2003 年。
43. 契丹大遼王朝，劉喜民著，黑龍江人民出版社，2010 年。
44. 契丹帝國傳奇，承天著，中國國際廣播出版社，2008 年。
45. 女眞帝國傳奇，孫昊、楊軍著，中國國際廣播出版社，2009 年。
46. 女眞金國的百年風雲——開國篇，東吳春秋著，鳳凰出版社，2009 年。
47. 大金國史話，黃斌、劉厚生著，吉林人民出版社，2002 年。
48. 西遼帝國傳奇，赤軍著，中國國際廣播出版社，2010 年。
49. 中國歷史·喀喇汗王朝史 西遼史，魏良弢著，人民出版社，2010 年。
50. 中國禮制史·宋遼夏金卷，陳戍國著，湖南教育出版社，2001 年。
51. 遼代的契丹本土風貌，任愛君著，國際華文出版社，2001 年。
52. 契丹史實揭要，任愛君著，哈爾濱出版社，2001 年。
53. 遼代社會史（上、下），哈爾濱出版社，2001 年。
54. 遼代社會史研究，張國慶著，中國社會科學出版社，2006 年。
55. 大契丹國——遼代社會史研究，（日）島田正郎著，何天明譯，內蒙古人民出版社，2007 年。
56. 世家大族與遼代社會，王善軍著，人民出版社，2008 年。
57. 宋遼西夏金社會生活史，朱瑞熙、劉復生、張邦煒、蔡崇榜、王曾瑜著，中國社會科學出版社，2005 年。
58. 中國民俗史·宋遼金元卷，游彪、尙衍斌、吳曉亮著，人民出版社，2008 年。
59. 遼金生活掠影，韓世明編著，瀋陽出版社，2002 年。
60. 山西通史·宋遼金元卷，山西人民出版社，2001 年。
61. 山東通史·宋金元卷，張熙惟、趙文坦主編，人民出版社，2009 年。
62. 中國史學思想通史·宋遼金卷，吳懷祺主編，黃山書社，2002 年。
63. 百衲本二十四史校勘記：金史校勘記、新五代史校勘記，張元濟著，王紹曾等整理，商務印書館，2004 年。
64. 遼史長箋（全 10 冊），楊家駱、趙振績編纂，新文豊出版公司，2006 年。
65. 遼金史料彙編（全 16 冊），全國圖書館文獻縮微複製中心編，全國圖書館文獻縮微複製中心，2007 年。

66.《金史》之《食貨志》與《百官志》校注，韓世明、都興智校注，中國社會科學出版社，2006 年。
67. 宋遼金元正史訂補文獻彙編（全三冊），徐蜀編，中國圖書館出版社，2004 年。
68. 宋遼金元明六史補編（全二冊），北京圖書館出版社影印室輯，北京圖書館出版社，2005 年。
69. 五代宋金元人邊疆行記十三種疏證稿，賈敬顏著，中華書局，2004 年。
70. 遼會要，陳述、朱子方主編，上海古籍出版社，2009 年。
71. 遼夏金大事本末，朱筱新編著，中國國際廣播出版社，2007 年。
72.《遼史》、《金史》、《元史》研究，吳鳳霞編，中國大百科全書出版社，2009 年。
73. 遼金元史學研究，吳鳳霞著，中國社會科學出版社，2009 年。
74. 二十世紀中國人文學科學術研究史叢書·遼西夏金史研究，李錫厚、白濱、周峰著，福建人民出版社，2005 年。
75. 戰後臺灣的歷史學研究 1945～2000·第四冊·宋遼金元史，王明蓀、韓桂華著，（臺北）行政院國家科學委員會，2004 年。
76. 陳述學術評傳，景愛著，花木蘭文化出版社、槐下書肆，2006 年。
77. 遼金史辭典，邱樹森主編，山東教育出版社，2010 年。
78. 遼宋夏金元五朝日曆，洪金富編著，臺灣中央研究院歷史語言研究所，2004 年。
79. 遼金西夏歷史文獻（2008），景愛、孫伯君主編，中國民族古文字研究會，2009 年。
80. 遼金西夏研究年鑒 2009，景愛主編，學苑出版社，2010 年。
81. 二十世紀遼金史論著目錄，劉浦江編，上海辭書出版社，2003 年。
82. 20 世紀遼金史學論文目錄索引，北京遼金城垣博物館編，北京遼金城垣博物館，2003 年。
83. 契丹（遼）史研究文獻目錄（1892～1999 年），遠藤和男編，大阪，2001 年。

（十四）地理

1. 遼史地理志彙釋，張修桂、賴青壽編著，安徽教育出版社，2001 年。

2. 遼代城址探源，韓仁信著，遠方出版社，2003 年。
3. 塞北（東部）古詩注與史地考，胡廷和、胡曉明、韓玉和編著，內蒙古人民出版社，2003 年。
4. 草原與田園——遼金時期西遼河流域農牧業與環境，韓茂莉著，生活・讀書・新知三聯書店，2006 年。
5. 哈爾濱地名含義揭秘，王禹浪著，哈爾濱出版社，2001 年。
6. 完顏金行政地理，王頲著，香港天馬出版有限公司，2005 年。
7. 北京城市發展史・先秦——遼金卷，于德源、富麗著，北京燕山出版社，2008 年。
8. 東北遼代古城研究彙編（上、下），王禹浪、薛宗強、王宏北、王文軼編，哈爾濱出版社，2007 年。
9. 走近遼王朝，張豔秋、顧亞莉、周玉鳳、史寶珊著，內蒙古人民出版社，2004 年。
10. 遼都神韻，陳文彥主編，內蒙古人民出版社，2003 年。
11. 遼上京史話，白鶴皋著，遠方出版社，2004 年。
12. 遼金西京大同，力高才著，山西人民出版社，2005 年。
13. 遼代北鎮，遼代北鎮編委會編，北鎮市文化體育局，2009 年。
14. 塔子城考記，黃松主編，中共泰來縣塔子城鎮委員會、泰來縣塔子城鎮人民政府，2007 年。
15. 帶你神遊金源故地——阿城，劉學顏著，哈爾濱出版社，2005 年。
16. 金代開原，劉興曄主編，中國書籍出版社，2004 年。
17. 契丹時代的遼東與遼西，田廣林著，遼寧師範大學出版社，2007 年。
18. 宋遼金時期的新疆，王旭送、艾力・吾甫爾編著，新疆美術攝影出版社，2009 年。
19. 奚國之都，王連晨、姚德昌主編，中央民族大學出版社，2008 年。

（十五）考古文物

1. 遼夏金元陵，閻崇東著，中國青年出版社，2004 年。
2. 遼文化・慶陵一帶調查報告書：京都大學大學院文學研究科 21 世紀 COE プログラム：グローバル化時代の多元的人文學の拠點形成，京都大學大學院文學研究科，2005 年。

3. 北京金代皇陵，北京市文物研究所編，文物出版社，2006 年。
4. 金代陵寢宗廟制度史料，宋大川、夏連保、黃秀純編，北京燕山出版社，2003 年。
5. 草原の王朝・契丹國〈遼朝〉の遺蹟と文物－內蒙古自治區赤峰市域の契丹遺蹟・文物の調查概要報告書 2004～2005（契丹國（遼朝）の總合的研究（1））（大型本），武田和哉、前川要、臼杵勲、高橋學而、沢本光弘、藤原崇人著，勉誠出版，2006 年。
6. 北東アジア中世遺蹟の考古學的研究 平成 15、16 年度研究成果報告書，臼杵勲著，文部科學省科學研究費補助金（特定領域）報告書，2005 年。
7. 北東アジア中世遺蹟の考古學的研究 平成 17 年度研究成果報告書，臼杵勲著，文部科學省科學研究費補助金（特定領域）報告書，2006 年。
8. 北東アジア中世遺蹟の考古學的研究 總合研究會議資料集，臼杵勲編，札幌學院大學，2007 年。
9. 北東アジア中世遺蹟の考古學的研究 平成 19 年度研究成果報告書，臼杵勲著，文部科學省科學研究費補助金（特別推進）報告書，2008 年。
10. 北東アジアの中世考古學，臼杵勲等編，勉誠出版，2008 年。
11. チントルゴイ城の研究Ⅰ，臼杵勳、A・エンフトゥル等編，札幌學院大學總合研究所，2009 年。
12. 2006～2008 年度モンゴル日本共同調查の成果，臼杵勲、A.エンフトゥル等編，札幌學院大學總合研究所，2009 年。
13. 北東アジア中世城郭集成Ⅰ：ロシア沿海地方：金東夏代 1，臼杵勲、A.アルテミエヴァ編集，札幌學院大學總合研究所，2010 年。
14. 遼文化・遼寧省調查報告書，京都大學大學院文學研究科編著，京都大學大學院文學研究科 21 世紀 COE プログラム「グローバル時代の多元的人文學の拠點形成」，2006 年。
15. 遼文化・慶陵一帶調查報告書，吉川眞司、古松崇志、向井祐介編，京都大學大學院文學研究科 21 世紀 COE プログラム「グローバル時代の多元的人文學の拠點形成」，京都大學大學院文學研究科，2005 年。
16. 宣化遼墓——1974～1993 年考古發掘報告，河北省文物研究所編著，文物出版社，2001 年。
17. 宣化下八里II區遼壁畫墓考古發掘報告，劉海文主編，文物出版社，2008 年。

18. 赤峰遼墓研究，哈爾濱出版社，2001 年。
19. 北京龍泉務遼金墓葬發掘報告，北京市文物研究所編著，文物出版社，2009 年。
20. 北京龍泉務窯發掘報告，北京市文物研究所編，文物出版社，2002 年。
21. 大興北程莊墓地——北魏、唐、遼、金、清代墓地發掘報告，北京市文物研究所編著，科學出版社，2010 年。
22. 魯谷金代呂氏家族墓葬發掘報告，北京市文物研究所編著，科學出版社，2010 年。
23. 鄭州宋金壁畫墓，鄭州市文物考古研究所編著，科學出版社，2005 年。
24. 徐水西黑山金元時期墓地發掘報告，張立方編著，文物出版社，2007 年。
25. 走近考古，步入宋金——一次公眾考古活動的探索與實踐，山西省考古研究所編，科學出版社，2009 年。
26. 驚世葉茂臺，王秋華著，百花文藝出版社，2002 年。
27. 探尋逝去的王朝——遼耶律羽之墓，蓋志勇著，內蒙古大學出版社，2004 年。
28. 大遼公主——陳國公主墓發掘紀實，孫建華、楊星宇著，內蒙古大學出版社，2008 年。
29. 遼代歷史古蹟，常克、費士良、馬玉鵬、賈仰周、高玉華編著，中國文史出版社，2007 年。
30. 北京遼金史蹟圖志（上、下），北京遼金城垣博物館編，北京燕山出版社，2003、2004 年。
31. 金中都遺珍，北京市文物局編，北京燕山出版社，2003 年。
32. 金源遺珍圖說，劉學顏著，哈爾濱出版社，2010 年。
33. 契丹王朝——內蒙古遼代文物精華，內蒙古文物考古研究所、中國歷史博物館編，中國藏學出版社，2002 年。
34. 松漠風華：契丹藝術與文化，蘇芳淑編，香港中文大學文物館，2004 年。
35. 草原牧歌：契丹文物精華，陳建明、塔拉主編，嶽麓書社，2010 年。
36. 黃金旺族——內蒙古博物院大遼文物展，（臺北）故宮博物院、內蒙古博物院編，蔡政芬、林天人主編，（臺灣）時藝多媒體傳播股份有限公司，2010 年。

37. 黃金旺族——內蒙古博物院大遼文物展，(臺北）故宮博物院、內蒙古博物院編，李梅齡、林宜樺主編，(臺灣）時藝多媒體傳播股份有限公司，2010 年。
38. 耀世金釆：契丹王朝黃金瑰寶，有容古文物藝術，2006 年。
39. 赤峰金銀器，于建設主編，遠方出版社，2006 年。
40. 金中都水關遺址考覽，北京遼金城垣博物館編，北京燕山出版社，2001 年。
41. 金源文物圖集，鮑海春、王禹浪主編，哈爾濱出版社，2001 年。
42. 遼上京文物擷英，唐彩蘭編著，遠方出版社，2005 年。
43. 遼金文物摭英，伊葆力著，(美國）逍遙出版社，2005 年。
44. 朝陽遼代畫像石刻，宋曉珂編著，學苑出版社，2008 年。
45. 內蒙古遼代石刻文編，蓋之庸編著，內蒙古大學出版社，2002 年。
46. 內蒙古遼代石刻文研究（增訂本)，蓋之庸編著，內蒙古大學出版社，2007 年。
47. 遼金元石刻文獻全編（三冊)，國家圖書館善本金石組編，北京圖書館出版社，2003 年。
48. 遼代石刻碑文評注，內蒙古大學出版社，2001 年。
49. 遼上京地區出土的遼代碑刻彙集，劉鳳翥、唐彩蘭、青格勒編著，社會科學文獻出版社，2009 年。
50. 遼代墓誌疏證，齊作聲編著，瀋陽出版社，2010 年。
51. 遼代石刻文續編，向南、張國慶、李宇峰輯注，遼寧人民出版社，2010 年。
52. 金代石刻輯校，王新英編，吉林人民出版社，2009 年。
53. モンゴル國所在の金代碑文遺蹟の研究，白石典之著，平成 16～17 年度科學研究費補助金基盤研究成果報告書，2006 年。
54. 中國山西省北部における金元石刻の調查・整理と研究，舩田善之、井黑忍、飯山知保著，三島海雲記念財團研究報告書（45)，2008 年。
55. 中國古代建築文獻精選（宋遼金元)（上、下冊)，程國政編著、路秉傑主審，同濟大學出版社，2010 年。
56. 中國古代建築・薊縣獨樂寺，楊新編著，文物出版社，2007 年。

57. 薊縣獨樂寺，陳明達著，王其亨、殷力欣增編，天津大學出版社，2007 年。
58. 義縣奉國寺，建築文化考察組編，天津大學出版社，2008 年。
59. 大同華嚴寺（上寺），齊平、柴澤俊、張武安、任毅敏編著，文物出版社，2008 年。
60. 遼金古塔藝術，哈爾濱出版社，2001 年。
61. 朝陽北塔——考古發掘與維修工程報告，遼寧省文物考古研究所、朝陽北塔博物館編，文物出版社，2007 年。
62. 遼慶州白塔文物志略與紀聞，韓仁信著，中國戲劇出版社，2006 年。
63. 遼代銅佛，陳振微、張國俊著，遼寧畫報出版社，2002 年。
64. 遼硯，魏占魁著，遼寧畫報出版社，2002 年。
65. 遼代璽印研究，辛蔚著，暨南大學出版社，2009 年
66. 遼代官印彙考，趙姝著，遼寧大學出版社，2010 年。
67. 金源印符輯存，伊葆力、王禹浪編著，哈爾濱出版社，2001 年。
68. 金代官印，景愛、孫文政、王永成編著，中國書店，2007 年。
69. 遼金銅鏡，沙元章著，黑龍江美術出版社，2007 年。
70. 金代銅鏡，伊葆力、王禹浪編著，哈爾濱出版社，2001 年。
71. 金代刻款銅鏡，董彥明、徐英章、趙洪山編著，遼寧省博物館，2005 年。
72. 中國遼瓷研究，佟杜臣著，社會科學文獻出版社，2010 年。
73. 遼宋金瓷器，楊俊豔著，北京美術攝影出版社，2006 年。
74. 宋遼陶瓷鑒定（上下），鐵源主編，華齡出版社，2001 年。
75. 宋遼金紀年瓷器，劉濤著，文物出版社，2004 年。
76. 嶺南藏珍宋遼金元瓷，鄭志海、余乃剛編著，嶺南美術出版社，2008 年。
77. 遼代陶瓷，路菁著，遼寧畫報出版社，2002 年，
78. 契丹陶磁：遼代陶磁の資料と研究，町田吉隆編，朋友書店，2008 年。
79. 遼代陶瓷的考古學研究，彭善國著，吉林大學出版社，2003 年。
80. 遼代陶瓷鑒定與鑒賞，李紅軍著，江西美術出版社，2003 年。
81. 遼代陶瓷鑒賞，戴洪文著，遼寧人民出版社，2004 年。
82. 宋金青瓷考證，陳雨壯編著，河南美術出版社，2009 年。
83. 紅綠彩，望野著，上海書店出版社，2003 年。

84. 精彩——金元紅綠彩瓷器中的神祇與世相，深圳博物館編，文物出版社，2009年。
85. 天邊的彩虹——中國10～13世紀釉上多色彩繪陶瓷研究，望野著，大象出版社、上海書店出版社，2005年。
86. 金源瓦當藝術，聶保昌編著，黑龍江美術出版社，2006年。
87. 遼代玉器研究，許曉東著，紫禁城出版社，2003年。
88. 遼金元玉器研究，于寶東著，內蒙古大學出版社，2007年。
89. 護身符，王青煜著，萬卷出版公司，2005年。
90. 遼代服飾，王青煜著，遼寧畫報出版社，2002年。
91. 遼代絲綢，趙豐著，（香港）沐文堂美術出版社，2004年。
92. Dragons of Silk, Flowers of Gold: A Group of Liao-Dynasty Textiles at the Abegg-Stiftung, Regula Schorta, Ed. Abegg-Stiftung, 2007.
93. 金代絲織藝術——古代金錦與絲織專題考釋，趙永春、趙鮮姬著，科學出版社，2003年。
94. 凝香古趣：漢唐遼宋香具精粹，張偉華主編，（臺北）雲中居古玩，2004年。
95. 北京地區遼金墓葬壁畫保護研究，北京市文物研究所編著，科學出版社，2008年。
96. 北京遼金城垣博物館，北京遼金城垣博物館編，北京遼金城垣博物館，2005年。
97. 一墅博宮壯金源——金上京歷史博物館講解詞彙編，孫威、那國安編著，中國戲劇出版社，2002年。
98. 凝固歷史瞬間：契丹王朝——內蒙古遼代文物精華展展覽設計，陳成軍著，吉林美術出版社，2003年。
99. 哈爾濱金代文化展：12世紀の中國、北方の民族が建國する，新潟市歷史博物館編，新潟市歷史博物館，2009年。
100. 遼金古玩鑒定，姚江波著，浙江大學出版社，2007年。

（十六）人物傳記

1. 遼金元傳記資料叢刊（全22冊），北京圖書館出版社影印室輯，北京圖書館出版社，2006年。

2. 人物中國——隋唐五代十國遼宋西夏金元，《人物中國》編委會編，中國大百科全書出版社，2009 年。
3. 遼西夏金蒙元頂級文臣，魏堅著，花山文藝出版社，2007 年。
4. 中國歷代清官廉吏·四·宋遼金元卷，閻廷琛等編著，中國文史出版社，2001 年。
5. 中國北方各族人物傳·遼代卷，黃鳳岐、馮繼欽主編，遼海出版社，2002 年。
6. 中國北方各族人物傳·金代卷，穆鴻利、陳國良主編，遼海出版社，2002 年。
7. 宋遼金西夏人物故事，郭雪玲編著，北京語言大學出版社，2005 年。
8. 大遼國皇帝及皇后，李國、曹建華著，內蒙古人民出版社，2005 年。
9. 大遼上京人物譜，曹建華主編，文史出版社，2005 年。
10. 大遼韓知古家族，政協巴林左旗委員會編，內蒙古人民出版社，2002 年。
11. 歷史上的蕭太后，景愛著，中國社會科學出版社，2010 年。
12. 遼承天皇太后蕭綽傳，王德忠編著，吉林人民出版社，2010 年。
13. 金代黑龍江人物研究，孫文政著，吉林文史出版社，2007 年。
14. 耶律楚材評傳，劉曉著，南京大學出版社，2001 年。
15. 元初三朝輔臣——耶律楚材，瀛泳著，上海大學出版社，2007 年。
16. 完顏亮評傳，周峰著，民族出版社，2002 年。
17. 金章宗傳，范軍、周峰著，中國廣播電視出版社，2003 年。
18. 完顏宗翰及家族墓地考，王禹浪著，五常市拉林滿族京旗文化開發辦，2002 年。
19. 歷史上的金兀朮，景愛著，中國社會科學出版社，2008 年。
20. 巨擘——元好問傳，潘秀峰、攀山著，哈爾濱出版社，2005 年。
21. 解讀河汾諸老，劉達科著，作家出版社，2005 年。
22. 劉祁與《歸潛志》，杜成輝著，山西人民出版社，2010 年。
23. 丘處機大傳，張曉松著，青島出版社，2005 年。
24. 金元之際山東三世侯，趙繼顏著，山東文藝出版社，2004 年。
25. 金元時期的燕趙文化人，孟繁清等著，河北人民出版社，2004 年。
26. 遼金元名人年譜（全三冊），北京圖書館出版社古籍影印編輯室編，北京圖書館出版社，2005 年。

27. 新編王庭筠年譜，李宗僅著，（臺北）秀威信息科技股份有限公司，2006年。

（十七）論文集

1. 遼金史論集（第六輯），張暢耕主編，中國社會科學出版社，2001年。
2. 遼金史論集（第十輯），韓世明主編，中國社會科學出版社，2007年。
3. 遼金史論集（第十一輯），馮永謙、孫文政主編，吉林文史出版社，2008年。
4. 遼金史論集（第十一輯），孫建華主編，內蒙古大學出版社，2009年。
5. 古史文存·隋唐宋遼金元卷，中國社會科學院歷史研究所編，社會科學文獻出版社，2004年。
6. 10～13 世紀中國文化的碰撞與融合，張希清、田浩、黃寬重、于建設主編，上海人民出版社，2006年。
7. 澶淵之盟新論，張希清、田浩、穆紹衍、劉鄉英主編，上海人民出版社，2007年。
8. 中研院歷史語言研究所集刊論文類編——歷史編·宋遼金元卷，中華書局，2009年。
9. 北京遼金文物研究，北京遼金城垣博物館編，北京燕山出版社，2005年。
10. 遼金史論叢——紀念張博泉教授逝世三週年論文集，程尼娜、傅百臣主編，吉林人民出版社，2003年。
11. 遼金歷史與考古（第一輯），遼寧省遼金契丹女真史研究會編，遼寧教育出版社，2009年。
12. 遼金歷史與考古（第二輯），遼寧省遼金契丹女真史研究會編，遼寧教育出版社，2010年。
13. 新疆歷史研究論文選編·遼宋金卷，《新疆通史》編撰委員會編，新疆人民出版社，2008年。
14. 阜新遼金史研究（第五輯），李品清主編，中國社會出版社，2002年。
15. 遼金史研究，李兵主編，中國文化出版社，2003年。
16. 遼金史研究，李兵主編，吉林大學出版社，2005年。
17. 北方民族文化新論，高延青主編，哈爾濱出版社，2001年。

18. 首屆遼上京契丹·遼文化學術研討會論文集，遼上京契丹·遼文化研究學會編，內蒙古文化出版社，2009年。
19. 遼上京研究論文選，王玉亭主編，政協巴林左旗委員會編印，2007年。
20. 中國·平泉首屆契丹文化研討會論文集，王榮昌主編，吉林大學出版社，2010年。
21. 天風海濤——中國·陵川·郝經暨金元文化學術研討會論文集，常振華主編，山西春秋電子音像出版社，2007年。
22. 宋史研究論叢（第十一輯），姜錫東主編，河北大學出版社，2010年。
23. 東胡與遼金問題論，邴正、邵漢明主編，吉林文史出版社，2007年。
24. 薊門集——北京建都850週年論文集，朱明德、梅寧華主編，北京燕山出版社，2005年。
25. 金上京文史論叢（第一集），洪仁懷、王軍主編，中國文史出版社，2007年。
26. 金上京文史論叢（第二集），鮑海春、洪仁懷主編，哈爾濱出版社，2008年。
27. 碾子山金長城文化研討會論文集，中共齊齊哈爾市委宣傳部、齊齊哈爾市社會科學界聯合會、齊齊哈爾市碾子山區委區政府編印，2009年。
28. 金啓孮先生逝世週年記念文集，東亞歷史文化研究會編，（京都）東亞歷史文化研究會，2005年。
29. 甫白文存，張博泉著，蘭州大學出版社，2010年。
30. 臨潢集，李錫厚著，河北大學出版社，2001年。
31. 宋遼金元史論集暨師友雜憶，李涵撰，（臺中縣）高文出版社，2002年。
32. 金宋史論叢，陳學霖著，香港中文大學出版社，2003年。
33. 王民信遼史研究論文集，王民信著，國立臺灣大學出版中心，2010年。
34. 宋遼金元史新編，陶晉生著，（臺北）稻鄉出版社，2003年。
35. 歷史的瞬間：從宋遼金人物談到三寸金蓮，陶晉生著，聯經出版社，2006年。
36. 宋遼關係史研究，陶晉生著，中華書局，2008年。
37. 遼金論稿，宋德金著，湖北教育出版社，2005年。
38. 宋德金集，宋德金著，中國社會科學出版社，2008年。
39. 松漠之間——遼金契丹女真史研究，劉浦江著，中華書局，2008年。

40. 遼宋金元史論，趙永春著，吉林人民出版社，2003 年。
41. 遼金史研究，都興智著，人民出版社，2004 年。
42. 宋遼金史論稿，楊果著，商務印書館，2010 年。
43. 遼金元史論文稿，王明蓀著，(臺灣) 花木蘭文化工作坊，2005 年。
44. 遼金元史學與思想論稿，王明蓀著，(臺灣) 花木蘭文化出版社，2009 年。
45. 金代碑石叢稿，伊葆力著，中州古籍出版社，2004 年。
46. 東北史地論稿，王禹浪、王宏北著，哈爾濱出版社，2004 年。
47. 金上京歷史文物研究文集，王春蕾、楊力編著，人民文學出版社，2002 年。
48. 韓中關係史研究論叢，金渭顯編著，香港社會科學出版社有限公司，2004 年。
49. 契丹社會文化史論，金渭顯著，(韓國肅蘭) 景仁文化社，2004 年。
50. 愛新覺羅烏拉熙春女真契丹學研究，愛新覺羅・烏拉熙春著，(日本京都) 松香堂，2009 年。
51. 遼金西夏研究の現在 (1)，荒川慎太郎、高井康典行、渡辺健哉編，東京外國語大學アジア･アフリカ言語文化研究所，2008 年。
52. 遼金西夏研究の現在 (2)，荒川慎太郎、高井康典行、渡辺健哉編，東京外國語大學アジア･アフリカ言語文化研究所，2009 年。
53. 遼金西夏研究の現在 (3)，荒川慎太郎、高井康典行、渡辺健哉編，東京外國語大學アジア･アフリカ言語文化研究所，2010 年。

二、總論

（一）研究綜述

1. 契丹、女眞史研究百年綜述，孫進己、孫泓，中國民族研究年鑒（2001年卷），民族出版社，2002 年。
2. 20 世紀以來金代契丹人和奚人研究綜述，夏宇旭，中國史研究動態，2010年第 3 期。
3. 二十世紀遼金史研究的回顧與總結，韓毅，宋史研究通訊（第 43 卷第 1期），2004 年。
4. 二十世紀宋遼金史研究格局的形成與展望，關亞新，高校社科信息，2001年第 4 期。
5. 臺灣遼金元史研究述要，廖啓照，（臺灣）遼夏金元史教研通訊，2002 年第 1 期。
6. 金史研究略論，陳昭揚，（臺灣）遼夏金元史教研通訊，2001 年第 2 期。
7. 近二十年來大陸遼史研究，趙永春，（臺灣）遼夏金元史教研通訊，2001年第 2 期。
8. 近二十年來大陸金史研究，趙永春，（臺灣）遼夏金元史教研通訊，2002年第 1 期。
9. 近二十年中國遼金史研究（續完），趙永春，東北史研究動態，2001 年第2 期。
10. 二十世紀我國契丹史研究綜述，孫進己、孫泓，阜新遼金史研究（第五輯）中國社會出版社，2002 年。

11. 遼金契丹女真史近十年研究的回顧及對新世紀研究的設想，孫進己，阜新遼金史研究（第五輯），中國社會出版社，2002 年。
12. 改革開放三十年的遼金史研究述評，關樹東，遼金史論集（第十一輯），內蒙古大學出版社，2009 年。
13. 改革開放以來遼金史研究的新進展，楊軍、宋卿，回顧與展望——吉林大學紀念改革開放三十週年學術論文集，吉林大學出版社，2008 年。
14. 上世紀九十年代的遼金史研究，予舒，赤峰日報，2005 年 3 月 21 日。
15. 窮盡・旁通・預流：遼金史研究的困厄與出路，劉浦江，歷史研究，2009 年第 6 期。
16. 我國契丹族史研究回眸與思考，黃鳳岐，遼金史研究，中國文化出版社，2003 年。
17. 20 世紀金史研究綜述，段光達、沈一民，文史知識，2008 年第 4 期。
18. 遼史契丹史研究的幾個熱點問題追蹤和思考，穆鴻利，遼金史研究，吉林大學出版社，2005 年。
19. 遼史契丹史研究的幾個熱點問題追蹤和思考，穆鴻利，遼金史論集（第十一輯），吉林文史出版社，2008 年。
20. 2000 年國內遼夏金史研究綜述，關樹東，中國史研究動態，2001 年第 12 期。
21. 2001 年國內遼西夏金史研究綜述，屈文軍，中國史研究動態，2002 年第 6 期。
22. 2002 年遼西夏金史研究綜述，陳廣恩，中國史研究動態，2003 年第 9 期。
23. 2003 年遼夏金史研究綜述，關樹東、蔡春娟，中國史研究動態，2004 年第 12 期。
24. 2003 年遼金史研究綜述，周峰，北方民族，2004 年第 3 期。
25. 2003 年遼宋西夏金元經濟史研究綜述，李華瑞、邵育欣，中國經濟史研究，2004 年第 2 期。
26. 2004 年遼西夏金史研究綜述，都興智、呂洪偉，中國史研究動態，2005 年第 9 期。
27. 2004 年遼金史研究綜論，李月新，遼寧師範大學學報（社會科學版），2005 年第 3 期。
28. 2004 年遼金史研究綜述，周峰，北方民族，2005 年第 3 期。

29. 2004 年遼宋西夏金元經濟史研究述評，李華瑞，中國經濟史研究，2005 年第 2 期。
30. 2005 年遼金西夏史研究綜述，都興智、仉惟嘉，中國史研究動態，2006 年第 8 期。
31. 2005 年遼宋夏金元經濟史研究述評，李華瑞、郭志安，中國經濟史研究，2006 年第 2 期。
32. 2006 年遼西夏金史研究綜述，曹流，中國史研究動態，2007 年第 12 期。
33. 2006 年遼金史研究綜述，周峰，北方民族，2007 年第 4 期。
34. 2006 年遼宋西夏經濟史研究述評，李華瑞，中國經濟史研究，2007 年第 2 期。
35. 2007 年遼宋西夏金元經濟史研究述評，李華瑞、楊小敏，中國經濟史研究，2008 年第 2 期。
36. 2007 年遼、西夏、金、蒙元貨幣研究綜述，張文芳，新疆錢幣，2008 年第 3 期。
37. 2007 年遼金史研究綜述，周峰，北方民族，2008 年第 3 期。
38. 2007 年遼西夏金史研究綜述，曹流，中國史研究動態，2009 年第 1 期。
39. 2007 年契丹遼史研究綜述，張宏利，黑龍江史志，2010 年第 21 期。
40. 2008 年遼金西夏史研究綜述，王德朋，中國史研究動態，2009 年第 10 期。
41. 2008 年遼宋西夏金元經濟史研究述評，李華瑞、楊芳，中國經濟史研究，2009 年第 2 期。
42. 2009 年遼金史研究綜述，周峰，東北史地，2010 年第 4 期。
43. 2009 年遼金西夏史研究綜述，康鵬，中國史研究動態，2010 年第 10 期。
44. 2009 年遼宋西夏金元經濟史研究述評，李華瑞、楊瑞軍，中國經濟史研究，2010 年第 2 期。
45. 遼史研究，王姝、趙永春，遼金西夏研究年鑒 2009，學苑出版社，2010 年。
46. 金史研究，都興智、周爽，遼金西夏研究年鑒 2009，學苑出版社，2010 年。
47. 遼金文學研究，胡傳志、李定乾，遼金西夏研究年鑒 2009，學苑出版社，2010 年。

48. 國內遼金史學研究，吳鳳霞，遼金西夏研究年鑒 2009，學苑出版社，2010 年。
49. 近 20 年完顏亮研究綜述，王紅娟，文史知識，2007 年第 2 期。
50. 遼金史研究，飯山知保，日本宋史研究の現狀と課題——1980 年代以降を中心に，汲古書院，2010 年。
51. 遼代人口問題研究綜述，王孝俊，瀋陽師範大學學報（社會科學版），2006 年第 6 期。
52. 契丹族文學 20 世紀研究述論，劉達科，民族文學研究，2001 年第 3 期。
53. 遼宋金史研究與史學發展現狀——王曾瑜先生訪談錄，王曾瑜、刁培俊，歷史教學問題，2005 年第 2 期。
54. 開創遼金史研究的新階段，李兵，遼金史研究，吉林大學出版社，2005 年。
55. 近六十年來的遼金史學研究，吳鳳霞，東北史地，2010 年第 2 期。
56. 20 世紀《遼史》《金史》《元史》研究述評，吳鳳霞，史學理論與史學史學刊（2008 年卷），社會科學文獻出版社，2008 年。
57. 20 世紀《遼史》《金史》《元史》研究及其影響，吳鳳霞，南開學報（哲學社會科學版），2009 年第 6 期。
58. 略述遼、金、夏的法制史研究，黃純怡，（臺灣）遼夏金元史教研通訊，2005 年第 1 期。
59. 遼代法制史研究述評，張志勇，遼寧高職學報，2001 年第 1 期。
60. 遼代法制史研究述評，張志勇，阜新遼金史研究（第五輯），中國社會出版社，2002 年。
61. 近 20 年來契丹文字研究概況，劉鳳翥，燕京學報（新第 11 期），北京大學出版社，2001 年。
62. 20 年來遼代東丹國研究若干問題的綜述，楊雨舒，遼金史研究，中國文化出版社，2003 年。
63. 二十年來遼代東丹國研究若干問題的綜述，楊雨舒，博物館研究，2003 年第 1 期。
64. 關於承德遼金史研究的思考，田淑華，遼金史研究，吉林大學出版社，2005 年。

65. 關於承德遼金史研究的幾點思考，田淑華，遼金契丹女眞史研究（總第34期），2004年。
66. 近十年來金代漢族士人研究述評，王德朋，中國史研究動態，2003年第10期。
67. 近二十年來宋夏金時期西北經濟史研究綜述，董萍，甘肅社會科學，2005年第2期。
68. 遼代貨幣研究綜述，何天明、賈克佳，內蒙古金融研究（錢幣增刊），2005年第1期。
69. 遼史契丹史研究的幾個熱點問題追蹤和思考，穆鴻利，遼金史研究，吉林大學出版社，2005年。
70. 遼史契丹史研究的幾個熱點問題追蹤和思考，穆鴻利，遼金契丹女眞史研究（總第34期），2004年。
71. 二十年來遼代考古的重要發現與研究，都興智，遼金史研究，中國文化出版社，2003年。
72. 關於阜新遼代考古及研究工作的回顧與思考，王立青，遼金史研究，中國文化出版社，2003年。
73. 二十世紀契丹北、南宰相府研究概述，尤李，民族研究信息，2003年第1、2期合刊。
74. 遼代斡魯朵問題研究綜述，王德忠、李春燕，東北史地，2009年第3期。
75. 近廿年阜新市遼史契丹史研究的回顧與展望，張志勇，遼寧工程技術大學學報（社會科學版），2004年第1期。
76. 遼金契丹女眞史研究趨向多視角，韓世明，光明日報，2006年8月25日。
77. 要把遼史作爲中華民族歷史的一部分來研究，孫進己、孫泓，遼金契丹女眞史研究（總第34期），2004年。
78. 要把金史作爲中華民族歷史的一部分來研究，孫進己、孫泓，遼金契丹女眞史研究（總第34期），2004年。
79. 遼金史爲中華民族歷史的一部分，孫進己、孫泓，遼金史論集（第十一輯），吉林文史出版社，2008年。
80. 金史的內容必須重新界定，孫進己、孫泓，遼金契丹女眞史研究（總第34期），2004年。

81. 遼金文學研究的現狀與未來——北京廣播學院張晶教授訪談，諸葛憶兵，光明日報，2004 年 4 月 7 日。
82. 百年來遼金元詩文綜合研究專著管窺，劉達科，山西教育學院學報，2001 年第 2 期。
83. 二十世紀遼金俗文學研究述略，張琴，山西師大學報（社會科學版），2001 年第 2 期。
84. 20 世紀金元詞研究述評，張進德，河南大學學報（社會科學版），2001 年第 1 期。
85. 20 世紀以來的元好問研究，狄寶心，山西大學學報（哲學社會科學版），2005 年第 1 期。
86. 遼河源契丹文化的綜述，王翠琴，承德民族歷史與建設文化大市學術論壇文選，遼寧民族出版社，2006 年。
87. 近百年來宋遼金漢語共同語語音研究述略，黎新第，重慶師範大學學報，2004 年第 5 期。
88.《龍龕手鏡》研究綜述，呂文瑞，漢字文化，2007 年第 2 期。
89. 金代儒學研究現狀述評，劉輝，東北史地，2008 年第 2 期。
90. 近二十年來金代儒學研究述評，王德朋，東北史地，2009 年第 1 期。
91. 簡論二十世紀的俄羅斯女真學研究，霍明琨，光明日報，2009 年 8 月 10 日第 7 版。
92. 二十世紀八十年代以來的俄羅斯學界女真研究述評，霍明琨，遼金史論集（第十一輯），內蒙古大學出版社，2009 年。
93. 遼代漢人世家大族研究綜述，齊偉，遼金歷史與考古（第一輯），遼寧教育出版社，2009 年。
94. 20 世紀以來遼屬漢人人口問題研究述評，李月新，赤峰學院學報（漢文哲學社會科學版），2009 年第 10 期。
95. 金上京研究綜述，李冬楠，黑龍江社會科學，2009 年第 5 期。
96. 澶淵之盟研究述論，袁志鵬，衡水學院學報，2010 年第 3 期。
97. 日本的金史研究，趙永春、淑榮，東北史研究，2010 年第 1 期。
98. 金元代華北社會研究の現狀と展望，飯山知保，史滴（第 23 號），2001 年 12 月。

99. 一二世紀から一四世紀前半華北社會研究の現狀と展望：漢人軍閥研究例として，飯山知保，史觀（146號），2002年3月。
100. 金朝女眞皇族研究現狀述評，李玉君，北華大學學報（社會科學版），2010年第2期。
101. 遼金史研究的現狀與趨勢，宋德金，中國社會科學報，2010年10月21日第7版。
102. 治遼宋金史雜談，王曾瑜，河南大學學報（社會科學版），2010年第3期。
103. 20世紀以來遼金民族融合問題研究綜述，王善軍，西夏學（第六輯），上海古籍出版社，2010年。
104. Jurchen Jin Studies in Japan since the 1980s, Iiyama Tomoyasu, Journal of Song-Yuan Studies, Volume 37, 2007.
105. Historical Studies of the Jurchen in Russia, Alexander Kim, Journal of Song-Yuan Studies, Volume 40, 2010.
106. 弘揚遺山精神 傳承先進文化——「元祠重修落成典禮暨第六次元好問研討會」會議綜述，張靜，忻州師範學院學報，2010年第6期。

（二）學術活動

1. 遼金契丹女眞史研究會成立二十週年，王平魯，中國社會科學院院報，2004年6月24日。
2. 可喜的成就 艱難的歷程——中國遼金及契丹女眞史研究會第七屆學會學術工作總結及建議，孫進己、馮永謙，遼金契丹女眞史研究（總第34期），2004年。
3. 可喜的成就，艱難的歷程——中國遼金及契丹女眞史學會第七屆學會學術工作總結及建議，孫進己、馮永謙，遼金史論集（第十一輯），吉林文史出版社，2008年。
4. 風風雨雨二十年，累累成果鑄輝煌——遼寧省遼金契丹女眞史研究會工作述略，黃鳳岐，遼金契丹女眞史研究（總第34期），2004年。
5. 風風雨雨二十年，累累成果鑄輝煌——遼寧省遼金契丹女眞研究會工作述略，黃鳳岐，遼金史論集（第十一輯），吉林文史出版社，2008年。

6. 紀念遼寧省遼金契丹女眞史研究會成立二十週年學術研討會綜述，王平魯，遼金契丹女眞史研究（總第 34 期），2004 年。
7. 回眸與展望——省遼金史學會工作述略，黃鳳岐，阜新遼金史研究（第五輯），中國社會出版社，2002 年。
8. 遼寧省遼金契丹女眞史研究會二十年工作述略，黃鳳岐，遼寧工程技術大學學報（社會科學版），2005 年第 5 期。
9.「中國古都學會 2001 年年會暨赤峰遼王朝故都歷史文化研討會」召開，墨迪，尋根，2001 年第 4 期。
10. 中國古都學會 2001 年年會暨赤峰遼王朝故都歷史文化研討會在赤峰舉行，石文，松州學刊，2001 年第 4 期。
11. 在中國古都學會 2001 年年會暨赤峰遼王朝故都歷史文化研討會上的講話，高延青，中國古都研究（第 18 輯上冊）——中國古都學會 2001 年年會暨赤峰遼王朝故都歷史文化研討會論文集，國際華文出版社，2002 年。
12. 中國古都學會 2001 年年會暨赤峰遼王朝故都歷史文化研討會開幕詞，朱士光，中國古都研究（第 18 輯上冊）——中國古都學會 2001 年年會暨赤峰遼王朝故都歷史文化研討會論文集，國際華文出版社，2002 年。
13. 契丹王朝對中華民族融合發展的貢獻，王革勳、陳文道，中國古都研究（第 18 輯上冊）——中國古都學會 2001 年年會暨赤峰遼王朝故都歷史文化研討會論文集，國際華文出版社，2002 年。
14. 淺議契丹國對中華民族文化的貢獻，朱文民，中國古都研究（第 18 輯上冊）——中國古都學會 2001 年年會暨赤峰遼王朝故都歷史文化研討會論文集，國際華文出版社，2002 年。
15. 古代都城研究重要性與遼上京在中國古都的地位——在中國古都學會 2001 年年會暨赤峰遼王朝故都歷史文化研討會開幕式上的講話，劉慶柱，中國古都研究（第 18 輯上冊）——中國古都學會 2001 年年會暨赤峰遼王朝故都歷史文化研討會論文集，國際華文出版社，2002 年。
16. 中國古都學會 2001 年年會暨赤峰遼王朝故都歷史文化研討會閉幕詞，尹鈞科，中國古都研究（第 18 輯上冊）——中國古都學會 2001 年年會暨赤峰遼王朝故都歷史文化研討會論文集，國際華文出版社，2002 年。
17.「澶淵之盟一千週年國際學術研討會」議程報導，《遼夏金元史教研通訊》編輯組，（臺灣）遼夏金元史教研通訊，2004 年第 2 期。

18. 全國第三屆遼史契丹史、金史女眞史學術研討會分別在阜新市和松原市舉行，王孝華，北方文物，2005 年第 1 期。
19. 全國第三屆遼史契丹史、金史女眞史學術研討會分別在阜新市和松原市舉行，王孝華，遼金史研究，吉林大學出版社 2005 年。
20. 第三屆遼金契丹女眞史研討會會議紀要，韓世明，（臺灣）遼夏金元史教研通訊，2004 年第 2 期。
21. 第三屆全國遼史契丹史學術研討會綜述，韓世明，中國史研究動態，2005 年第 8 期。
22. 金史女眞史研究的新進展——第三屆全國金史女眞史學術研討會綜述，韓世明，北方文物，2005 年第 2 期。
23. 堅持科學發展，團結學界同仁，努力開創遼金史研究的新局面，韓世明，遼金契丹女眞史研究，2007 年第 1、2 期。
24. 總結教訓，辦好學會，爲推動遼金史研究做出新貢獻，宋德金，遼金契丹女眞史研究，2007 年第 1、2 期。
25.「赤峰第三屆中國古代北方文化國際學術研討會」會議紀要，陳昭揚，（臺灣）遼夏金元史教研通訊，2004 年第 2 期。
26. 中韓「宋遼夏金元史」學術研討會綜述，陳瑞青、賈東江，高校社科信息，2005 年第 6 期。
27.「中韓「宋遼夏金元史」學術研討會」綜述，王茂華、丁建軍，黨史博採（理論），2005 年第 8 期。
28. 中韓第三屆「宋遼夏金元史」國際學術研討會在左旗召開，馮啓良，赤峰日報，2009 年 8 月 5 日第 1 版。
29. 中韓第三屆「宋遼夏金元史」國際學術研討會會議紀要，河北大學宋史研究中心，宋史研究論叢（第十一輯），河北大學出版社，2010 年。
30. 中韓日百名專家研討「宋遼夏金元史」，徐永升，內蒙古日報（漢），2009 年 8 月 7 日第 2 版。
31. 齊市建城八百八十週年歷史研究成果發佈暨紀念大會舉行，包暘，齊齊哈爾日報，2005 年 12 月 26 日。
32. 100 餘位中外文物考古專家彙聚青城研討出土遼金元瓷器，許曉嵐，內蒙古日報（漢），2005 年 7 月 4 日。

33. 內蒙古自治區出土遼金元瓷器國際學術研討會在呼和浩特召開，收藏家，2005 年第 8 期。
34. 內蒙古自治區出土遼金元瓷器國際學術研討會述要，李珍萍，中國文物報，2005 年 7 月 27 日總第 1338 期。
35. 河南新出土宋金名窯瓷器特展座談會熱議北宋官窯，李珍萍，中國文物報，2009 年 10 月 30 日總第 1772 期第 7 版。
36.「遼、金、西夏、元貨幣研討會」在赤峰召開，內蒙古錢幣學會秘書處，內蒙古金融研究（錢幣專刊），2002 年第 2 期。
37. 齊齊哈爾紀念建城 880 週年，時良，東北史研究，2006 年第 1 期。
38. 齊市建城八百八十週年歷史研究成果發佈暨紀念大會舉行，包暘，齊齊哈爾日報，2005 年 12 月 26 日。
39. 努力開創金史研究的新局面，齊心，北京文博，2003 年第 6 期。
40. 遼金文學國際學術研討會暨遼金文學學會籌備會綜述，韓田鹿，民族文學研究，2003 年第 2 期。
41. 第三屆中國遼金文學學術研討會綜述，趙維江、何志軍，民族文學研究，2005 年第 3 期。
42.「中國遼金文學國際學術論壇」召開，薛文禮，民族文學研究，2008 年第 1 期。
43.「紀念元好問逝世 750 週年學術研討會」召開，張靜，民族文學研究，2008 年第 1 期。
44. 學會參加報告 紀念元好問逝世 750 週年學術研討會，高橋幸吉，（日本）橄欖：宋代詩文研究會會誌（15），宋代詩文研究會，2008 年 3 月。
45. 梳理金元文脈 突出遺山主峰——「紀念元好問逝世 750 週年學術研討會」會議綜述，張靜，忻州師範學院學報，2008 年第 1 期。
46. 中外學者論元好問——紀念元好問逝世 750 週年學術研討會論文集萃，狄寶心、王改瑛，忻州日報，2007 年 8 月 19 日。
47. 全國郝經暨金元文化學術研討會會議綜述，田同旭，天風海濤——中國・陵川郝經暨金元文化學術研討會論文集，山西春秋電子音像出版社，2007 年。
48. 史實俱在，毋庸置疑——金代「完顏宗翰家族墓地考證」專家鑒定會紀要，黃澄、梁爽，東北史研究動態，2002 年第 2 期。

49. 發揮科研有時，推動金源文化的研究與發展——在中國・哈爾濱市阿城首屆金上京歷史文化暨企業文化學術研討會上的講話，鮑海春，東北史研究，2008 年第 1 期。
50. 中國・哈爾濱市阿城首屆金上京歷史文化暨企業文化學術研討會綜述，尹宏鋒，東北史研究，2008 年第 1 期。
51. 朝陽市遼金佛教文化研究會成立，黃夏年，中國民族報，2008 年 2 月 26 日。
52. 遼寧朝陽市「遼金佛教文化研究會」掛牌成立，桑吉札西，佛教文化，2008 年第 2 期。
53. 釋迦塔與中國佛教研討會在晉舉行，張世輝，中國民族報，2008 年 5 月 20 日。
54. 全國郝經暨金元文化學術研討會綜述，景宏業，晉陽學刊，2006 年第 6 期。
55. 關注中國傳統建築傑作是文化保護和文化重建的需要——《義縣奉國寺》圖書首發式暨中國遼代木構建築研討會在遼寧義縣召開，孫秀麗，中國文物報，2008 年 7 月 16 日總第 1640 期第 2 版。
56. 釋迦塔與中國佛教研討會在山西應縣舉行，王麗心，法音，2008 年第 6 期。
57. 讓釋迦塔走向世界——首屆釋迦塔與中國佛教研討會綜述，豐開罡，朔州日報，2008 年 6 月 14 日。
58. 挖掘中國歷史建築傑作是遺產保護和文化重建的需要：中國傳統建築經典叢書《義縣奉國寺》首發式暨中國遼代木構建築研討會綜述，劉江峰，建築創作，2008 年第 8 期。
59. 首屆遼上京契丹・遼文化學術研討會召開，孫秀麗，中國文物報，2008 年 10 月 29 日總第 1669 期第 2 版。
60. 首屆遼上京契丹・遼文化學術研討會在左旗召開，楊睿賡、邱靜、王松嶺，赤峰日報，2008 年 10 月 21 日。
61. 關注遼上京 推進契丹——遼文化研究，陶建英，內蒙古社會科學（漢文版），2009 年第 1 期。
62. 第九屆中國遼金契丹女真史學術研討會在我市召開，孫國權、曲方，赤峰日報，2008 年 9 月 21 日。

63. 遼夏金元歷史文獻國際研討會召開，孫伯君、王鵬權，中國社會科學院報，2008 年 11 月 25 日總第 14 期第 1 版。
64. 深入研究金源文化促進民族經濟發展，張文彬，金上京文史論叢（第二集），哈爾濱出版社，2008 年。
65. 在中國·哈爾濱（阿城）首屆金上京歷史文化暨企業文化學術研討會上的講話，姜明，金上京文史論叢（第二集），哈爾濱出版社，2008 年。
66. 在中國·哈爾濱（阿城）首屆金上京歷史文化暨企業文化學術研討會上的講話，周文華，金上京文史論叢（第二集），哈爾濱出版社，2008 年。
67. 發揮科研優勢，推動金源文化的研究和發展，鮑海春，金上京文史論叢（第二集），哈爾濱出版社，2008 年。
68. 中國·哈爾濱（阿城）首屆金上京歷史文化暨企業文化學術研討會（歷史文化部分）學術總結，宋德金，金上京文史論叢（第二集），哈爾濱出版社，2008 年。
69. 努力開創金上京歷史文化研究的新局面——中國·哈爾濱（阿城）首屆金上京歷史文化暨企業文化學術研討會側記，王永年，金上京文史論叢（第二集），哈爾濱出版社，2008 年。
70. 遼寧省遼金契丹女真史研究會會員代表大會會議紀要，遼金歷史與考古（第一輯），遼寧教育出版社，2009 年。
71. 遼寧省遼金契丹女真史研究會工作簡述，黃鳳岐，遼金歷史與考古（第一輯），遼寧教育出版社，2009 年。
72. 在遼寧省遼金契丹女真史研究會會員代表大會上的講話，楊路平，遼金歷史與考古（第一輯），遼寧教育出版社，2009 年。
73. 誠摯祝賀，殷切期望，薩仁圖婭，遼金歷史與考古（第一輯），遼寧教育出版社，2009 年。
74. 在遼寧省遼金契丹女真史研究會會員代表大會上的講話，田立冬，遼金歷史與考古（第一輯），遼寧教育出版社，2009 年。
75. 在遼寧省遼金契丹女真史研究會會員代表大會上的講話，馬寶傑，遼金歷史與考古（第一輯），遼寧教育出版社，2009 年。
76. 在遼寧省遼金契丹女真史研究會會員代表大會上的講話，孫進己，遼金歷史與考古（第一輯），遼寧教育出版社，2009 年。

77. 在遼寧省遼金契丹女眞史研究會會員代表大會上的講話，馮永謙，遼金歷史與考古（第一輯），遼寧教育出版社，2009 年。
78. 在遼寧省遼金契丹女眞史研究會會員代表大會上的講話，費振斌，遼金歷史與考古（第一輯），遼寧教育出版社，2009 年。
79. 在遼寧省遼金契丹女眞史研究會會員代表大會上的講話，蔣立新，遼金歷史與考古（第一輯），遼寧教育出版社，2009 年。
80. 我的一點感想，張國慶，遼金歷史與考古（第一輯），遼寧教育出版社，2009 年。
81. 阜新：契丹族的搖籃，劉國友，遼金歷史與考古（第一輯），遼寧教育出版社，2009 年。
82. 中國契丹文化研究中心在平泉揭牌，馬國臣，承德日報，2009 年 7 月 29 日第 1 版。
83. 探尋契丹文化源流，開創民族文化研究新格局，程妮娜，東北史地，2010 年第 1 期。
84. 中國首屆契丹文化研討會在河北省平泉縣召開，苗天娥，遼金西夏研究年鑒 2009，學苑出版社，2010 年。
85. 講座策劃的實踐與思考——以金史系列講座爲例，董紹傑、聞德鋒，圖書館建設，2009 年第 6 期。
86. 遼金西夏歷史文獻學術研討會在京舉行，席瑋，中國社會科學院報，2009 年 6 月 25 日第 71 期第 10 版。
87. 遼金文學學會第五屆年會暨學術研討會在京舉行，劉秀娟，文藝報，2009 年 9 月 26 日第 1 版。
88. 遼金文學研究的新視角，杜瑩傑，中國文化報，2009 年 10 月 30 日。
89. 遼金文學研究的新進展——中國遼金文學學會第五屆年會及學術研討會綜述，胡傳志，民族文學研究，2010 年第 1 期。
90. 宋德金會長在中國民族史學會遼金契丹女眞史分會第九屆學術年會上的開幕詞，宋德金，遼金史研究通訊，2009 年第 1、2 期。
91. 中國民族史學會遼金契丹女眞史分會第九屆學術年會會議紀要，程尼娜，遼金史研究通訊，2009 年第 1、2 期。
92. 學者專家聚首深圳，研討中國紅綠彩瓷器，李政，中國文物報，2010 年 1 月 15 日總第 1794 期第 1 版。

93. 中國紅綠彩瓷器專題學術研討會紀要，黃陽興，文物，2010 年第 8 期。
94. 中國紅綠彩瓷學術研討會紀要，耕生，收藏，2010 年第 8 期。
95. 在「中國·平泉首屆契丹文化研討會暨中國契丹文化研究中心揭牌儀式」上的歡迎辭，劉文勤，中國·平泉首屆契丹文化研討會論文集，吉林大學出版社，2010 年。
96. 關注歷史文化研究，推動地方經濟發展——平泉與契丹歷史文化，宋德金，中國·平泉首屆契丹文化研討會論文集，吉林大學出版社，2010 年。
97. 赤峰學院學報「紅山文化·契丹遼文化研究」評爲「名欄」，孫國軍，赤峰學院學報（漢文哲學社會科學版），2010 年第 8 期。
98. 上京蒲峪路的科研設想，趙文生，東北史研究，2010 年第 1 期。
99. 遼寧省遼金契丹女眞史研究會召開 2010 年常務理事會，遼寧省遼金契丹女眞史研究會秘書處，遼金歷史與考古（第二輯），遼寧教育出版社，2010 年。
100. 開拓領域改進方法推動遼金契丹女眞史研究——第十屆中國遼金契丹女眞史學術研討會綜述，任仲書，東北史地，2010 年第 6 期。

（三）學者介紹

1. 姚從吾教授對遼金元史研究的貢獻，蕭啓慶，（臺灣）遼夏金元史教研通訊（第 2 期），2001 年 6 月。
2. 符桐先生學述，胡其德，（臺灣）遼夏金元史教研通訊（第 5 期），2002 年 12 月。
3. 陳述先生的遼金史研究（一～五），景愛，（臺灣）遼夏金元史教研通訊，2002 年第 2 期，2003 年第 1、2 期合刊，2004 年第 2 期，2005 年第 1 期。
4. 陳述先生學術小傳，楊樹森，（臺灣）遼夏金元史教研通訊，2003 年第 1、2 期合刊
5. 陳述先生遺稿敘錄，景愛，遼金歷史與考古（第二輯），遼寧教育出版社，2010 年。
6. 陳垣贈詩勵陳述，景愛，中國社會科學院報，2009 年 5 月 7 日第 58 期第 6 版。
7. 關於陳垣贈陳述詩，陳智超，中國社會科學院報，2009 年 5 月 21 日第 62 期第 6 版。

8. 恭三師與遼宋西夏金史研究——紀念鄧廣銘先生逝世十週年，張希清，史學理論與史學史學刊（2008 年卷），社會科學文獻出版社，2008 年。
9. 金光平先生與契丹大小字、女眞大小字，金適，遼金契丹女眞史研究，2007 年第 1、2 期。
10. 金光平先生與契丹大小字、女眞大小字——紀念金光平先生逝世四十週年，金適，滿語研究，2006 年第 1 期，
11. 著名女眞、滿學、蒙古學家金啓孮先生，齊木德道爾吉，蒙古史研究（第十輯），內蒙古大學出版社，2010 年。
12. 金啓孮先生與女眞文字研究，金適，遼金史研究通訊，2009 年第 1、2 期。
13. 沉痛悼念女眞學家、滿學家金啓孮先生，滿語研究，2004 年第 1 期。
14. 深切懷念滿學大師金啓孮所長，何溥瀅，滿族研究，2004 年第 4 期。
15. 深切追念金啓孮先生，張佳生，滿族研究，2004 年第 4 期。
16. 懷念·景仰·繼承——沉痛悼念女眞滿學一代大師金啓孮先生，穆鴻利，滿族研究，2004 年第 4 期。
17. 深切地緬懷 難忘的教誨——現代金史學大家張博泉教授的學術思想體係探析，穆鴻利，遼金史論叢——紀念張博泉教授逝世三週年論文集，吉林人民出版社，2003 年。
18. 紀念張博泉先生，宋德金，遼金史論叢——紀念張博泉教授逝世三週年論文集，吉林人民出版社，2003 年。
19. 科研成功之路——從張博泉先生的學術道路談起，孫進己，遼金史論叢——紀念張博泉教授逝世三週年論文集，吉林人民出版社，2003 年。
20.「犁牛子精神長存」——追憶恩師張博泉先生，傅百臣，遼金史論叢——紀念張博泉教授逝世三週年論文集，吉林人民出版社，2003 年。
21. 我與遼史，羅繼祖，阜新遼金史研究（第五輯），中國社會出版社，2002 年。
22. 漫談我的學史歷程，陶晉生，（臺灣）遼夏金元史教研通訊，2004 年第 2 期。
23. 楊家駱教授對遼史的貢獻，趙振績，（臺灣）遼夏金元史教研通訊，2002 年第 1 期。
24. 勤奮造就的考古學家——記中國遼金暨契丹女眞史學會會長馮永謙，董學增，中國文物報，2005 年 7 月 6 日總第 1332 期。

25. 著名遼金史學家齊心，楊亦武，東北史研究動態，2001 年第 2 期。
26. 李健才先生與遼金史研究，程尼娜，遼金契丹女眞史研究，2007 年第 1、2 期。
27. 最後的契丹文字破譯者，梁黎，中國民族，2008 年第 2 期。
28. 薪傳火繼，拯救絕學——契丹文字專家劉鳳翥先生來赤峰學院講學紀要，李俊義，赤峰學院學報（漢文哲學社會科學版），2008 年第 1 期。
29. 爲後人鋪一條平坦的路——記契丹文字專家劉鳳翥，艾童，中國社會科學院報，2009 年 4 月 30 日第 56 期第 6 版。
30. 契丹文字緣，李俊義，草原，2009 年第 7 期。
31. 周惠泉的金代文學研究述評，劉達科，山西大學學報（哲學社會科學版），2001 年第 4 期。
32. 赤峰學院學人風采——任愛君教授，赤峰學院學報（漢文哲學社會科學版），2008 年第 1 期。
33. 滿語、女眞語研究者渡部薰太郎著述考，薛蓮、王小川，滿族研究，2008 年第 2 期。
34. 銀色的鏡子隕落了——悼念遼金史著名學者孟廣耀先生，張泰湘，遼金契丹女眞史研究，2006 年第 1 期。
35. 放下筆他輕輕地走了，尙志發，遼金契丹女眞史研究，2006 年第 1 期。
36. 懷念張泰湘先生，馮永謙，遼金契丹女眞史研究，2006 年第 1 期。
37. 楊樹森自述，楊樹森，遼金西夏研究年鑒 2009，學苑出版社，2010 年。
38. 宋德金自述，宋德金，遼金西夏研究年鑒 2009，學苑出版社，2010 年。
39. 王明蓀自述，王明蓀，遼金西夏研究年鑒 2009，學苑出版社，2010 年。
40. 趨今近古之學——王明蓀教授的學思歷程，廖啓照，（臺灣）國文天地（第 26 卷第 5 期），2010 年 10 月。
41. 金渭顯自述，金渭顯，遼金西夏研究年鑒 2009，學苑出版社，2010 年。

（四）書評、序、出版信息

1. 《阜新遼金史研究》（第五輯）序言，孫進己，阜新遼金史研究（第五輯），中國社會出版社，2002 年。
2. 遼金史研究的成果展示，梅寧華，中國文物報，2004 年 12 月 1 日總第 1271 期。

3. 第三隻眼睛看中國歷史——評《劍橋中國遼西夏金元史》，劉浦江，中國文化，2002 年第 1 期。
4.《劍橋中國史》(第 6 卷) 遼史的基本觀點評述，李錫厚，宋史研究論叢 (第 6 輯)，河北大學出版社，2005 年。
5. 評介金著《契丹・高麗關係史研究》，李鳳圭，(臺灣) 遼夏金元史教研通訊，2005 年第 1 期。
6. 契丹史研究的新成果：黃鳳岐著《契丹史研究》評介，馮永謙，社會科學輯刊，2001 年第 5 期。
7.《遼代政權機構史稿》簡評，石斌，內蒙古大學學報 (人文社會科學版)，2006 年第 5 期。
8. 思路新穎頗有創見的《遼代政權機構史稿》，張久和，內蒙古社會科學 (漢文文史哲版)，2005 年第 1 期。
9.《大契丹國——〈遼代社會史研究〉》簡介，秋風，北方文物，2007 年第 3 期。
10.《大契丹國——遼代社會史研究》出版，王赤華，內蒙古社會科學 (漢文版)，2007 年第 4 期。
11. 清源正本，解惑釋疑——讀任愛君《契丹史實揭要》，國慶，社會科學輯刊，2002 年第 4 期。
12. 簡評《遼代社會生活史研究》，楊茂盛，北方文物，2007 年第 4 期。
13.《遼代社會史研究》評介，茂盛，理論界，2010 年第 12 期。
14. 天朝外交抑或平等外交？——評陶晉生：《天子二子：宋遼關係研究》，趙善軒，二十一世紀 (92)，2005 年 12 月。
15. 李錫厚《臨潢集》評介，劉浦江，中國史研究動態，2002 年第 6 期。
16. 評宋德金先生的《遼金論稿》，薛海波，東北史地，2006 年第 5 期。
17. 遼宋夏金元史學者穆鴻利學術文集《跋涉集》出版，中央民族大學學報 (哲學社會科學版)，2005 年第 3 期。
18. 書生睿智、遺事絕唱——讀曾瑞龍遺作《經略幽燕：宋遼戰爭軍事災難的戰略分析》，包偉民，傳統國家與社會：960～1279 年，商務印書館，2009 年。
19. 戰略文化視野下的宋遼戰爭史研究——讀曾瑞龍《經略幽燕：宋遼戰爭軍事災難的戰略分析》，何玉紅，書品，2006 年第 6 期。

20. 曾瑞龍：《經略幽燕：宋遼軍事災難的戰略分析》，袁彌昌、沈旭暉，香港社會科學學報（第 27 卷），2004 年春～夏。
21. 曾瑞龍：《經略幽燕——宋遼軍事災難的戰略分析》，王章偉，香港社會科學學報（第 26 卷），2003 年秋～冬。
22.《北京金代皇陵》序，徐蘋芳，北京文博，2006 年第 3 期。
23. 評《中國人口史》第三卷——《遼宋金元時期》，陳橋驛，中國圖書評論，2002 年第 7 期。
24. 讀多卷本《中國史學思想通史》宋遼金卷元代卷明代卷，佳木，中國史研究動態，2003 年第 7 期。
25. 從深層次上揭示史學的民族精神——寫在《中國史學思想通史》的宋遼金、元代、明代和清代卷出版之際，陳應年，中國文化研究，2003 年第 2 期。
26. 斷代史學思想史研究的一部力作——評吳懷祺《中國史學思想通史・宋遼金卷》，陳立柱，合肥學院學報（社會科學版），2007 年第 2 期。
27.《中國經濟通史・宋遼夏金卷》讀後，曾育榮，中國史研究動態，2005 年第 6 期。
28. 千年聖寶 輝煌再現——《金版高麗大藏經》問世，宗文，中國宗教，2004 年第 4 期。
29. 三上次男的《金史研究》，李慶，古典文學知識，2008 年第 5 期。
30. 歷史研究必須堅持以史實爲依據——評《金朝軍制》，何忠禮，杭州師範學院學報（人文社會科學版），2001 年第 6 期。
31.《歷史上的金兀朮》題記，景愛，東北史研究，2007 年第 4 期。
32. 讀《完顏亮評傳》，景愛，北方文物，2006 年第 1 期。
33. 民族史學研究的新創獲——讀《完顏亮評傳》，高洪寶，中國民族報，2003 年 8 月 26 日第 3 版。
34. 讀劉曉著《耶律楚材評傳》，孟繁清，中國史研究動態，2003 年第 3 期。
35.《草原與田園——遼金時期西遼河流域農牧業與環境》讀後，張雷，中國農史，2007 年第 3 期。
36.《金宋史論叢》讀後，李華瑞、孫澤娟，史學集刊，2004 年第 3 期。
37.《金宋史論叢》，陳學霖著，曾震宇，（臺灣）東方文化（第 40 卷 1、2 期），2005 年 12 月。

38. 勤於探索，勇於開拓——趙永春《金宋關係史研究》評介，薛柏成、高桂榮，松遼學刊（人文社會科學版），2001 年第 2 期。
39. 趙永春新著《金宋關係史》評介，楊茂盛，黑龍江民族叢刊，2007 年第 5 期。
40. 《陳述學術評傳》評介，周峰，學術動態（成果版），2007 年第 5 期。
41. 《陳述學術評傳》讀後，李西亞、趙永春，北方文物，2008 年第 4 期。
42. 《金代文學編年史》編寫札記，王慶生，江蘇大學學報（社會科學版），2006 年第 5 期。
43. 遼金元文學的主要特點和發展概況——《中國文學家大辭典·遼金元卷》前言，鄧紹基，江蘇大學學報（社會科學版），2006 年第 1 期。
44. 重繪中國文學地圖堅實的第一步——讀《中國古典文學圖志——宋、遼、西夏、金、回鶻、吐蕃、大理國、元代卷》，安文軍，中國圖書評論，2006 年第 6 期。
45. 《遼金詩學思想研究》序，鄧紹基，古籍研究（2004 年卷上），安徽大學出版社，2004 年。
46. 期待金元詩文研究的繁榮——《金元詩文與文獻研究》序，鄧紹基，江西師範大學學報（哲學社會科學版），2009 年第 1 期。
47. 簡評《遼金元詩選評》，周惠泉，民族文學研究，2005 年第 1 期。
48. 萬取一收 追神探髓——《遼金元絕句選》讀後，張琴，晉圖學刊，2005 年第 4 期。
49. 評狄寶心《元好問年譜新編》，劉達科，殷都學刊，2001 年第 2 期。
50. 一部首創的元好問研究學術史——評李正民著《元好問研究論略》，張晶，民族文學研究，2002 年第 4 期。
51. 盈科後進 取精用宏——讀狄寶心《元好問年譜新編》，降大任，忻州師範學院學報，2001 年第 2 期。
52. 深切展現亂世文人的苦難靈魂——評劉明浩著《元好問傳》，梅新林，浙江社會科學，2001 年第 3 期。
53. 《元遺山志》敘論，詹杭倫，民族文學研究，2003 年第 2 期。
54. 《遺山樂府校注》札記，顏慶餘，書品，2006 年第 6 期。
55. 元好問小說研究的扛鼎之作——評李正民《續夷堅志評注》，郭笑撰、焦豔鵬，光明日報，2003 年 7 月 2 日。

56. 解讀河汾諸老，張晶，光明日報，2005 年 8 月 22 日。
57. 金元詩人群體研究的重大進展——《河汾諸老詩人群體研究》序言，周惠泉，江蘇大學學報（社會科學版），2005 年第 1 期。
58. 金人別集整理的碩果——評《滹南遺老集校注》，李正民，古籍整理出版情況簡報，2006 年第 10 期。
59. 篳路藍縷 開拓創新——評周惠泉著《金代文學研究》，富育光，社會科學輯刊，2001 年第 3 期。
60. 周惠泉《金代文學研究》評述，崔文印，社會科學戰線，2001 年第 1 期。
61. 鈎玄辨僞 取精用弘——評胡傳志《金代文學研究》，劉達科，新聞出版交流，2003 年第 1 期。
62. 甘把金針度與人——評張兵《宋遼金元小說史》，聶付生，雲夢學刊，2002 年第 6 期。
63. 類型描述與小說史敘寫——從《宋遼金元小說史》說開去，葉輝、楊彬，復旦學報（社會科學版），2003 年第 1 期。
64. 類型描述與小說史敘寫——從《宋遼金元小說史》說開去，楊彬，中國出版，2001 年第 10 期。
65. 傳統詞學觀的再檢討——評陶然《金元詞通論》，朱麗霞、錢建狀，中國圖書評論，2003 年第 1 期。
66. 新視角 新思維 新收穫——讀丁放《金元詞學研究》，傅谷，安徽教育學院學報，2003 年第 2 期。
67. 詞倡北宗道——評趙維江著《金元詞論稿》，陶然，中國韻文學刊，2001 年第 2 期。
68. 崇尚杜詩推尊詩教——《宋金三家詩選》述略，王宏林，中華文化論壇，2009 年第 1 期。
69. 別裁僞體親風雅——試論王禮卿教授《遺山論詩詮證》之詩學批評，李建昆，（臺灣）東海大學文學院學報（第 51 期），2010 年 7 月。
70. 遼、金、元三代詩話的寶庫——《遼金元詩話全編》簡介，蔡翔宇，（臺灣）國文天地（第 23 卷第 7 期），2007 年 12 月。
71. 《金代道教之研究》（蜂屋邦夫原著 王賢德譯）序說，王賢德，（臺灣）中華道教學院南臺分院學報（第 2 卷），2001 年 10 月。

72. 優遊於道心與文心之間——評詹石窗《南宋金元道教文學研究》，李菁，宗教學研究，2001 年第 4 期。
73. 優遊於道心與文心之間——評詹石窗《南宋金元道教文學研究》，李菁，中國道教，2002 年第 2 期。
74. 文學史料學領域的新成果——評《遼金元詩文史料述要》，張晶，晉圖學刊，2008 年第 6 期。
75.《遼宋夏金元五朝日曆》編著說明，洪金富，(臺灣) 遼夏金元史教研通訊，2004 年第 2 期。
76.《契丹藝術史》出版，曉厚，民族文學研究，2008 年第 4 期。
77. 王福利教授《遼金元三史樂志研究》出版，王立增，徐州師範大學學報(哲學社會科學版)，2007 年第 4 期。
78.《遼金元三史樂志研究》及其體現的音樂文獻學方法，劉玉珺，中國音樂學，2007 年第 2 期。
79.「涿州沙上飲盤桓，看舞春風小契丹」——評巴景侃《遼代樂舞》，陳秉義、楊育新，文化學刊，2006 年第 2 期。
80. 讀《徐水西黑山——金元時期墓地發掘報告》，馮恩學，中國文物報，2008 年 7 月 9 日總第 1638 期第 4 版。
81. 雛鳳聲清——蓋之庸《內蒙古遼代石刻文研究》評介，王大方，內蒙古文物考古，2002 年第 2 期。
82. 遼代考古和歷史研究的一部力作——評蓋之庸《內蒙古遼代石刻文研究》，都興智，內蒙古社會科學(漢文版)，2010 年第 1 期。
83. 松漠上的開拓——簡評烏拉熙春《從契丹文墓誌看遼史》，向南，內蒙古社會科學(漢文版)，2008 年第 1 期，
84. 研究契丹文字的佳作——劉鳳翥先生《遍訪契丹文字話拓碑》讀後，孔德騏，北方文物，2006 年第 3 期。
85.《契丹小字釋讀問題》讀後，聶鴻音，書品，2004 年第 6 期。
86.《契丹語和契丹文》讀後，聶鴻音，滿語研究，2009 年第 2 期。
87. 利用契丹文字考證遼史的嗃矢之作——愛新覺羅·烏拉熙春新作《從契丹文墓誌看遼史》，金適，東北史研究，2008 年第 2 期。
88.《金代女真語》出版，呂眞，滿語研究，2005 年第 1 期。

89.《金代女眞語》讀後，景愛，遼金西夏歷史文獻（2008），中國民族古文字研究會，2009 年。
90.《金代官印》評介，周峰，遼金西夏歷史文獻（2008），中國民族古文字研究會，2009 年。
91.《金代官印》評介，周峰，東北史研究，2009 年第 3 期。
92.《金代官印》一書獲優秀圖書獎，陳曉敏，遼金西夏研究年鑒 2009，學苑出版社，2010 年。
93.《女眞滿漢語辭典》稿本讀後，景愛，遼金西夏歷史文獻（2008），中國民族古文字研究會，2009 年。
94.《女眞薩滿神話》，尤然，書品，2008 年第 3 期。
95.《北京遼金史蹟圖志》編前語，伊葆力，金代碑石叢稿，中州古籍出版社，2004 年。
96. 金源文物 中華瑰寶——《金源文物圖集》緒論，鮑海春，東北史研究動態，2001 年第 2 期。
97.《金源文物圖集》後記，王禹浪，東北史研究動態，2001 年第 3 期。
98.《宋遼金紀年瓷器》讀後，金立言，中國文物報，2005 年 3 月 16 日總第 1300 期。
99.《宋遼金紀年瓷器》評介，秦大樹，文物，2006 年第 1 期。
100. 遼代研究的一部新作，李宇峰，文化學刊，2007 年第 6 期。
101.《金代銅鏡》出版，彭巍，東北史研究動態，2002 年第 1 期。
102. 塡補金代服飾制度的空白，俞偉超，中國文物報，2001 年 7 月 4 日。
103. 弘揚先進民族文化的一部好書——《遼西夏金元四朝貨幣》，楊魯安，內蒙古金融研究（錢幣專刊），2003 年第 3、4 期合刊。
104.《薊縣獨樂寺》的編纂構想，楊新，中國文物報，2008 年 4 月 30 日。
105. 讀《薊縣獨樂寺》有感，周學鷹，建築創作，2009 年第 2 期。
106. 研讀傅樂煥先生《遼代四時捺缽考》的思考，陳子彬，承德民族歷史與建設文化大市學術論壇文選，遼寧民族出版社，2006 年。
107.《宣化下八里II區遼壁畫墓考古發掘報告》簡介，雨珩，考古，2008 年第 10 期。
108.《內蒙古遼代石刻文研究》（增訂本）評介，劉鳳翥，中國文物報，2009 年 2 月 18 日總第 1700 期第 4 版。

109. 簡評《歷史上的金兀朮》，苗天娥，北方文物，2009 年第 1 期。
110. 一幅波瀾壯闊的歷史畫卷——讀《金源文化史稿》，步慶權、王宇彤，美術之友，2009 年第 3 期。
111.《遼西古塔》序，郭大順，遼金歷史與考古（第一輯），遼寧教育出版社，2009 年。
112. 家族興衰與社會變遷：少數民族政權的重要案例——《世家大族與遼代社會》評介，游彪、陳小偉，光明日報，2009 年 7 月 21 日第 12 版。
113.《世家大族與遼代社會》介紹，白明春、高著軍，大連大學學報，2009 年第 2 期。
114. 遼代社會史研究的新成果——評王善軍《世家大族與遼代社會》，都興智，宋史研究論叢（第十一輯），河北大學出版社，2010 年。
115. 遼朝家族政治史的新頁——評王善軍著《世家大族與遼代社會》，許時鋒，（臺灣）史穗（第 3 卷），2010 年 8 月。
116. 斷代史學與民族史學研究的新成果——《遼金元史學研究》序，瞿林東，廊坊師範學院學報（社會科學版），2009 年第 5 期。
117. 遼金社會與文化的探索——《宋德金集》評介，程尼娜，北方文物，2009 年第 4 期。
118. 評烏拉熙春女眞契丹學和遼金史研究的新作，太平，遼寧師範大學學報（社會科學版），2009 年第 5 期。
119.《遼代石刻文續編》讀後，烏拉熙春，中國文物報，2010 年 10 月 20 日總第 1871 期第 4 版。
120. 古建築維修和建築考古調查——《朝陽北塔》閱讀札記，李志榮，文物，2010 年第 7 期。
121.《遼代文學史》研究評述，姚聖良、韓宏韜、林光華，學理論，2010 年第 12 期。
122. 讀李衛《遼金錢幣》有感，戴志強，中國錢幣，2010 年第 2 期。
123. 現代學術與中國藝術史——評李清泉《宣化遼墓：墓葬藝術與遼代社會》，王玉冬，美術研究，2010 年第 1 期。
124.《魯谷金代呂氏家族墓葬發掘報告》簡介，雨珩，考古，2010 年第 3 期。
125. 遼瓷研究的里程碑——讀佟柱臣《中國遼瓷研究》，景愛，中國社會科學報，2010 年 10 月 28 日第 134 期第 18 版。

126.《遼史補注序》讀後，景愛，遼金西夏研究年鑒 2009，學苑出版社，2010 年。
127.《遼會要》評介，趙永春、王姝，遼金西夏研究年鑒 2009，學苑出版社，2010 年。
128. Dragons of Silk, Flowers of Gold: A Group of Liao-Dynasty Textiles at the Abegg-Stiftung, ed., Regula Schorta, François Louis, Journal of Song-Yuan Studies, Volume 39, 2009.
129. Unbounded Loyalty: Frontier Crossings in Liao China, Naomi Standen, Dieter Kuhn, Journal of Song-Yuan Studies, Volume 38, 2008.
130. The Empire of the Qara Khitai in Eurasian History: Between China and the Islamic World, by Michal Biran, Michael C. Brose, Journal of Song-Yuan Studies, Volume 37, 2007.
131. 契丹研究がおもしろい！武田和哉編／前川要・臼杵勲監修／武田和哉・高橋學而・澤本光弘・藤原崇人執筆「草原の王朝・契丹國（遼朝）の遺蹟と文物」，森部豊，東方（313），東方書店，2007 年 3 月。
132. 武田和哉編「草原の王朝・契丹國（遼朝）の遺蹟と文物——內蒙古自治區赤峰市域の契丹遺蹟・文物の調査概要報告書 2004～2005」，植松知博，アジア：歷史と文化（17），新潟大學東アジア學會，2008 年 3 月。
133. 書評大岩本幸次著「金代字書の研究」——ポスト「広韻」「玉篇」はどうすべきかはたまた、どうなったのか，水谷誠，集刊東洋學（101），2009 年。

（五）目錄索引

1.《20 世紀遼金史論著目錄》補遺、續，周峰，（臺灣）遼夏金元史教研通訊，2004 年第 1、2 期。
2. 二十世紀契丹語言文字研究論著目錄，劉浦江，（臺北）漢學研究通訊（21 卷第 2 期），2002 年 5 月。
3. 二十世紀女真語言文字研究論著目錄，劉浦江，（臺北）漢學研究通訊（21 卷第 3 期），2002 年 8 月。
4. 女真語言文字資料總目提要，劉浦江，文獻，2002 年第 3 期。

5. 女眞語言文字研究著述目錄（上、下），郭長海，東北史研究，2010 年第 2、3 期。
6. 北京地區遼金考古論文目錄，郭聰、王曉穎，北京遼金文物研究，北京燕山出版社，2005 年。
7. 近二十年遼金史研究目錄（二），邸春光、梁爽、黃澄、彭巍，東北史研究動態，2001 年第 2 期。
8. 澶淵之盟研究論著目錄（1927～2006 年），劉坤太、陳明星、董文靜，澶淵之盟新論，上海人民出版社，2007 年。
9. 2001 年遼金史論著目錄，周峰、孫國軍，赤峰學院學報（漢文哲學社會科學版），2008 年第 9 期。
10. 21 世紀遼金史論著目錄——2002 年，孫國軍、周峰，赤峰學院學報（漢文哲學社會科學版），2008 年第 11 期，
11. 21 世紀遼金史論著目錄——2003 年，周峰、孫國軍，赤峰學院學報（漢文哲學社會科學版），2009 第 1 期。
12. 21 世紀遼金史論著目錄——2004 年，孫國軍、周峰，赤峰學院學報（漢文哲學社會科學版），2009 第 2 期。
13. 21 世紀遼金史論著目錄——2005 年，周峰、孫國軍，赤峰學院學報（漢文哲學社會科學版），2009 第 3 期。
14. 21 世紀遼金史論著目錄——2006 年（上、下），周峰、孫國軍，赤峰學院學報（漢文哲學社會科學版），2009 年第 4、5 期。
15. 21 世紀遼金史論著目錄——2007 年，周峰、孫國軍，赤峰學院學報（漢文哲學社會科學版），2009 年第 6 期。
16. 21 世紀遼金史論著目錄——2008 年，孫國軍、周峰，赤峰學院學報（漢文哲學社會科學版），2009 年第 7 期。
17. 21 世紀遼金史論著目錄——2008 年，周峰，遼金史研究通訊，2009 年第 1、2 期。
18. 21 世紀遼金史論著目錄——2009 年（一），孫國軍、周峰，赤峰學院學報（漢文哲學社會科學版），2010 年第 6 期。
19. 21 世紀遼金史論著目錄——2009 年（二），孫國軍、周峰，赤峰學院學報（漢文哲學社會科學版），2010 年第 7 期。

20. 21 世紀遼金史論著目錄——2009 年（三），孫國軍、周峰，赤峰學院學報（漢文哲學社會科學版），2010 年第 8 期。
21. 新書名錄，周峰，遼金西夏研究年鑒 2009，學苑出版社，2010 年。
22. 遼史研究論著索引，王姝，遼金西夏研究年鑒 2009，學苑出版社，2010 年。
23. 金史研究論著索引，王姝，遼金西夏研究年鑒 2009，學苑出版社，2010 年。
24. 遼金文學索引，李定乾、胡傳志，遼金西夏研究年鑒 2009，學苑出版社，2010 年。
25. 21 世紀契丹語言文字研究論著目錄（2001～2008），周峰，遼金西夏歷史文獻（2008），中國民族古文字研究會，2009 年。
26. 2008 年遼金西夏史著作目錄，周峰、孫伯君，遼金西夏歷史文獻（2008），中國民族古文字研究會，2009 年。
27. 書志，中國詩詞翻訳索引（2）遼·金·元代，相島宏，參考書志研究（58），國立國會圖書館，2003 年 3 月。
28. 金啓孮教授著作目錄，齊木德道爾吉，蒙古史研究（第十輯），內蒙古大學出版社，2010 年。

三、史料與文獻

（一）《遼史》、《金史》

1. 談傳言所說晚近存世金刻本《舊五代史》乃絕無其事，辛德勇，中華文史論叢，2008年第3輯。
2. 修端《弁遼宋金正統論》をめぐって—元代における《遼史》《金史》《宋史》三史編纂の過程，古松崇志，東方學報（第75冊），2003年3月。
3. 《遼史》拾遺，曹鋒、張沛喆，內蒙古社會科學（漢文版），2001年第5期。
4. 《遼史・本紀》高麗關係記事考異（概要），金渭顯，宋史研究論叢（第十一輯），河北大學出版社，2010年。
5. 《遼史・高麗傳》勘誤二則，劉肅勇，中國史研究，2005年第2期。
6. 《遼史・耶律魯不古傳》辨誤，邱靖嘉，中國史研究，2009年第2期。
7. 《遼史》所載宋遣來使資料勘誤，薛政超，廣西社會科學，2005年第2期。
8. 《遼史》の卓行伝について，鈴木正弘，異文化交流（第42號），2002年5月。
9. 《遼史》に見える神門について——鳥居の起源に關する一史料，今井秀周，日本宗教文化史研究（8卷1號），2004年5月。
10. 《遼史・營衛志》雜識，楊福瑞，昭烏達蒙族師專學報（漢文哲社版），2002年第4期。
11. 《遼史・地理志》雜識，楊福瑞，赤峰學院學報（漢文哲學社會科學版），2007年第3期。

12. 讀《遼史》、《元史》札記，王福利，新國學（第四卷），巴蜀書社，2002 年。
13.《遼史》中的女性史料研究，王豔俠，東北師範大學碩士學位論文，2007 年。
14.《遼史・韓知古傳》校補，李桂芝，中國邊疆民族研究（第一輯），中央民族大學出版社，2008 年。
15.《遼史・韓知古傳》研究，李月新，宋史研究論叢（第十一輯），河北大學出版社，2010 年。
16. 試述《遼史》中關於「晉王之變」記載的衝突之處，孫瑋，黑龍江史志，2010 年第 17 期。
17. 增補《遼史・世表》之唐代契丹君長及世次兼論唐與契丹的關係，趙冬梅，天津師範大學碩士學位論文，2009 年。
18.《亡遼錄》與《遼史・地理志》所載節鎮州比較研究，曹流，北大史學（14）北京大學出版社，2009 年。
19.《遼史》二「禿里」，張旭東，中華文史論叢，2009 年第 3 期。
20.《遼史》復傳研究：《楊晳傳》、《楊績傳》探源，陳曉偉，北京師範大學碩士學位論文，2010 年。
21. 滿文三史の編訳をめぐって，承志，遼文化・慶陵一帶調查報告書：京都大學大學院文學研究科 21 世紀 COE プログラム：グローバル化時代の多元的人文學の拠點形成，京都大學大學院文學研究科，2005 年。
22. 滿文「大遼史」稿本考，承志，遼文化・遼寧省調查報告書：京都大學大學院文學研究科 21 世紀 COE プログラム「グローバル時代の多元的人文學の拠點形成」，京都大學大學院文學研究科，2006 年。
23. 滿文《大遼史》稿本考——以《dailiyoo I koodi ningguci；singdzung》爲中心，承志，西域歷史語言研究集刊（第一輯），科學出版社，2007 年。
24. 從滿文「遼史」的誤譯談起——以「都庵山」和「陶猥思氏族部」爲中心，愛新覺羅・烏拉熙春，瀋陽故宮博物院院刊（第 4 輯），中華書局，2007 年。
25. 俄譯滿文版《遼史》出版前言，（俄）B.E.拉里切夫著，王德厚譯，北方文物，2005 年第 3 期。

26. 遼、金史《國語解》的史學價值，趙梅春，蘭州大學學報（社科版），2001年第5期。
27. 從《遼史・國語解》到《欽定遼史語解》，劉浦江，歐亞學刊（第4輯），中華書局，2004年。
28.「遼史」國語解から「欽定遼史語解」まで——契丹言語資料の源流，劉浦江著，井上德子訳，研究論集（2）（アジアの歷史と近代（3）河合文化教育研究所・北京大學歷史學系第3回共同學術討論會，2004年8月），河合文化教育研究所，2006年6月。
29. 乾隆改定遼金元三史譯名探析，金鑫，滿語研究，2009年第1期。
30.《四庫全書薈要》遼金元三史提要校議，江慶柏，南京師範大學文學院學報，2009年第2期。
32. 中華書局點校本《金史》校勘舉要，都興智，北方文物，2001年第2期。
33.《金史》標點正誤一則，劉曉，中國史研究，2004年第1期。
34.《金史・西夏傳》點校本標點勘誤一則，梁松濤，中國史研究，2006年第3期。
35. 讀史札記三題，陳廣恩，北方文物，2005年第4期。
36. 中華書局點校本《金史》正誤二則，李輝，中國史研究，2006年第4期。
37.《金史》標點正誤二則，周峰，東北史地，2009年第3期。
38.《金史・交聘表》校正二十則，楊軍，古籍研究，2001年第3期。
39.《金史》卷二《太祖紀》勘誤一則，劉肅勇，中國史研究，2006年第1期。
40. 讀《金史・交聘表》札記，高紀春，漆俠先生紀念文集，河北大學出版社，2002年。
41.《金史・食貨志》校注，韓世明，（臺灣）佛光人文社會學刊（第3卷），2002年12月。
42.《金史・食貨志》校勘舉要，韓世明，遼金契丹女眞史研究（總第34期），2004年。
43.《金史》卷六四貞懿皇后傳補證，劉肅勇，江海學刊，2008年第3期。
44.《金史・趙秉文傳》標點勘誤一則，張國旺，中國史研究，2002年第1期。
45.《金史・趙秉文傳》考誤，王宏海，鄭州大學學報（哲學社會科學版），2006年第5期。

46.《金史》卷一三五《高麗傳》校注，韓世明，遼金史論集（第 10 輯），中國社會科學出版社，2007 年。
47.《金史・西夏傳》校注，韓世明，遼金契丹女真史研究，2006 年第 1 期。
48.《金史・高麗傳》校注，韓世明，遼金契丹女真史研究，2006 年第 1 期。
49.《金史》校點拾遺，王慶生，古籍整理出版情況簡報，2006 年第 11 期。
50.《金史》勘誤十二則，孫建權，書品，2010 年第 1 期。
51.《金史》勘誤三則，孫建權，北方文物，2010 年第 2 期。
52.《金史・盧克忠傳》校勘一則，劉肅勇，江海學刊，2010 年第 6 期。
53.金和南宋初有關蒙古史料之考證，周良霄，中國蒙元史學術研討會暨方齡貴教授九十華誕慶祝會文集，民族出版社，2010 年。
54. 滿訳正史の基礎的檢討——「滿文金史（aisin gurun i suduri bithe）」の事例をもとに，井黒忍，滿族史研究（3），滿族史研究會，2004 年 7 月。
55. 從遼金元三史的編纂其樂志的史料來源，王福利，黃鐘——武漢音樂學院學報，2002 年第 4 期。
56. 從趙翼論宋遼金三史看其史學思想，劉玲娣，信陽師範學院學報（哲學社會科學版），2002 年第 3 期。

（二）其它史料與文獻

1.《契丹國志》史源疏證舉例，王欣，遼寧師範大學碩士學位論文，2010 年。
2.《契丹國志》的編纂特色與史學價值，舒習龍，中國少數民族史學研究，北京圖書館出版社，2008 年。
3.《契丹國志》的編纂特色與史學價值，舒習龍，河北學刊，2009 年第 3 期。
4.《契丹國志・太祖述律皇后傳》史源疏證，田廣林，古籍整理研究學刊，2007 年第 2 期。
5. 試析《四庫全書》對《契丹國志》的改編，尤李，中華文化論壇，2005 年第 1 期。
6. 元刻本《契丹國志》，陳紅彥，人民日報海外版，2007 年 6 月 18 日。
7.《契丹國志》一則史料芻議——兼論契丹之旗鼓，陳曉偉、石豔軍，東北史地，2010 年第 2 期。
8.《焚椒錄》的史料價值探析，呂富華，赤峰學院學報（漢文哲學社會科學版），2010 年第 4 期。

9. 《〈大金弔伐錄〉校補》跋，漆永祥，中國典籍與文化，2002 年第 1 期。
10. 略論《大金國志》的史料價值，雷家聖，（臺灣）遼夏金元史教研通訊，2005 年第 1 期。
11. 試析《大金國志》數據來源及其史料價值，李秀蓮，綏化學院學報，2006 年第 2 期。
12. 《大金國志》成書年代考釋，李秀蓮，東北史研究，2006 年第 1 期。
13. 《大金國志》與宇文懋昭其人，艾慧、李秀蓮，黑龍江史志，2008 年第 9 期。
14. 《大金國志》所載「太行山忠義社抗金」糾誤，仝建平，晉陽學刊，2009 年第 1 期。
15. 《大金國志校證》誤校一則，胡寧，中國歷史地理論叢，2010 年第 4 期。
16. 《大金詔令釋注》補遺，周峰，古籍研究，2001 年第 3 期。
17. 《大金詔令釋注》補遺，周峰，黑龍江農墾師專學報，2001 年第 1 期。
18. 淺談《大金弔伐錄》的檔案學價值，冒志祥，蘭臺世界，2010 年第 24 期。
19. 《女眞譯語》開發應用的有益嘗試，穆鴻利，遼金契丹女眞史研究（總第 34 期），2004 年。
20. 《歸潛志》摭談，馮巧英，太原大學學報，2001 年第 4 期。
21. 劉祁《歸潛志》成因初探，王海生、劉山青，雁北師範學院學報，2007 年第 1 期。
22. 金末喪亂衰亡的形象寫眞集《歸潛志》，王德忠，遼金史論叢——紀念張博泉教授逝世三週年論文集，吉林人民出版社，2003 年。
23. 《歸潛志》的文學史料學價值，張芙蓉，江蘇大學學報（社會科學版），2010 年第 2 期。
24. 《冊府元龜》中契丹史料輯錄，劉玉峰，東北師範大學碩士學位論文，2006 年。
25. 《冊府元龜》中的契丹史料初探，王超，北京大學碩士學位論文，2005 年。
26. 《續文獻通考・選舉考・金登科總目》訂補，楊寄林，古籍整理研究學刊，2003 年第 5 期。
27. 遼代的傳世之作——《龍龕手鑒》，陳素清、馮榮光，四川圖書館學報，2005 年第 5 期。

28. 遼行均《龍龕手鏡》雜考，王孺童，中國佛教的佛舍利崇奉和朝陽遼代北塔：中國·朝陽第二屆佛教文化論壇論文集，宗教文化出版社，2009 年。
29.《龍龕手鑒》在辭書編纂史上的貢獻，趙永明、趙成富，淮北煤炭師範學院學報（哲學社會科學版），2007 年第 6 期。
30.《龍龕手鏡》在辭書體例中的創新，鄧春琴，辭書研究，2010 年第 6 期。
31. 讀《龍龕手鏡》札記，宋德金，文史知識，2008 年第 1 期。
32. 景榆岾寺本《龍龕手鏡》解說，（日）藤冢鄰撰，葉純芳譯，版本目錄學研究（第一輯），國家圖書館出版社，2009 年。
33.《資治通鑒》遼代北京記事輯稿，孫國軍、周峰，赤峰學院學報（漢文哲學社會科學版），2009 年第 8 期。
34. 遼朝史料整理中的問題——《全遼金文》（上）讀後記，任愛君，內蒙古大學學報（人文社會科學版），2004 年第 1 期。
35.《全遼金文》指瑕，張立敏，嘉興學院學報，2010 年第 1 期。
36.《金文最》校笳，薛瑞兆，北京遼金文物研究，北京燕山出版社，2005 年。
37.《全遼金文》補遺一則，李瑋，民族文學研究，2005 年第 4 期。
38.《全遼金文》補遺一則，李瑋，山西大學學報（哲學社會科學版），2008 年第 4 期。
39.《全遼金文》繫年、佛經標點勘誤，公維章、孔凡坤，泰山學院學報，2006 年第 1 期。
40.《全遼金文》校訂，薛瑞兆，古籍整理研究學刊，2008 年第 4 期。
41.《全遼金詩》拾遺，佟培基，文獻，2006 年第 1 期。
42.《高麗史》對於研究遼史金史的貢獻，金渭顯，東吳歷史學報（第 15 卷），2006 年 6 月。
43.《鴨江行部志》沿途紀事雜考，陳鍾遠、劉俊勇，北方文物，2003 年第 3 期。
44. 王寂所著行部志中遼金美術史料舉隅，張帆，北方文物，2007 年第 4 期。
45.《松漠紀聞》探微，王曉梅，內蒙古師範大學碩士學位論文，2007 年。
46.《松漠紀聞》若干問題探討，潘瑞國，中國邊疆民族研究（第二輯），中央民族大學出版社，2009 年。
47. 俄藏黑水城金代毛克文書初探，孫繼民、杜立暉，歷史研究，2007 年第 4 期。

48. 黑城《西北諸地馬步軍編冊》考釋，楊浣，中國史研究，2006 年第 1 期。
49. 俄藏黑水城所出一件金代軍事文書再探——對楊浣先生《黑城〈西北諸地馬步軍編冊〉考釋》一文的正補，孫繼民、杜立暉，中國史研究，2007 年第 4 期。
50.《宋建炎二年（1128 年）德靖寨牒某指揮爲招收延安府脫身官兵事》考釋，張春蘭、陳瑞青，延安大學學報（社會科學版），2004 年第 6 期。
51. 遼代《天祚帝封金主爲東懷國皇帝冊》研究，王銘，蘭臺世界，2002 年第 3 期。
52. 遼金元史志書目通覽，劉達科，晉圖學刊，2002 年第 2 期。
53. 遼金元書目考略，張雷、李豔秋，（臺灣）書目季刊（第 34 卷 4 期），2001 年 3 月。
54. 臺灣所藏金元時期山西刻本，文獻，2001 年第 2 期。
55. 遼代文獻資源建設在地區經濟和文化發展中的作用初探，李靈芝，內蒙古圖書館工作，2004 年第 4 期。
56.《全元文》誤收重收三則，張立敏，淮南師範學院學報，2008 年第 1 期。
57.《金源紀事詩》價値論，宋佳東，金上京文史論叢（第二集），哈爾濱出版社，2008 年。
58.《玉堂嘉話》標點糾謬二則，李浩楠，中國史研究，2008 年第 4 期。
59. 李文信手抄《開原圖說》、《饗中人語》和《宣和奉使金國行程錄》批註記略，趙熠，遼寧省博物館館刊（第三輯），遼海出版社，2008 年。
60. 簡論《金源紀事詩》中宋金文化交融現象，湯天生，華章，2009 年第 11 期。
61. 簡論《金源紀事詩》中宋金使臣交聘，宋佳東，華章，2009 年第 11 期。
62.《盤山祐唐寺創建講堂碑銘並序》校釋，陳雍，新果集——慶祝林澐先生七十華誕論文集，科學出版社，2009 年。
63. 張金吾輯錄王若虛《尚書義粹》校讀記，陳良中，圖書情報工作，2010 年第 13 期。
64.《高麗史》對於研究遼史金史的貢獻，金渭顯，東吳歷史學報（15 卷），2006 年 6 月。

四、政治

（一）政治

1. 從中華歷史文化生態學史的視角評論遼宋金的歷史格局，張碧波、張軍，遼金歷史與考古（第二輯），遼寧教育出版社，2010 年。
2. 契丹史若干問題研究，陳永志，內蒙古大學博士學位論文，2004 年。
3. 論中國歷史上的北方民族政權：以遼、西夏、金、元四朝爲重點，屈文軍，西北民族研究，2006 年第 2 期。
4. 《貞觀政要》在遼、西夏、金、元四朝，周峰，北方文物，2009 年第 1 期。
5. 德運之爭與遼金王朝的正統性問題，劉浦江，中國社會科學，2004 年第 2 期。
6. 遼金における正統觀をめぐって：北魏の場合との比較，川本芳昭，史淵（147），九州島大學大學院人文科學研究院，2010 年 3 月。
7. 遼金王朝與中華多元一體關係，程尼娜，史學集刊，2006 年第 1 期。
8. 遼、金兩朝的宮廷鬥爭原因探析，郭豐，和田師範專科學校學報，2010 年第 2 期。
9. 關於契丹建遼的幾個重大史實問題，魏蔚，遼寧師範大學碩士學位論文，2010 年。
10. 契丹建國與回鶻文化，王小甫，中國社會科學，2004 年第 4 期。
11. 回鶻文化影響契丹的點點滴滴，楊富學，宋史研究論文集（第十輯），蘭州大學出版社，2004 年。
12. 契丹建國前後若干歷史問題研究，丁義玨，北方民族，2005 年第 4 期。

13. 淺談遼朝的歷史作用，霍宇紅，中國古都研究（第 18 輯上冊）——中國古都學會 2001 年年會暨赤峰遼王朝故都歷史文化研討會論文集，國際華文出版社，2002 年。
14. 征服或擴大：遼朝的政治結構與國家形成，廖啓照，國立中興大學歷史學研究所博士論文，2008 年。
15. 從部落聯盟到契丹王朝——以遼代中央政樞之官僚化爲中心，廖啓照，（臺灣）興大歷史學報（第 11 期），2000 年 12 月。
16. 有關遼王朝的歷史、文化、都城問題之管見，朱士光，中國古都研究（第 18 輯上冊）——中國古都學會 2001 年年會暨赤峰遼王朝故都歷史文化研討會論文集，國際華文出版社，2002 年。
17. 往事與現實：耶律阿保機的先輩們創造的歷史（一）——從始祖雅里到四世祖耨里思生活的歷史時代，任愛君，赤峰學院學報（漢文哲學社會科學版），2008 年第 9 期。
18. 往事與現實：耶律阿保機的先輩們創造的歷史（二）——從曾祖撒剌德、祖父勻德實到其父輩們生活的歷史時代，任愛君，赤峰學院學報（漢文哲學社會科學版），2008 年第 11 期。
19. 契丹遼朝前期（907～982）契丹社會歷史面貌解析，任愛君，內蒙古大學博士學位論文，2005 年。
20. 遼代的政治文明和對中華民族發展的貢獻，黃震雲，遼金歷史與考古（第一輯），遼寧教育出版社，2009 年。
21. 試論遼朝前期的政爭與封建化的關係，楊莉、楊慧芳，學術探索，2002 年第 3 期。
22. 遼人自稱「中國」考論，趙永春、李玉君，社會科學輯刊，2010 年第 5 期。
23. 大契丹創立者的中國意識與民族意識——紀念金啓孮先生逝世一週年，馬頌仁，金啓孮先生逝世週年紀念文集，（日本）東亞歷史文化研究會，2005 年。
24. 試論遼人的「中國」觀，趙永春，文史哲，2010 年第 3 期。
25. 遼人自稱「北朝」考論，趙永春，史學集刊，2008 年第 5 期。
26. 遼朝正統觀念的形成與發展，宋德金，松州，2008 年增刊第 2 期。

27. 試析五代宋初中原諸政權角立中的契丹因素，顧宏義、鄭明，遼金史論集（第 10 輯），中國社會科學出版社，2007 年。
28. 五代時期遼未能稱霸中原之原因初探，崔明霞，唐都學刊，2002 年第 1 期。
29. 五代時期契丹遼朝的中原政策述論，彭豔芬、王路明，赤峰學院學報（漢文哲學社會科學版），2007 年第 1 期。
30. 唐末五代初期北遷漢人對契丹立國的影響，鄭偉佳，遼寧工程技術大學學報（社會科學版），2008 年第 3 期。
31. 論遼朝「政治分治」局面的形成，任愛君，赤峰學院學報（漢文哲學社會科學版），2007 年第 3 期。
32. 從舍利到帝王：耶律阿保機化家爲國的歷史背景及時代內涵，任愛君，社會科學輯刊，2004 年第 2 期。
33. 試論遼朝「因俗而治」的國策及意義，劉本鋒，江西教育學院學報，2010 年第 1 期。
34. 遼朝因俗而治的治邊思想，麻鈴，遼金史論集（第十輯），中國社會科學出版社，2007 年。
35. 遼朝治理東北邊疆的思想，麻鈴，遼金史論集（第十一輯），吉林文史出版社，2008 年。
36. 遼代宮廷變亂與其制度的關係，吳鳳霞，河北學刊，2001 年第 4 期。
37. 淺析遼代后妃頻繁參政之原因，張宏、李丹丹，黑龍江教育學院學報，2009 年第 12 期。
38. 契丹女性參政及其原因淺析，都興智、趙浩，文化學刊，2010 年第 6 期。
39. 中國的名字叫契丹，劉震，大科技（百科探索），2008 年第 5 期。
40. 石刻所見契丹改復國號之事實及原因，景愛，出土文獻研究（第八輯），上海古籍出版社，2007 年。
41. 遼朝爲何 18 次更改國號？景愛，百科知識，2009 年第 8 期。
42. 契丹頻改國號背後的玄機，孫士承，傳奇故事（探案經典），2009 年第 10 期。
43. 遼朝爲何多次改國號，景愛，傳奇故事（探案經典），2009 年第 8 期。
44. 從契丹文字的解讀談遼代契丹語中的雙國號——兼論「哈喇契丹」，劉鳳翥，東北史研究，2006 年第 2 期。

45. 遼朝國號非「哈喇契丹（遼契丹）」考，愛新覺羅・烏拉熙春，東亞文史論叢（2006 年特集號），2006 年 10 月。
46. 契丹開國年代問題——立足於史源學的考察，劉浦江，中華文史論叢，2009 年第 4 輯。
47. 從契丹文字的解讀說東丹國號，劉鳳翥，東北史研究，2004 年第 1 期。
48. 再談「東丹國」國號問題，劉浦江，中國史研究，2008 年第 1 期。
49. 契丹文 dan gur 與東丹國國號——兼評劉浦江《再談東丹國國號問題》，愛新覺羅・烏拉熙春，立命館文學（607），2008 年。
50. 契丹文 dan gur 本義考——あわせて「東丹國」の國號を論ず，吉本智慧子，立命館文學（609），立命館大學人文學會，2008 年 12 月。
51. 試論契丹迅速滅亡渤海國的原因，盧偉、趙一禕，佳木斯大學社會科學學報，2004 年第 5 期。
52. 渤海亡國年月辨正——遼初王權鬥爭駁論之三兼與金正善商榷，劉國賓，求是學刊，2001 年第 5 期。
53. 東丹國基本史事研究，李雪梅，遼寧大學碩士學位論文，2007 年。
54. 東丹國變遷考，金渭顯，宋史研究論叢（第五輯），河北大學出版社，2003 年。
55. 論東丹國的建國原因及其性質，李雪梅，遼寧師範大學學報（社會科學版）2007 年第 3 期。
56. 遼代東丹國設置探析，范樹梁、程尼娜，遼金契丹女眞史研究（總第 34 期），2004 年。
57. 遼代東丹國設置淺析，范樹梁、程妮娜，遼金史論集（第十一輯），吉林文史出版社，2008 年。
58. 契丹の舊渤海領統治と東丹國の構造——「耶律羽之墓誌」をてがかりに，澤本光弘，史學雜誌（117－6），2008 年 6 月。
59. 遼太祖封長子倍爲人皇王之意探析，彭豔芬、竇文良，保定學院學報，2008 年第 3 期。
60. 遼代東丹國廢除問題辨析，楊雨舒，東北史研究，2004 年第 2 期。
61. 東丹國廢罷時間新探，康鵬，北方文物，2010 年第 2 期。
62. 遼代渤海人地區的東丹國探析，程尼娜，東北史地，2005 年第 6 期。

63. 契丹（遼）における渤海人と東丹國—「遣使記事」の檢討を通じて，澤本光弘，遼金西夏研究の現在（1），東京外國語大學アジア・アフリカ言語文化研究所，2008 年。
64. 試論耶律羽之家族與東丹國，都興智，遼寧工程技術大學學報（社會科學版），2008 年第 6 期。
65. 關於渤海國及渤海遺民研究的幾個問題，都興智，遼寧師範大學學報（社會科學版），2008 年第 2 期。
66. 耶律阿保機「鹽池宴」考辨，肖愛民，北方文物，2003 年第 4 期。
67. 契丹「鹽池宴」、「諸弟之亂」與夷離堇任期問題，任愛君，史學集刊，2007 年第 6 期。
68. 阿保機從無廢長立次之志——阿保機生前卒後契丹王權鬥爭論辯之一，劉國賓，煙臺大學學報（哲社版），2001 年第 3 期。
69. 耶律德光篡嗣新探——阿保機生前卒後契丹王權鬥爭論辯之二，劉國賓，煙臺師範學院學報（哲學社會科學版），2001 年第 3 期。
70. 契丹舍利王子與劉守光「牛酒之會」詳考，馬旭輝，河北北方學院學報，2007 年第 6 期。
71. 契丹王子赴劉守光「牛酒之會」考，馬旭輝，遼寧工程技術大學學報（社會科學版），2007 年第 5 期。
72. 契丹未能統一中原的原因探析——以耶律德光南征爲例，孫政，煙臺大學學報（哲學社會科學版）2009 年第 3 期。
73. 德光冊立李璟爲中原主述論——讀徐鉉《送謝仲宣員外使北蕃序》，楊偉立，天府新論，2010 年第 1 期。
74. 唐末五代入遼漢人群體研究，鄭偉佳，河北大學碩士學位論文，2009 年。
75. 遼代四樓研究，葛華廷，北方文物，2008 年第 4 期。
76. 契丹「四樓」別議，楊軍，歷史研究，2010 年第 4 期。
77. 試論遼朝對遼東地區的經略，楊福瑞，內蒙古民族大學學報（社會科學版），2008 年第 2 期。
78. 拿來主義：遼廷招降取士的策略，蔣金玲，首屆遼上京契丹・遼文化學術研討會論文集，內蒙古文化出版社，2009 年。
79. 遼朝における士人層の動向——武定軍を中心として，高井康典行，「宋代中國」の相對化（宋代史研究會研究報告第九集），汲古書院，2009 年。

80. 略論西遼的統治政策，馬雷，新西部（下半月），2007 年第 3 期。
81. 西遼統治者與西域地方伊斯蘭政權，陳國光，新疆社會科學，2003 年第 2 期。
82. 西遼契丹人的社會經濟及政治制度，王鳳梅，吉首大學學報（社會科學版），2010 年第 2 期。
83. 大石國史研究——喀喇汗王朝前期史探微，錢伯泉，西域研究，2004 年第 4 期。
84. 高昌回鶻與喀喇汗統一於西遼，劉國俊，新疆日報，2010 年 4 月 29 日。
85. 十二世紀中亞與中國之關係以西遼爲例，劉學銚，中國邊政（第 175 期），2008 年 9 月。
86. 遼朝漢族地主與契丹權貴的封建化，李錫厚，中國社會科學院歷史研究所學刊（第三集），商務印書館，2004 年。
87. 試論遼金元清的政權屬性——兼評所謂「中國征服王朝」論，田子馥，東北史地，2004 年第 2 期。
88. 評「征服王朝論」，宋德金，社會科學戰線，2010 年第 11 期。
89. 遼朝夷夏觀的演變，郭康松，中國史研究，2001 年第 2 期。
90. 論契丹遼朝統治前期的中原政策，彭豔芬、齊春梅，保定師範專科學校學報，2007 年第 1 期。
91. 試論遼朝對吉林的統治，楊雨舒，博物館研究，2005 年第 2 期。
92. 淺議遼朝對吉林的經略，楊雨舒，東北史地，2005 年第 2 期。
93. 遼代的遼東邊疆經略——以鴨綠江女眞爲中心的動態考察，孫昊，貴州社會科學，2010 年第 12 期。
94. 論遼代幽雲十六州的漢人問題，紀楠楠，東北師範大學碩士學位論文，2006 年。
95. 論幽雲地區在遼朝的重要地位和作用，王靖宇，吉林大學碩士學位論文，2007 年。
96. 遼代漢族官僚集團研究，劉春玲，東北師範大學碩士學位論文，2008 年。
97. 論漢人官僚集團在遼政權中的作用，劉春玲，陰山學刊，2002 年第 2 期。
98. 論遼朝漢族官僚群體的地位及其影響，姚雯雯，東北史地，2009 年第 1 期。

99. 遼代傑出的母后（皇太后）攝政，劉梓，遼金歷史與考古（第二輯），遼寧教育出版社，2010 年。
100. 遼代后妃與遼代政治，胡興東，北方文物，2003 年第 2 期。
101. 遼末后妃參政述略，張宏，黑龍江史志，2009 年第 1 期。
102. 契丹王朝的後宮預政，于寶林，民族文化遺產（第一集），民族出版社，2004 年。
103. 遼朝宮廷政變原因探析，郭豐，東北亞研究論叢（第二輯），吉林大學出版社，2008 年。
104. 遼代宮廷政變原因研究，郭豐，長春師範學院碩士學位論文，2010 年。
105. 契丹（遼朝）道宗朝の政治史に關する一考察－慶陵出土の皇后哀冊の再檢討，武田和哉，立命館大學考古學論集III（第二分冊），立命館大學考古學論集刊行會，2003 年 5 月。
106. 耶律乙辛集團與遼朝後期的政治格局，王善軍，學術月刊，2008 年第 2 期。
107. 遼朝興衰的歷史啓示，趙永春，黑龍江民族叢刊，2006 年第 4 期。
108. 遼朝興衰的歷史啓示，趙永春，遼金契丹女眞史研究，2007 年第 1、2 期。
109. 試析遼朝衰亡的自身原因，王雷，當代經理人（下旬刊），2006 年第 7 期。
110. 大遼王朝的落日，伊秀麗，吉林日報，2005 年 7 月 22 日。
111. 契丹與旗鼓補論，關樹東，首屆遼上京契丹·遼文化學術研討會論文集，內蒙古文化出版社，2009 年。
112. 遼金史札記，愛新覺羅·烏拉熙春，立命館言語文化研究（15－1），立命館大學國際言語文化研究所，2003 年 6 月。
113. 契丹蒙古札記，愛新覺羅·烏拉熙春，立命館文學（586），立命館大學人文學會，2004 年 10 月。
114. 契丹史實新證，愛新覺羅·烏拉熙春，東亞文史論叢（2007 號），2007 年 10 月。
115. 淺析哈剌契丹人建立的起兒漫王朝，范雅黎，重慶科技學院學報（社會科學版），2009 年第 6 期。

116. 契丹對奚族的征服及其統治方略，任愛君，內蒙古社會科學（漢文版），2010 年第 2 期。
117. 淺談奚國的建立——記一個轉瞬即逝的王朝建立的主要因素，姚德昌、李穎，遼金歷史與考古（第二輯），遼寧教育出版社，2010 年。
118. 奚國政權爲什麼能夠存在，姚德昌，中國・平泉首屆契丹文化研討會論文集，吉林大學出版社，2010 年。
119. 奚國覓蹤，姚德昌，遼金歷史與考古（第一輯），遼寧教育出版社，2009 年。
120. 奚國覓蹤，姚德昌，東北史研究，2009 年第 4 期。
121. 定安國小考，梁玉多，北方文物，2010 年第 1 期。
122. 遼代治邊三題，周峰，赤峰學院學報（漢文哲學社會科學版），2008 年第 7 期。
123. 遼代黨爭探論，張國慶，黑龍江民族叢刊，2006 第 5 期。
124. 遼史新証，愛新覺羅・烏拉熙春，立命館言語文化研究（19 卷 4 號），2008 年 3 月。
125. 金代前史考略，王沛英、趙文東，東北史研究，2004 年第 2 期。
126. 重新認識金朝的歷史地位，朱瑞熙，金上京文史論叢（第二集），哈爾濱出版社，2008 年。
127. 11 世紀における女眞の動向——東女眞の入寇を中心として，高井康典行，アジア遊學（第 70 號），2004 年 12 月。
128. 耶懶完顏部の軌跡——大女眞金國から大眞國へと至る沿海地方一女眞集團の歩み——，井黑忍，中世東アジアの周緣世界，同成社，2009 年 11 月。
129. 論金國初期滿洲文化制度化與女眞本位主義的形成，蔡偉傑，（臺灣）中國邊政（第 168 期），2006 年 12 月。
130.《金史・世紀》所載「奪柩」解讀，李建勳，東北史研究，2007 年第 4 期。
131. 遼滅金興與阿骨打建國，王宏北，黑龍江民族叢刊，2003 年第 4 期。
132. 崛起於白山黑水之間——大金國的建立，裘眞，學理論，2008 年第 5 期。
133. 12 世紀初東亞政治格局的重塑與再造——以女眞崛起爲中心，齊廉允，英才高職論壇，2009 年第 3 期。

134. 阿骨打稱都勃極烈與金朝開國史之眞僞研究，李秀蓮，史學月刊，2008年第6期。
135. 女眞開國伝説の形成——《金史》世紀の研究，古松崇志，平成10年度～14年度文部科學省科學研究費補助金特定領域研究（A）118「古典學の再構築」研究成果報告集 VA04「古典の世界像」班研究報告，2003年3月。
136. 也談金初建國及國號年號，董四禮，史學集刊，2008年第6期。
137. 金朝「夷可變華」及「華夷同風」的治邊思想，麻鈴，社會科學戰線，2008年第11期。
138. 滅遼辱宋的「霸主」——女眞的崛起與金朝的強盛，黃斌，東北之窗，2006年第15期。
139. 金朝在北方的統治與中國歷史統一趨勢的關係，王德忠，金上京文史論叢（第二集），哈爾濱出版社，2008年。
140. 金朝爭奪燕雲地區的策略探析，宋馥香，北方文物，2001年第1期。
141. 試論金朝對山西的經營，吳建偉，中國地方志，2009年第2期。
142. 論金代政治文化的勃興，董迪，江海學刊，2005年第3期。
143. 試論金王朝對中華民族的重大歷史貢獻，洪仁懷、關伯陽，遼金契丹女眞史研究，2007年第1、2期。
144. 試論金朝對西部邊疆的經略——以西夏和西遼爲中心，周峰，東北史地，2009年第4期。
145. 金朝「異代」文士與皇權政治互動關係研究，李秀蓮，中央民族大學博士學位論文，2006年。
146. 金代漢地在地社會における女眞人の位相と「女眞儒士」について，飯山知保，滿族史研究（4號），2005年6月。
147. 道德的信任危機：劉豫大齊政權的研究，粘振和，（臺灣）僑光技術學院通觀洞識學報（第2期），2004年3月。
148. 劉豫改元「阜昌」年代考，黃會奇，宋史研究論叢（第十輯），河北大學出版社，2009年。
149. 淺論遼末金初漢族士人政治靈活性之原因，齊偉，遼金史論集（第十一輯），內蒙古大學出版社，2009年。

150. 征服王朝下的士人——金代漢族士人的政治、社會、文化論析，陳昭揚，國立清華大學博士學位論文，2007 年。
151. 論金初統治者對漢族士人的重用，劉美雲，滄桑，2009 年第 6 期。
152. 金代漢臣之政見——以君臣對話爲中心，王明蓀，興大歷史學報（第 16 卷），2005 年 6 月。
153. 金朝皇統冤案，羅傑，法制博覽，2010 年第 7 期。
154. 金代經筵述略，王耘，滿語研究，2008 年第 1 期。
155. Maintaining Gods in Medieval China: Temple Worship and Local Governance in North China under the Jin and Yuan, Iiyama Tomoyasu, Translated by Macabe Keliher, Journal of Song-Yuan Studies, Volume 40, 2010.
156. 金朝中原鄉村社會控制研究，陳德洋，吉林大學博士學位論文，2010 年。
157. 論金朝中央集權對女眞皇族的防範對策，李玉君，滿族研究，2009 年第 3 期。
158. 論金代對僧侶階層的壓制政策，宋立恒，滿族研究，2009 年第 4 期。
159. 章宗時期金朝由盛轉衰原因的歷史考察，金寶麗，東北師範大學碩士學位論文，2007 年。
160. 試論天眷新制到至寧內亂之興衰轉折，和希格、穆鴻利，松遼學刊，2002 年第 3 期。
161. 金廷南遷芻議，都興智，光明日報，2007 年 4 月 20 日。
162. 金朝興衰的歷史啓示，趙永春、周力，江海學刊，2007 年第 2 期。
163. 試論金人的「中國觀」，趙永春，中國邊疆史地研究，2009 年第 4 期。
164. 大金覆亡辨，宋德金，史學集刊，2007 年第 1 期。
165. 大金覆亡辨，宋德金，遼金史論集（第十輯），中國社會科學出版社，2007 年。
166. 「粗放型」的遼金元廉政建設，劉文瑞、馬麗，西北大學學報（哲學社會科學版），2008 年第 2 期。
167. 金初政治制度的建設初探，王永年，遼金契丹女眞史研究，2007 年第 1、2 期。
168. 金朝皇位繼承問題探討，楊志玖，中國社會歷史評論（第三卷），中華書局，2001 年。

169. 金朝皇位繼承研究，荏家峰，吉林大學碩士學位論文，2009 年。
170. 論金元皇權與貴族政治，張帆，元代文化研究・第一輯（國際元代文化學術研討會專輯），北京師範大學出版社，2001 年。
171. 施宜生通敵事件辯證：一個史源學的考察，景新強，西北大學學報（哲學社會科學版），2007 年第 3 期。
172. 施宜生使宋泄密事件與南宋士大夫的歧議，鄒春秀，江蘇大學學報（社會科學版），2010 年第 3 期。
173. 略說完顏亮伐宋之前的東海之亂，周峰，黑龍江農墾師專學報，2002 年第 1 期。
174. 正隆大定之交契丹人起義若干細節問題的再思考，金鑫，大連民族學院學報，2009 年第 4 期。
175. 論金海陵王完顏亮時期的人民起義，周峰，哈爾濱學院學報，2002 年第 9 期。
176. 金朝明昌黨事考實，關樹東，宋史研究論叢（第七輯），河北大學出版社，2006 年。
177. 從中都（燕京）到南京（汴京）：金王朝的最終覆亡，牛建強，開封教育學院學報，2001 年第 4 期、第 5 期。
178. 南宋與金的邊疆經略，林榮貴，中國邊疆史地研究，2001 年第 2 期。
179. 論金宣宗「九公封建」，都興智，北方文物，2009 年第 1 期。
180. 論金末東北邊政，周峰，遼東史地，2006 年創刊號。
181. 論金末的東北邊政，周峰，遼金史論集（第十輯），中國社會科學出版社，2007 年。
182. 金朝敗亡歷程的可貴記錄——《話腴》「端平甲午」條所錄金詩三首淺釋，梁太濟，文史，2002 年第 3 輯。
183. 論括地對金朝滅亡的影響，黃運剛，東北史研究，2009 年第 2 期。
184. 金末統治者的用人之道與金的衰亡，丁寧，滄桑，2008 年第 5 期。
185. 從自殺殉國來看各族官員對金朝的認同感，楊宇勳，宋史研究集（第 35 輯），（臺北）蘭臺出版社，2005 年。
186. 金末蒙初大遼收國的建立及其滅亡，高福順、張爽，東北史地，2006 年第 2 期。

187. 金末契丹人附蒙反金現象初探，林威，廣西社會科學，2004 年第 8 期。
188. 論金朝後期契丹人對蒙古的投附及作用，夏宇旭，黑龍江民族叢刊，2010 年第 5 期。
189. 金代漢族士人的地域分佈——以政治參與爲中心的考察，陳昭揚，（臺灣）漢學研究（第 26 卷第 1 期），2008 年 3 月。
190. 漢族士人與金末抗蒙鬥爭，王德朋，東嶽論叢，2006 年第 4 期。
191. 論金末元初知識分子的境遇及其歷史作用，都興智、田志光，河北大學學報（哲學社會科學版），2007 年第 4 期。
192. 論金元之際東平遺民群體的思想心態，趙忠敏，蘭州學刊，2010 年第 12 期。
193. 金亡前後儒士的南渡與北徙，趙琦，元史論叢（第八輯），江西教育出版社，2001 年。
194. 金元之際儒士與漢人世侯衝突之辨析，符海潮，許昌學院學報，2005 年第 3 期。
195. 金元之際的漢人世侯與文人，晏選軍，中南大學學報（社會科學版），2007 年第 1 期。
196. 金元之際漢人世侯幕府人物承擔角色之分析，符海朝，宋史研究論叢（第十一輯），河北大學出版社，2010 年。
197. 元好問寄中書耶律公書補釋——兼論士大夫家族在金元政治生活中的延續，劉曉，中國社會科學院歷史研究所學刊（第二集），商務印書館，2004 年。
198. 金元明朝の北東アジア政策と日本列島，中村和之，北方世界の交流と變容——中世の北東アジアと日本列島，山川出版社，2006 年 8 月。
199. 金朝史實對清初政治的影響，沈一民，北方文物，2003 年第 2 期。

（二）制度

1. 遼代斡魯朵的淵源，任愛君，內蒙古社會科學（漢文文史哲版），2005 年第 1 期。
2. オルド（斡魯朵）と藩鎮，高井康典行，東洋史研究（第 61 卷第 2 號），2002 年。

3. 斡魯朵與藩鎮，高井康典行，10～13 世紀中國文化的碰撞與融合，上海人民出版社，2006 年。
4. 遼代斡魯朵的存在形態，高井康典行，蒙古學信息，2001 年第 4 期。
5. 論遼朝初期的「腹心部」與智囊團，張國慶，社會科學戰線，2002 年第 1 期。
6. 契丹族的遙輦帳，（日）島田正郎著，何天明譯，蒙古學信息，2004 年第 1 期。
7. 遼朝橫帳新考，王善軍，歷史研究，2003 年第 2 期。
8. 契丹帳制研究，任愛君，東北史研究動態，2003 年第 1 期。
9. 也說「橫帳」，都興智，民族研究，2009 年第 6 期。
10. 契丹橫帳考——兼論帳、宮、院之關係，愛新覺羅・烏拉熙春，立命館文學（584），立命館大學人文學會，2004 年 3 月。
11. 遼朝地方制度建設與機構的演變，任仲書，遼金歷史與考古（第二輯），遼寧教育出版社，2010 年。
12. 遼代阜新地區頭下軍州芻議，張志勇，北方文物，2005 年第 4 期。
13. 遼代阜新地區頭下軍州芻議，張志勇，遼金史研究，吉林大學出版社，2005 年。
14. 關於「頭下」研究的兩個問題，李錫厚，中國史研究，2001 年第 2 期。
15. 頭下軍州の官員，高井康典行，遼金西夏研究の現在（1），東京外國語大學アジア・アフリカ言語文化研究所，2008 年。
16. 遼代的頭下州與古白狼水東的農牧經濟，佟寶山，遼寧大學學報（哲社版），2005 年第 5 期。
17. 論完顏亮時期猛安謀克的南遷，周峰，內蒙古民族大學學報，2002 年第 1 期。
18. 淺談金代猛安謀克制，郭昕，黑龍江省文物博物館學會第五屆年會論文集，黑龍江人民出版社，2008 年。
19. 談金代女眞族猛安謀克制的變遷，楊勇、金寶麗，黑龍江農墾師專學報，2002 年第 4 期。
20. 初探金代契丹人猛安謀克組織，夏宇旭，吉林師範大學學報（人文社會科學版），2008 年第 4 期。

21. 略述金代猛安謀克組織下契丹人的經濟生活，夏宇旭，吉林師範大學學報（人文社會科學版），2010 年第 1 期。
22.「活活土猛安」與「背也山謀克」小考，周峰，陰山學刊（社科版），2001 年第 3 期。
23. 蓋州別里賣猛安溪屈謀克居址初探，魏耕耘、崔豔茹，遼金契丹女眞史研究（總第 34 期），2004 年。
24. 蓋州本得山猛安居址初探，孫璿，遼金契丹女眞史研究（總第 34 期），2004 年。
25. 營口地區猛安謀克居址初探，魏耕耘、孫璿、崔燕茹，遼金契丹女眞史研究，2008 年第 1 期。
26. 營口地區猛安謀克居址初探，魏耕耘、孫璿、崔豔茹，遼金史論集（第十一輯），吉林文史出版社，2008 年。
27. 營口地區謀克居址考略，崔豔茹、孫璿，遼金歷史與考古（第一輯），遼寧教育出版社，2009 年。
28. 宋、遼、金、元官制，徐君慧，廣西文史，2002 年第 1 期。
29. 遼金官制與契丹語，孫伯君，民族研究，2004 年第 1 期。
30. 遼初君位繼承，林日清，（臺灣）史繹（第 32 期），2001 年 5 月。
31. 遼太宗朝的「皇太子」名號問題——兼論遼代政治文化的特徵，邱靖嘉，歷史研究，2010 年第 6 期。
32. 論遼朝世選制度的發展變化及其影響，張崴、逄宇池，瀋陽大學學報，2006 年第 6 期。
33. 遼朝世選制度的貴族政治特色及其影響，王德忠，東北師大學報（哲學社會科學版），2003 年第 6 期。
34. 世選制度與契丹的家族勢力，王善軍，宋史研究論文集，河北大學出版社，2002 年。
35. 世選制度與契丹的家族勢力，王善軍，社會科學戰線，2004 年第 1 期。
36. 遼朝的選官制度與社會結構，關樹東，10～13 世紀中國文化的碰撞與融合，上海人民出版社，2006 年。
37. 遼朝選任官吏的方式考述，張志勇，東北史地，2004 年第 8 期。
38. 遼朝選任官吏的方式考述，張志勇，遼寧工程技術大學學報（社會科學版），2004 年第 2 期。

39. 遼代蔭補制度考，蔣金玲，史學集刊，2010 年第 2 期。
40. 遼代行政制度二元化原因分析，袁俊英、李文軍，遼寧工程技術大學學報（社會科學版），2006 年第 2 期。
41.「蕃制」與「漢制」：契丹本位政策的形成，任愛君，松州，2008 年第 4 期。
42. 遼王朝時期的「一國兩制」，胡健，遼金史研究，吉林大學出版社，2005 年。
43. 中國歷史上最早的「一國兩制」——遼朝北、南面官制述評，劉樹友，理論導刊，2005 年第 9 期。
44. 中國古代運用「一國兩制」政治制度的朝代——遼，唐加壽，中學歷史教學，2004 年第 3 期。
45. 遼朝「國制」成因探考，鄭毅，東北史地，2006 年第 2 期。
46. 試論遼朝的南北面官制度及其發展演變，王滔韜，重慶交通學院學報（社會科學版），2001 年第 2 期。
47. 論契丹遼國的「兩面官制」羈縻政策，張曉松，雲南行政學院學報，2008 第 1 期。
48. 契丹國（遼朝）の宰相制度と南北二元（二重）官制，武田和哉，「宋代中國」の相對化（宋代史研究會研究報告第九集），汲古書院，2009 年。
49. 契丹國（遼朝）の北・南院樞密使制度と南北二重官制について，武田和哉，立命館東洋史學（24 號），2001 年 7 月。
50. 遼朝南面宰相制度研究，王滔韜，社會科學輯刊，2002 年第 4 期。
51. 遼聖宗時期的宰執群體，關樹東，宋史研究論叢（第十一輯），河北大學出版社，2010 年。
52. 遼朝南面朝官體制研究，王滔韜，重慶交通學院學報（社會科學版），2006 年第 3 期。
53. 遼代南面官再探，何天明，首屆遼上京契丹・遼文化學術研討會論文集，內蒙古文化出版社，2009 年。
54. 淺議遼朝的中書省職官，王滔韜，重慶交通學院學報（社會科學版），2003 年第 3 期。
55. 遼代南面京官探討，何天明，內蒙古社會科學（漢文文史哲版），2005 年第 1 期。

56. 略論遼代南京統軍司，高勁松、孫明明，雞西大學學報，2010 年第 1 期。
57. 遼朝政權機構概述，何天明，（臺灣）中國邊政（第 152 期），2001 年 6 月。
58.《遼代石刻文編》兩處職官辨析，田高、王玉亭，內蒙古社會科學（漢文版），2010 年 4 期。
59. 從「錄事」到「錄事司」內涵的變化看宋遼金元區域社會的互動，吳曉亮，宋史研究論文集（2008），雲南大學出版社，2009 年。
60. 遼代大于越府探討，何天明，內蒙古大學學報（人文社會科學版），2006 年第 1 期。
61. 論遼國尊官——于越，劉國有，遼金史研究，中國文化出版社，2003 年。
62. 契丹國（遼朝）の于越について，武田和哉，立命館文學（608），立命館大學人文學會，2008 年 12 月。
63. 遼代惕隱職官與遼朝「內難」原因初探，王秀芳，哈爾濱學院學報，2008 年第 3 期。
64. 遼朝樞密使的淵源，王建軍，赤峰學院學報（漢文哲學社會科學版），2007 年第 1 期。
65. 遼代南樞密院探討，何天明，內蒙古社會科學（漢文版），2003 年第 1 期。
66. 遼代樞密院研究狀況，方廣梅，東北亞研究論叢（第三輯），吉林大學出版社，2009 年。
67. 遼代宣徽北、南院探討，何天明，內蒙古社會科學（漢文版），2003 年第 6 期。
68. 遼代夷離畢院再探，何天明，內蒙古社會科學（漢文版），2001 年第 4 期。
69. 遼朝西北路招討司再探——兼談遼朝西北路的防禦體系，康鵬，宋史研究論叢（第十一輯），河北大學出版社，2010 年。
70. 遼朝提轄司考，李桂芝，學習與探索，2005 年第 2 期。
71. 遼朝殿前都點檢探析，靳靜，河北北方學院學報（社會科學版），2010 年第 4 期。
72. 遼代刑獄敵史與郎君撻馬狘沙里考，黃震雲，遼金契丹女眞史研究，2008 年第 1 期。
73. 遼代理農使職考略，張國慶，中國農史，2008 年第 1 期。

74. 遼代酒務官初探，高勁松、任靜，內蒙古農業大學學報（社會科學版），2009 年第 6 期。
75. 遼代不存在諸行宮都部署院，郭康松，遼金史研究，吉林大學出版社，2005 年。
76. 遼代臨時差遣使職及其職掌考探，張國慶，遼金歷史與考古（第二輯），遼寧教育出版社，2010 年。
77. 石刻所見遼代軍事系統職官考——《遼史・百官志》補遺之二，張國慶，遼寧省博物館館刊（第五輯），遼海出版社，2010 年。
78. 遼代的翰林院與翰林學士，楊果，武漢大學歷史學集刊（第一輯），湖北人民出版社，2005 年。
79. 遼の武臣の陞遷，高井康典行，史滴（第 24 號），2003 年。
80. 遼代政權中的漢族官僚集團，馮小琴，甘肅高師學報，2004 年第 6 期。
81. 淺析韓德讓與遼代漢官制度的改革，劉春玲，東北史地，2006 年第 6 期。
82. 遼代封爵制度試探，都興智，遼金史論叢——紀念張博泉教授逝世三週年論文集，吉林人民出版社，2003 年。
83. 遼代功臣制度初探，陳曉偉，遼寧工程技術大學學報（社會科學版），2009 年第 3 期。
84. 遼代功臣號考論，陳曉偉，首屆遼上京契丹・遼文化學術研討會論文集，內蒙古文化出版社，2009 年。
85. 遼代品官命婦初探，張敏，宋史研究論叢（第十一輯），河北大學出版社，2010 年。
86. 論遼代致仕制度，王雷，吉林大學碩士學位論文，2007 年。
87. 遼代致仕制度初探，王雷，中共鄭州市委黨校學報，2009 年第 5 期。
88. 遼代「五押」考釋，楊浣，中國史研究，2007 年第 3 期。
89. 遼「五院」與「五押」問題分析，劉國生、王玉亭，赤峰學院學報（哲學社會科學版），2006 年第 1 期。
90. 遼代「五押」問題新探，康鵬，中國史研究，2010 年第 1 期。
91. 遼朝的地方制度建設與機構設置，任仲書，內蒙古社會科學（漢文版），2010 年第 6 期。
92. 遼上京留守系考，楊福瑞，昭烏達蒙族師專學報，2004 年第 1 期。
93. 遼代節度使制度研究，王立鳳，吉林大學碩士學位論文，2008 年。

94. 石刻所見遼代宮廷服務系統職官考——《遼史・百官志》補遺之四，張國慶，遼寧工程技術大學學報（社會科學版），2010 年第 6 期。
95. 遼朝行宮宿衛制度，張寧，吉林大學碩士學位論文，2009 年。
96. 遼代後宮制度研究，祝建龍，吉林大學碩士學位論文，2009 年。
97. 金代後宮制度研究，張宏，吉林大學博士學位論文，2010 年。
98. 金朝選官制度研究，孫孝偉，吉林大學碩士學位論文，2005 年。
99. 金代職官管理制度的一個側面——以縣官爲中心，郭威，金上京文史論叢（第二集），哈爾濱出版社，2008 年。
100. 金代文職朝官的俸祿制度研究，鍾錚錚，吉林大學碩士學位論文，2008 年。
101. 金代官吏獎懲制度，孫榮榮，吉林大學碩士學位論文，2008 年。
102. 金代官吏休假制度研究，劉曉飛，吉林大學碩士學位論文，2009 年。
103. 金代地方職官考課制度，盧希，吉林大學碩士學位論文，2008 年。
104. 金代低階地方官的遷轉路徑——以縣令爲中心的觀察，陳昭揚，中國史學（第十八卷・國家史、制度史專號），日本京都朋友書店，2008 年。
105. 金朝薦舉制度初探，孫孝偉，黑龍江教育學院學報，2007 年第 12 期。
106. 金朝流外出職制度研究，孫孝偉，黑龍江教育學院學報，2007 年第 4 期。
107. 淺議金代致仕官員重新被起用現象，寧波，北方文物，2008 年第 2 期。
108. 金熙宗「頒行官制」考辨，王曾瑜，宋史研究論叢（第六輯），河北大學出版社，2005 年。
109. 金朝大宗正府考論，李玉君，江漢大學學報（人文科學版），2009 年第 5 期。
110. 金朝殿前都點檢探析，靳靜，赤峰學院學報（漢文哲學社會科學版），2010 年第 2 期。
111. 金朝東宮制度探析：以金海陵王朝爲中心，曾震宇，（香港）中國文化研究所學報（第 49 期），2009 年。
112. 關於金朝翰林待制以下帶「同知制誥」銜的考辨，王曾瑜，宋史研究論叢（第六輯），河北大學出版社，2005 年。
113. 金代東北地區轉運司建制考，陳志英，蘭州學刊，2008 年第 5 期。
114. 社會變革過程中政治制度的選擇——金五京路轉運司建制考，陳志英，中國歷史地理論叢，2008 年第 3 期。

115. 金朝後期行樞密院設置，楊清華，遼寧行政學院學報，2007 年第 6 期。
116. 金朝後期對河東南、北路的軍政統治——以行省、行元帥府統治爲主，楊清華，鞍山師範學院學報，2007 年第 1 期。
117. 金朝後期行樞密院考，楊清華，遼金史論集（第十輯），中國社會科學出版社，2007 年。
118. 金朝後期行樞密院官制及其職能、作用，楊清華，吉林省教育學院學報，2007 年第 2 期。
119. 金宣宗朝行六部設置考，楊清華，學術交流，2008 年第 8 期。
120. 金元時期的轉運司，陳志英，復旦大學博士學位論文，2008 年。
121. 金代提刑司考——章宗朝官制改革の一側面，井黑忍，東洋史研究（第 60 卷第 3 號），2001 年。
122. 金代鹽使司，孫久龍，吉林大學碩士學位論文，2006 年。
123. 金代鹽使司，孫久龍，遼金史論集（第十一輯），內蒙古大學出版社，2009 年。
124. 宋金的宣撫使，姚朔民，遼金史論集（第十輯），中國社會科學出版社，2007 年。
125. 金代巡檢簡論，陳德洋，當代學術論壇，2008 年第 10 期。
126. 金代前期漢官封爵制度研究，宋中楠，吉林大學碩士學位論文，2007 年。
127. 金朝俸祿制度研究，陰善和，北京大學碩士學位論文，2007 年。
128. 儒學提舉司の起源と變遷——兼論宋金の學校管理，櫻井智美，阪南論集（人文・自然科學編，第 37 卷第 4 期），2002 年。
129. 金元代華北社會における在地有力者－碑刻からみた山西忻州定襄縣の場合，飯山知保，史學雜誌（第 112 編第 4 號），2003 年 4 月。
130. 金元代華北における州縣祠廟祭祀からみた地方官の系譜——山西平遙縣応潤侯廟を中心に，飯山知保，東洋學報（第 85 卷第 1 號），2003 年 6 月。
131. 金代地方吏員の中央陞轉について，飯山知保，古代東アジアの社會と文化——福井重雅先生古稀・退職紀念論集，（東京）汲古書院，2007 年。
132. 金代吏員研究，王雷，吉林大學博士學位論文，2010 年。

133. 金代吏員集團的內部分層，王雷，黑龍江教育學院學報，2009 年第 11 期。
134. 從金代主事一職看邊疆民族對中國官僚體系的影響，林煌達，10～13 世紀中國文化的碰撞與融合，上海人民出版社，2006 年。
135. 金代漢族進士的官職遷轉，陳昭揚，10～13 世紀中國文化的碰撞與融合，上海人民出版社，2006 年。
136. 金代漢族進士的入仕之途——以《中州集》爲主的考察，陳昭揚，（臺灣）遼夏金元史教研通訊，2004 年第 1 期。
137. 金代東北邊疆的官員管理，李西亞、楊文東，北方文物，2007 年第 3 期。
138.《札兀惕·忽里》考釋，孫伯君，中央民族大學學報（哲學社會科學版），2006 年第 1 期。
139. 蒙古九峰石壁石刻と《札兀惕·忽里》，愛新覺羅·烏拉熙春，東亞文史論叢，2006 年第 1 號。
140. 蒙古九峰石壁石刻と《札兀惕·忽里》，愛新覺羅·烏拉熙春，立命館文學（595 號），2006 年 7 月。
141. 從俄藏黑水城阜昌三年文書所見僞齊職官制度，馮金忠，宋史研究論叢（第十輯），河北大學出版社，2009 年。
142. 新刊黑水城阜昌三年文書所見僞齊職官制度，馮金忠，文獻，2010 年第 1 期。
143. 漫話遼金時期的符牌制度，張平一，文物春秋，2001 年第 2 期。
144. 論金代符牌制度，楊春俏，西北民族大學學報（哲學社會科學版），2010 年第 5 期。
145. 遼朝和西遼朝的牌、印，江慰廬，伊犁師範學院學報，2001 年第 4 期。
146. 金代金銀牌制度的再考述，李輝，北方文物，2004 年第 4 期。
147. 淺從《攬轡錄》標點之失談金代符牌制度，楊春俏，蘭臺世界，2009 年第 4 期。
148. 遼金元賣官述略，王曾瑜，鄧廣銘教授百年誕辰紀念論文集，中華書局，2008 年。
149. 金代的賣官鬻爵，周峰，黑龍江農墾師專學報，2002 年第 4 期。
150. 淺談遼、金、元、清四個朝代的法律制度，楊慧鵬，青海師專學報，2005 年增刊第 2 期。

151. 試論遼金元三朝法律的特點，關志國，史學集刊，2003 年第 2 期。
152. 遼金時代の法典編纂（上），德永洋介，富山大學人文學部紀要（38），2003 年。
153. 遼金時代の法典編纂（下），德永洋介，富山大學人文學部紀要（45），2006 年。
154. 遼金時代の言語と法律，德永洋介，「13、14 世紀東アジア諸言語史料の總合的研究：元朝史料學の構築のために」2006 年度研究實績報告書，2007 年。
155. 遼西夏金元北方少數民族政權法制對中國法律文化的貢獻，徐曉光，西南民族學院學報（哲社版），2002 年第 7 期。
156. 契丹習慣法研究，張志勇，徐州師範大學學報（哲學社會科學版），2001 年第 1 期。
157. 契丹習慣法研究，張志勇，阜新遼金史研究（第五輯），中國社會出版社，2002 年。
158. 論遼代的法律思想，張志勇，阜新遼金史研究（第五輯），中國社會出版社，2002 年。
159. 論遼代的法律思想，張志勇，社會科學輯刊，2002 年第 4 期。
160. 遼代的文化轉型和法令修訂，黃震雲，東北史地，2009 年第 2 期。
161. 遼代法令考，黃震雲，北方文物，2008 年第 4 期。
162. 遼代刑法制度對遼王朝的影響及其歷史貢獻，張秀傑、郝維彬，內蒙古民族大學學報（社會科學版），2003 年第 4 期。
163. 遼代籍沒法考述，王善軍，民族研究，2001 年第 2 期。
164. 遼代財產刑研究——契丹「籍沒」刑及其相關問題試析，項春松，北方文物，2002 年第 2 期。
165. 遼代流刑考，黃震雲，延安大學學報（社會科學版），2008 年第 3 期。
166. 遼代流刑考述，黃震雲，北華大學學報（社會科學版），2008 年第 6 期。
167. 遼代流刑的由來與司法考，黃震雲，東北史研究，2009 年第 4 期。
168. 論遼代死刑與契丹習慣法的關係，劉海濤，華章，2007 年第 9 期。
169. 遼代死刑研究，劉海濤，遼寧師範大學碩士學位論文，2008 年。
170. 遼朝處決死囚的特異刑制，劉肅勇，團結報，2010 年 8 月 19 日第 7 版。
171. 試論遼朝「治契丹與諸夷之法」，潘丹丹，東北史地，2006 年第 5 期。

172. 淩遲入律在遼代，陳其斌，讀書，2003 年第 5 期。
173. 論遼聖宗時期的法制改革，張志勇，遼寧工程技術大學學報（社會科學版），2005 年第 6 期。
174. 論遼聖宗時期的法制改革，張志勇，遼金契丹女眞史研究，2006 年第 1 期。
175. 遼代懲治官吏犯罪的法律規定考述，張志勇，北方文物，2002 年第 3 期。
176. 遼代職官犯罪與懲罰，尹宿湦，吉林大學碩士學位論文，2005 年。
177. 遼代職官的犯罪與懲罰，武玉環、尹宿湦，東北史地，2004 年第 8 期。
178. 遼朝職官管理法律制度探析，孫振江，東北史地，2010 年第 4 期。
179. 遼朝畜牧法與漁獵法考述，張志勇，東北史地，2008 年第 1 期。
180. 遼代後期法制的敗壞及原因分析，李文軍、袁俊英，遼寧工程技術大學學報（社會科學版），2007 年第 2 期。
181. 金朝立法研究，芮素平，中國社會科學院研究生院碩士學位論文，2004 年。
182. 金代法制略探，張濤，東北史地，2008 年第 2 期。
183. 對金朝法制的探討，丁大煒、汪亞光，法制與社會，2008 年第 35 期。
184. 女眞民族習慣法考述，芮素平，中國社會科學院研究生院學報，2002 年第 1 期。
185. 民族法文化與中華法系——以金代爲例，曾代偉，現代法學，2003 年第 5 期。
186. 金代法律的淵源及其運用，龍威，中國政法大學碩士學位論文，2002 年。
187. 金朝行政管理體制立法述論，曾海若，中國歷史上的法律制度變遷與社會進步，山東大學出版社，2004 年。
188. 金代皇族贓罪考述，李玉君、楊柳，北方文物，2010 年第 1 期。
189. 金代的奴告主案，周峰，博物館研究，2008 年第 3 期。
190. 反屠王：對遼代再生儀的重新解讀，艾蔭范，重慶三峽學院學報，2005 年第 4 期。
191. 遼代帝王再生儀的常例與變例，劉黎明，四川大學學報（哲學社會科學版），2006 年第 5 期。
192. 契丹柴冊制度考，宋軍，北京教育學院學報，2007 年第 2 期。

193. 遼代激勵機制之特色與社會功能初探，張國慶，天津社會科學，2006 年第 6 期。
194. 遼代優撫措施制度化及其特色，張國慶，遼金史論集（第十輯），中國社會科學出版社，2007 年。
195. 金朝后妃制度初探，董四禮，黑龍江檔案，2006 年第 2 期。
196. 金代輟朝制度初探，湯巧蕾，東方博物，2005 年第 4 期。
197. 金代質子制度探析，董四禮、王金玲，北方文物，2007 年第 4 期。
198. 遼朝與唐朝監察制度比較研究，張志勇，遼寧工程技術大學學報（社會科學版）2003 年第 5 期。
199. 簡述遼金監察制度的特點，修曉波，中國監察，2006 年第 15 期。
200. 金代地方監察制度研究——以提刑司、按察司爲中心，余蔚，中國歷史地理論叢，2010 年第 3 期。
201. 試論金代治安管理制度，曲淑華，吉林大學碩士學位論文，2006 年。
202. 論金代社會治安管理制度，曲淑華，上海政法學院學報（法治論叢），2008 年第 6 期。
203. 試論金代的地方治安管理，曲淑華，北方民族，2005 年第 2 期。
204. 試論金代的地方治安管理，曲淑華，東北史地，2005 年第 4 期。
205. 金代地方管理中的杖殺，陳昭揚，臺灣師大歷史學報（第 44 卷），2010 年 12 月。
206. 金朝地方社會治安的女眞民族特色考論，林永強、張曉芳，遼金史研究通訊，2009 年第 1、2 期。
207. 金代御容及奉安制度，王豔雲，故宮博物院院刊，2008 年第 5 期。
208. 宋遼金時期翻譯制度初探，烏雲格日勒、寶玉柱，語言與翻譯，2010 年第 4 期。

（三）對外關係

1. 傳統中國對外關係的省思：以宋遼金時期爲例，陶晉生，第三屆國際漢學會議論文集•漢文化與周邊民族，（臺灣）中央研究院歷史語言研究所，2003 年。
2. 緩衝國家的策略選擇——以西夏與北宋、遼之互動爲例，吳明潔，（臺灣）東吳大學碩士學位論文，2009 年。

3. 唐朝契丹朝貢述略，袁本海，遼金歷史與考古（第一輯），遼寧教育出版社，2009 年。
4. 周邊少數民族朝貢契丹初探（907～1125），張儒婷，遼金歷史與考古（第二輯），遼寧教育出版社，2010 年。
5. 契丹遼朝與「世界」的經濟文化往來，任愛君，敦煌學與中國史研究論集——紀念孫修身先生逝世一週年，甘肅人民出版社，2001 年。
6. 試論 10～13 世紀中國境內諸政權的互動，虞雲國，10～13 世紀中國文化的碰撞與融合，上海人民出版社，2006 年。
7. 宋代與東亞的多國體系及貿易世界，賈志揚，北京大學學報（哲學社會科學版）2009 年第 2 期。
8. 金初の外交史料に見るユーラシア東方の國際關係——「大金弔伐錄」の檢討を中心に，井黑忍，遼金西夏研究の現在（3），東京外國語大學アジア・アフリカ言語文化研究所，2010 年。
9. 競爭與認同：從曆日頒賜、曆法之爭看宋與周邊民族政權的關係，韋兵，民族研究，2008 年第 5 期。
10. 從西夏鑄幣看西夏與宋遼金關係，王儷閻，中國歷史文物，2008 年第 6 期。
11. 外國使節使遼相關問題淺析，顧婭麗，中國古都研究（第 18 輯上冊）——中國古都學會 2001 年年會暨赤峰遼王朝故都歷史文化研討會論文集，國際華文出版社，2002 年。
12. 契丹與五代十國政治關係諸問題，曹流，北京大學博士學位論文，2010 年。
13. 契丹遼朝與南唐交聘中的關鍵節點，彭豔芬，遼寧工程技術大學學報（社會科學版），2007 年第 1 期。
14. 契丹遼朝對南唐的交結和利用探析，彭豔芬，北方文物，2007 年第 3 期。
15. 論阿保機與李克用的會盟，彭豔芬、于森，北方文物，2008 年第 4 期。
16. 遼與後漢、後周外交幾個問題的探討，蔣武雄，（臺灣）空大人文學報（第 10 卷），2001 年 12 月。
17. 五代時期契丹南侵的促動與制約因素，曾國富，北方民族，2009 年第 1 期。
18. 契丹與吳越交聘關係探微，彭豔芬，歷史教學（高校版），2007 年第 3 期。

19. 遼與北漢外交幾個問題的探討，蔣武雄，（臺灣）東吳歷史學報（第 7 卷），2001 年 3 月。
20. 宋滅北漢之前與遼的交聘活動，蔣武雄，（臺灣）東吳歷史學報（第 11 卷），2004 年 6 月。
21. 五代末期遼與後周清風驛之變考論，彭文峰，船山學刊，2010 年第 3 期。
22. 兩宋與遼金外交之比較——以盟約和國書爲中心，范家全、吳曉萍，安徽師範大學學報（人文社會科學版），2008 年第 3 期。
23. 北宋對外關係之研究——以遼、夏爲例的比較分析，蔡金仁，（臺灣）樹人學報（第 3 卷），2005 年 7 月。
24. The Great Wall and Conceptualizations of the Border Under the Northern Song, NicolasTackett, Journal of Song-Yuan Studies, Volume 38, 2008.
25. 遼宋關係研究，陶玉坤，內蒙古大學博士學位論文，2005 年。
26. 北宋與遼朝的關係，彭鳳萍，湖南師範大學碩士學位論文，2003 年。
27. 夾縫中求生存——依違在遼與中原政權之間的邊人，洪可均，國立臺灣師範大學碩士學位論文，2008 年。
28. 試析宋廷對宋遼邊民的態度——以河北路爲中心，洪可均，（臺灣）史苑（第 63 期），2003 年 6 月。
29. 遼聖宗對宋政策研究，崔再尚，吉林大學碩士學位論文，2009 年。
30. 政治外交手段還是賣國？——石敬瑭割燕雲十六州的再反思，李谷城，亞洲研究（61），2010 年 9 月。
31. 燕雲十六州の割讓承認について，日明智，東海史學（第 38 號），2003 年。
32. 淺析宋朝燕雲交涉失敗的原因，狄寧，黑龍江史志，2008 年第 21 期。
33. 淺析燕雲十六州的戰略價值，狄寧，重慶科技學院學報（社會科學版），2008 年第 11 期。
34. 也論遼宋間的兩屬地，陶玉坤，宋史研究論叢（第六輯），河北大學出版社，2005 年。
35. 遼宋天池之爭，陶玉坤，內蒙古大學學報（人文社會科學版），2005 年第 1 期。
36. 論河套地區在宋、遼、西夏對峙中的地位和作用，薛智平，宋史研究論叢（第十一輯），河北大學出版社，2010 年。

37. 宋人對遼朝的畏懼心理和「燕雲」情結，楊小敏，史學集刊，2008 年第 5 期。
38. 遼宋交聘制度研究，曹顯徵，中央民族大學博士學位論文，2006 年。
39. 宋遼交聘制度之管窺，賈玉英，澶淵之盟新論，上海人民出版社，2007 年。
40. 宋遼交聘制度論略，賈玉英，中州學刊，2005 年第 6 期。
41. 遼宋交聘制度的初步確立，曹顯徵，遼寧工程技術大學學報（社會科學版），2008 年第 4 期。
42. 有關宋遼交聘中泛使概念的幾點辨析，賈玉英，中國史研究，2006 第 2 期。
43. 遼宋實現首次交聘之背景分析，曹顯徵，北方文物，2006 年第 1 期。
44.「誓書」與北宋對遼政策，艾文君，（臺灣）國立政治大學博士學位論文，2003 年。
45. 宋哲宗期の對契丹國書について，粕谷良介，駒澤大學大學院史學論集（37），駒澤大學大學院史學會，2007 年 4 月。
46. 論宋朝遣遼使節的家族性特徵及其形成原因，劉秋根、王慧傑，貴州社會科學，2005 年第 6 期。
47. 遣遼使節的家族性特徵探析，劉秋根、王慧傑，宋史研究論叢（第七輯），河北大學出版社，2006 年。
48. 宋朝遣往遼國的賀歲使節述論，王慧傑，貴州文史叢刊，2005 年第 4 期。
49. 余靖出使契丹與蕃語詩致禍考議，曹家齊，文史，2010 年第 3 期。
50. 宋遼對兩國使節病與死的處理，蔣武雄，（臺灣）東吳歷史學報（第 9 卷），2003 年 3 月。
51. 遼皇帝接見宋使節的地點，蔣武雄，（臺灣）東吳歷史學報（第 14 卷），2005 年 12 月。
52. 外國使節使遼相關問題淺析，顧亞麗，內蒙古文物考古，2002 年第 2 期。
53. 簡論使遼對北宋使臣政治性格的影響，王善軍，河北大學學報（哲學社會科學版），2006 年第 2 期。
54. 宋遼外交互贈帝像始末，蔣武雄，（臺灣）空大人文學報（第 11 卷），2002 年 12 月。

55. 宋臣在對遼外交中辱命與受罰的探討，蔣武雄，（臺灣）東吳歷史學報（第12卷），2004年12月。
56. 宋遼使節逗留對方京城日數的探討，蔣武雄，（臺灣）空大人文學報（第12卷），2003年12月。
57. 論宋真宗對建立與維護宋遼和平外交的心意，蔣武雄，（臺灣）東吳歷史學報（第15卷），2005年6月。
58. 韓琦與宋遼外交的探討，蔣武雄，（臺灣）東吳歷史學報（第19卷），2008年6月。
59. 兩宋翰林學士出任外交使節研究，郜玉樂，東北師範大學碩士學位論文，2010年。
60. 宋遼國信使，陳康，郵政周報，2002年6月21日。
61. 宋遼外交中的詩歌交往，蔣武雄，中國中古史研究（第一期），（臺灣）蘭臺出版社，2002年。
62. 論兩宋使北詩，蔣英，新疆師範大學碩士學位論文，2006年。
63. 宋代送人使遼詩論略，楊靜，牡丹江教育學院學報，2008年第1期。
64. 論北宋使遼詩，諸葛憶兵，暨南學報（哲學社會科學版），2006年第3期。
65. 北宋使遼詩研究，楊靜，南京師範大學碩士學位論文，2003年。
66. 王安石「使遼」及「使遼詩」考辨，趙克，北方論叢，2001年第2期。
67. 蘇軾與遼事關係幾個問題的探討，蔣武雄，（臺灣）中國歷史學會史學集刊（第40期），2008年9月。
68. 關於王安石使遼與使遼詩的考辨，張滌雲，文學遺產，2006年第1期。
69. 王安石使遼考論——兼與張滌雲先生商榷，劉成國、盧雲姝，浙江工業大學學報（社會科學版），2008年第3期。
70. 論蘇轍的奉使詩，諸葛憶兵，江海學刊，2005年第3期。
71. 蘇轍使遼始末，蔣武雄，（臺灣）東吳歷史學報（第13卷），2005年6月。
72. 澶淵之盟，李華，知識窗，2008年第3期。
73. 宋遼「澶淵之盟」——古代少數民族與漢族長期和好的範例，田相林，平原大學學報，2001年第4期。
74. 再談宋遼「澶淵之盟」，仝建平，赤峰學院學報（漢文哲學社會科學版），2005年第5期。

75. 澶淵の盟の歷史的背景——雲中の會盟から澶淵の盟へ，毛利英介，史林（89 卷 3 號），2006 年。
76. 論「澶淵之盟」非「城下之盟」，李錫厚，澶淵之盟新論，上海人民出版社，2007 年。
77.「澶淵之盟」三論，都興智、呂洪偉，澶淵之盟新論，上海人民出版社，2007 年。
78. 小議澶淵之盟，馮佳，蕪湖職業技術學院學報，2007 年第 2 期。
79. 淺議澶淵之盟，白翠蓮，河北北方學院學報（社會科學版），2009 年第 4 期。
80. 試論「澶淵之盟」對宋遼關係的影響，趙永春，社會科學輯刊，2008 年第 2 期。
81. 澶淵之盟與遼宋關係，武玉環、陳德洋，澶淵之盟新論，上海人民出版社，2007 年。
82. 北宋禦遼戰略的演變與「澶淵之盟」的產生及影響，陳峰，史學集刊，2007 年第 3 期。
83. 宋遼瀛州之戰與澶淵之盟，汪聖鐸、胡坤，澶淵之盟新論，上海人民出版社，2007 年。
84. 宋人對「澶淵之盟」的認識，趙永春，澶淵之盟新論，上海人民出版社，2007 年。
85. 歷史意見與時代評價：宋人對「澶淵之盟」的認知，周木強，安慶師範學院學報（社會科學版），2010 年第 11 期。
86.「澶淵之盟」對宋金和戰的影響，趙永春，黑龍江民族叢刊，2008 年第 1 期。
87. 寇準與澶淵之役，翠華、陳曉華，宜賓學院學報，2006 年第 5 期。
88. 寇準與澶淵之役，郭瑋，洛陽大學學報，2007 年第 1 期。
89. 澶淵議和與王繼忠，何天明，內蒙古社會科學（漢文版），2002 年第 3 期。
90. 高瓊與「澶淵之盟」，韋祖松，青海師範大學學報（哲學社會科學版），2005 年第 3 期。
91. 宋眞宗個人因素對澶淵之盟的影響，郭洪義，遼寧師專學報（社會科學版）2006 年第 5 期。
92. 澶淵之盟評價管窺，蘇啓剛，澶淵之盟新論，上海人民出版社，2007 年。

93. 西方學者眼中的澶淵之盟，田浩，澶淵之盟新論，上海人民出版社，2007年。
94. 澶淵之盟後遼朝社會與文化的若干變化，關樹東，澶淵之盟新論，上海人民出版社，2007年。
95. 從澶淵之盟看民族融合，史式，文史雜誌，2010年第2期。
96. 契丹・宋間の澶淵體制における國境，古松崇志，史林（90卷1號），2007年。
97. 契丹、宋之間澶淵體制中的國境，古松崇志，日本中國史研究年刊（二〇〇七年度），上海古籍出版社，2009年。
98. 講述和平降臨背後的故事，游彪，國學，2008年第7期。
99. 宋「契丹出境」碑辨疑，郭愛民，澶淵之盟新論，上海人民出版社，2007年。
100. 試論「重熙增幣」，鄭偉佳，河北北方學院學報，2008年第2期。
101. 富弼使遼增歲幣交涉述評，王德毅，澶淵之盟新論，上海人民出版社，2007年。
102. 一〇四二年：富弼與宋遼談判，陶晉生，歷史月刊（第 156 期），2001年1月。
103. 從出使契丹看富弼的外交才能，張顯運，信陽師範學院學報（哲學社會科學版），2005年第6期。
104. 遼代文臣參與遼宋外交的探討——以遼代狀元和王師儒爲例，蔣武雄，（臺灣）東吳歷史學報（第17卷），2007年6月。
105. 宋遼外交言行交鋒初探，蔣武雄，（臺灣）東吳歷史學報（第23卷），2010年6月。
106. 蘇頌與《華戎魯衛信錄》——一失傳的宋遼外交檔案資料彙編，蔣武雄，（臺灣）東吳歷史學報（第21卷），2009年6月。
107. 論熙寧變法和宋遼劃界，郭洪敏，東北師範大學碩士學位論文，2005年。
108. 王曾與宋遼關係辨析，王麗亞，濰坊學院學報，2008年第1期。
109. 朱弁的兩次人生轉折，袁清湘，知識經濟，2008年第4期。
110. 沈括巧用檔案贏得宋遼邊界談判，董霞，山東檔案，2008年第3期。
111. 歐陽修使遼行程考，蔣武雄，（臺灣）東吳歷史學報（第8卷），2002年3月。

112. 城池修築與宋遼外交，符海朝，殷都學刊，2007 年第 4 期。
113. 北宋前期社會各階層對遼態度研究，李春燕，東北師範大學碩士學位論文，2010 年。
114. 論盟誓背景下的北宋對遼策略的恐懼心理，安國樓，宋學研究集刊（第二輯），浙江大學出版社，2010 年。
115. 北宋防禦遼國的榆塞，陶玉坤，內蒙古社會科學，2006 年第 3 期。
116. 北宋河北緣邊地區的軍事防禦工程述略，李京龍、趙英華，保定師範專科學校學報，2006 年第 1 期。
117. 宋對遼用諜幾個問題的探討，蔣武雄，（臺灣）東吳歷史學報（第 10 卷），2003 年 12 月。
118. 也談河北境內的遼宋時代古地道，王曾瑜，北京日報，2008 年 1 月 28 日。
119. 北宋時期河北沿邊城市的對遼間諜戰，楊軍，軍事歷史研究，2006 年第 4 期。
120. 論宋真宗對建立與維護宋遼和平外交的心意，蔣武雄，（臺灣）東吳歷史學報（第 15 卷），2006 年 6 月。
121. 試析宋廷對宋遼邊民的態度——以河北路爲中心，蔣武雄，（臺灣）史苑（第 63 卷），2003 年 6 月。
122. 1074 から 76 年におけるキタイ（遼）・宋間の地界交涉發生の原因について——特にキタイ側の視點から，毛利英介，東洋史研究（第 62 卷第 4 號），2004 年 3 月。
123. 1074～1076 年契丹（遼）宋間地界交涉的原因——以契丹方面爲中心，（日）毛利英介著，陶玉坤譯，蒙古學信息，2004 年第 4 期。
124. 一〇九九年における宋夏元符和議と遼宋事前交涉——遼宋並存期における國際秩序の研究，毛利英介，東方學報（第 82 冊），2008 年 3 月。
125. 契丹・宋間における外交文書としての牒，古松崇志，東方學報（85），2010 年。
126. 文化的邊界——兩宋與遼金之間的書禁及書籍流通，劉浦江，（日）中國史學（第 12 卷），2002 年。
127. 宋代使臣語錄考，劉浦江，10～13 世紀中國文化的碰撞與融合，上海人民出版社，2006 年。

128.「語錄」緣起與宋人出使遼金「語錄」釋義，趙永春，遼金史論集（第十一輯），內蒙古大學出版社，2009 年。
129. 北宋時期抗遼民族英雄——楊業、楊延昭父子，今日山西，2001 年第 1 期。
130. 北宋對契丹歸明人的政策，薄音湖、陶玉坤，（臺灣）中國邊政（第 157 期），2004 年 3 月。
131. 北宋對契丹歸明人的政策，陶玉坤、薄音湖，內蒙古社會科學（漢文版），2003 年第 6 期。
132. 北宋對契丹歸明人的安置，陶玉坤，遼寧師範大學學報（社會科學版），2008 年第 4 期。
133. 從「聯麗制遼」到「聯金滅遼」——論 10～12 世紀東北亞戰略格局及宋朝的戰略對策，梁利，河南大學學報（社會科學版），2005 年第 2 期。
134.「天書降神」新議——北宋與契丹的文化競爭，胡小偉，西北民族研究，2003 年第 1 期。
135. 文學中的歷史記憶——從楊令公之死故事演變看宋遼關係之民族認同，張春曉，民族文學研究，2006 年第 3 期。
136. 高昌回鶻與契丹的關係，田衛疆，吐魯番學研究，2003 年第 2 期。
137. 大金在東亞各國中的地位，董克昌，黑龍江民族叢刊，2001 年第 1 期。
138. 鐵驪女眞與遼政權的朝貢關係研究，程尼娜，新果集——慶祝林澐先生七十華誕論文集，科學出版社，2009 年。
139. 女眞與北宋的朝貢關係研究，程妮娜，鄧廣銘教授百年誕辰紀念論文集，中華書局，2008 年。
140. 關於宋金關係的幾個問題，趙永春，黑龍江民族叢刊，2001 年第 1 期。
141. 論宋金關係的主流，趙永春，蒙自師範高等專科學校學報，2001 年第 1 期。
142. 從宋金結盟過程看北宋晚期腐敗政治，楊小敏，天水師範學院學報，2008 年第 4 期。
143. 論金國與南宋之間的藝文交流，薛瑞兆，民族文學研究，2007 年第 1 期。
144. 和則互利 戰則俱傷——宋代女眞與白蠻比較研究的啓迪，王偉，大理學院學報，2006 年第 5 期。
145. 關於宋金關係史的反思與探索，穆鴻利，社會科學戰線，2002 年第 1 期。

146. 宋金交聘制度研究，李輝，復旦大學博士學位論文，2005年。
147. 宋金交聘中的南宋泛使考略，劉春霞、戴偉華，求索，2009年第7期。
148. 一部《金史・交聘表》百年風雲看宋金，陳英立，文史知識，2007年第2期。
149. 宋代赴金使節對金代文化教育的影響，霍明琨，滿語研究，2006年第2期。
150. 宋人洪邁使金事蹟考論，沈如泉，史學月刊，2006年第7期。
151. 靖康建炎前後宋朝赴金使節述論，王德朋，遼寧大學學報（哲學社會科學版），2003年第6期。
152. 《夷堅志》中的宋金關係和金代社會，宋德金，遼金論稿，湖北教育出版社，2005年。
153. 《夷堅志》中的宋金關係和金代社會，宋德金，澶淵之盟新論，上海人民出版社，2007年。
154. 《茅齋自敘》記載的女眞生活習俗與宋金關係，趙永春，北方文物，2005年第3期。
155. 張博泉教授金宋關係史研究引發的思考，趙永春，遼金史論叢——紀念張博泉教授逝世三週年論文集，吉林人民出版社，2003年。
156. 略論宋金「海上之盟」，裴鐵軍，遼金史論叢——紀念張博泉教授逝世三週年論文集，吉林人民出版社，2003年。
157. 宋金「海上聯盟」期間的領土交涉——以趙良嗣《燕雲奉使錄》的記載爲中心，趙永春、厲永平，北華大學學報（社會科學版），2005年第6期。
158. 海上之盟：大宋禍變自是而始，關伯陽，中國文化報，2010年5月4日第6版。
159. 牢記歷史應該記住些什麼——從海上之盟和聯蒙滅金談起，張劍鋒，學習月刊，2009年第15期。
160. 略論張覺事件與宋金寒盟，都興智，廊坊師範學院學報（社會科學版），2009年第2期。
161. 宋金燕雲交涉研究，狄寧，西北師範大學碩士學位論文，2009年。
162. 中國近世前期南北發展的歧異與統合——以南宋金元時期的經濟社會文化爲中心，蕭啓慶，臺灣師大歷史學報（第36卷），2006年12月。

163. 北宋末開封的陷落、劫難和抗爭，王曾瑜，河北大學學報（哲學社會科學版），2005 年第 3 期。
164. 試論靖康之變前後宋金雙方政治軍事形勢，王旭偉，遼寧師範大學碩士學位論文，2010 年。
165. 靖康之恥：難忘的傷疤，張橫，貴陽文史，2008 年第 3 期。
166. 宋徽宗、欽宗北狩五國城史敘勘證誤，王沛英，東北史研究，2005 年第 2 期。
167. 宋朝徽、欽二帝北遷行蹤研究，張帆、劉文生、張泰湘，北方文物，2001 年第 1 期。
168. 宋徽、欽二帝北疆遺事，李仁志，青年文學家，2006 年第 10 期。
169. 宋徽、欽二帝北疆遺事，李仁志，東北史地，2008 年第 1 期。
170. 宋人蔡絛撰《北狩行錄》記述徽欽二帝在五國城的囚禁生活，溫洪清、廖懷志，黑龍江史志，2007 年第 8 期。
171. 北宋二帝被擄後的悲慘遭遇，商豫，文史月刊，2010 年第 9 期。
172. 從徽欽二帝的囚禁生活看金國的俘虜政策，廖懷志，黑龍江民族叢刊，2007 年第 3 期。
173. 從徽欽二帝的囚禁生活看金國的優待俘虜政策，廖懷志，遼金契丹女真史研究，2007 年第 1、2 期。
174. 隨徽、欽二帝虜往五國城的人員考，劉文生、張泰湘，學習與探索，2003 年第 2 期。
175. 隨徽、欽二帝虜往五國城的人員考——靖康之難系列研究之三，劉文生、張泰湘，東北史研究動態，2002 年第 2 期。
176. 宋徽宗宋欽宗金國攀親考，張明華，南京林業大學學報（人文社會科學版），2005 年第 1 期。
177. 汴京陷落與徽欽二帝的結局，孫恒斌，中學歷史教學研究，2005 年第 3 期。
178. 徽欽二帝「坐井觀天」傳說與史實考，廖懷志，黑龍江史志，2006 年第 1 期。
179. 解開坐井觀天之迷、金源之源與金代石拱橋，佟光英，（臺灣）滿族文化（第 30 卷），2006 年 2 月。

180. 北宋徽欽二帝死亡原因、時間、葬地考，廖懷志、呂春鳳，哈爾濱學院學報，2005 年第 10 期。
181. 在爻剌行宮天開殿南宋向金討還宋徽宗等梓宮之交涉——兼談南宋遣金使團，劉文生、朱國忱，東北史研究，2008 年第 3 期。
182. 秦檜歸宋問題平議，王嘉川，河北大學學報（哲學社會科學版），2006 年第 4 期。
183. 南宋初年宋金「和」「戰」新探，楊峰，貴州文史叢刊，2003 年第 4 期。
184. 試論劉豫僞齊對南宋的影響，鄭龍，滄桑，2010 年第 8 期。
185. 梁紅玉怎樣擊鼓戰金兵，陸朝宏，中國地方志，2008 年第 10 期。
186. 南宋使金詩考論，成少波，安徽大學碩士學位論文，2006 年。
187. 南宋使金詩研究，李自豪，廣西師範大學碩士學位論文，2008 年。
188. 論范成大的使金詩，于英利，語文學刊，2008 年第 10 期。
189. 金宋間における天眷年間の和議に關する再檢討：西夏の動向に關連して，西尾尚也，史泉（102 號），2005 年 7 月。
190. 論「紹興和議」的簽訂，李鴻飛，學理論，2010 年第 13 期。
191. 試論「紹興和議」的簽訂，李鴻飛、趙永春，北華大學學報（社會科學版），2010 年第 6 期。
192. 宋廷士大夫與紹興八年和議——兼論南宋初年宋金和議的必然性，陳志剛，淮北煤炭師範學院學報（哲學社會科學版），2005 年第 2 期。
193. 略論金都南遷後金朝形勢與宋金關係，胡保峰，漯河職業技術學院學報，2003 年第 4 期。
194. 從順昌大捷與郾城之戰的比較談歷史人物的評價，魏國忠、趙剛、魏建華，北方文物，2001 年第 2 期。
195. 從康熙的議論談宗澤、岳飛等抗金，王曾瑜，史學月刊，2004 年第 4 期。
196. 沁水境內梁興太行忠義，田同旭，晉城職業技術學院學報，2009 年第 1 期。
197. 宋金時期梁山泊地區農民、漁民的暴動和抗金鬥爭，劉紅，宋史研究論叢（第十輯），河北大學出版社，2009 年。
198. 南宋初年的抗金鬥爭，王曾瑜，文史知識，2005 年第 11 期。
199. 宋抗金失敗原因簡析，潘紅玉，天水日報，2009 年 8 月 10 日第 4 版。

200. 南宋隴右抗金名將研究述略，強文學，天水師範學院學報，2008 年第 6 期。
201. 試論南宋初年高宗對金退避妥協的原因，任仲書，河南大學學報（社科版），2001 年第 2 期。
202. 了卻君王天下事 贏得生前身後名——辛棄疾的抗金悲劇，任崇岳，光明日報，2007 年 8 月 31 日。
203. 抗金名將丘崇，徐祖白，江蘇地方志，2002 年第 6 期。
204. 論吳氏抗金在南宋軍事史上的地位，舒仁輝、陳仰光，杭州師範學院學報，2002 年第 3 期。
205. 吳曦叛宋探因，王繼東，商丘師範學院學報，2005 年第 1 期。
206. 淺析宋朝對金治下契丹人的招誘，夏宇旭，東北師大學報（哲學社會科學版），2009 年第 2 期。
207. 論陸游筆下的北方及相關問題，胡傳志，中國韻文學刊，2004 年第 2 期。
208. 大散關和陸游抗金主張的轉變，王榮、楊焱，寶雞日報，2009 年 12 月 11 日第 11 版。
209. 南朝詞客北朝臣——論金代初期仕金宋人的貳臣心態與人格特徵，逯雪梅，黑龍江社會科學，2008 年第 3 期。
210. 陸游南鄭從軍詩失傳探秘——兼論南宋抗金大將王炎的悲劇，傅璇琮、孔凡禮，文學遺產，2001 年第 4 期。
211. 南宋三次內禪與宋金之和戰，楊樹森，遼金史論集（第十一輯），內蒙古大學出版社，2009 年。
212. 南宋與金交聘研究，周立志，河北大學碩士學位論文，2010 年。
213. 關於南宋與金交聘的幾個問題，周立志，宋史研究論叢（第十輯），河北大學出版社，2009 年。
214. 嘉定議和後的宋金關係，靳華，北方論叢，2002 年第 6 期。
215. 寧宗前期的宋金關係述評，張嘉友，西南科技大學學報（哲學社會科學版），2007 年第 3 期。
216. 金末金宋關係相關問題探討，呂洪偉，遼寧師範大學碩士學位論文，2006 年。
217. 完顏昌對宋態度的轉變及其成因，趙永春，史學集刊，2004 年第 2 期。
218. 宋孝宗朝宋金關係研究，劉琪，河北大學碩士學位論文，2008 年。

219. 金章宗對宋政策研究，夏莉，吉林大學碩士學位論文，2008 年。
220. 金宣宗對宋政策之失誤，趙永春，史學集刊，2006 年第 3 期。
221. 略論西遼與金朝及西域民族的關係，劉建麗，新疆大學學報（社科版），2004 年第 3 期。
222. 碑誌所見遼代外交使臣考述，李宇峰，遼寧省博物館館刊（第四輯），遼海出版社，2009 年。
223. 遼夏關係史研究，楊浣，復旦大學博士學位論文，2006 年。
224. 遼夏關係的變動與東西方貿易的走向——《李繼遷興起與西域朝貢年表》補釋，楊浣，遼金史論集（第十一輯），內蒙古大學出版社，2009 年。
225. 西夏與遼朝關係述論，劉建麗，遼寧大學學報（哲學社會科學版），2005 年第 2 期。
226. 論遼與西夏的關係，武玉環，東北史地，2008 年第 4 期。
227. 西夏與遼和親的原因及影響，蔣之敏，天府新論，2008 年增刊第 2 期。
228. 試論遼對西夏的遏制政策，彭向前，西北民族研究，2003 年第 4 期。
229. 遼朝早期對西北党項的征伐，楊浣，遼金契丹女眞史研究，2008 年第 1 期。
230. 論宋遼夏鼎立與宋夏和戰的關係，王立新、竇向軍，甘肅高師學報，2003 年第 3 期。
231. 遼興宗與李元昊時期（1031～1050）遼夏關係的和與戰，杜可瑜，（臺灣）大直高中學報（第 1 卷），2003 年 11 月。
232. 略論西夏與金朝的關係，劉建麗，寧夏社會科學，2005 年第 3 期。
233. 金夏關係的幾個問題，杜建錄，（韓國）宋遼金元史研究（第 13 號），2008 年。
234. 金夏關係之研究，藍朝金，國立臺灣師範大學碩士學位論文，2006 年。
235. 略述金代契丹人對西夏的求援，夏宇旭，蘭臺世界，2009 年第 15 期。
236. 黑水城出土夏金榷場貿易文書研究，楊富學、陳愛峰，中國史研究，2009 年第 2 期。
237. 夏金使臣交聘述論，劉建麗，國家圖書館學刊增刊，2002 年。
238. 淺析金代契丹人對西遼的投奔及對金朝的影響，夏宇旭，蘭臺世界，2008 年第 19 期。
239. 論遼與高麗的關係，單燕，遼寧大學碩士學位論文，2007 年。

240. 論遼與高麗的關係及遼的東部邊疆政策，武玉環，吉林大學社會科學學報，2001 年第 4 期。
241. 遼朝與高麗朝貢關係淺析，蔣戎，東北史地，2008 年第 6 期。
242. 遼道宗朝遼與高麗使者往來的初步研究，石豔軍，大連大學碩士學位論文，2009 年。
243. 遼代女眞與高麗朝貢關係考論，趙永春、厲永平，東北史地，2010 年第 2 期。
244. 高麗王朝與遼、宋政治關係之比較，呂英亭，東嶽論叢，2004 年第 6 期。
245. 十一世紀後半における北宋の國際地位について——宋麗交通再開と契丹の存在を手がかりに，毛利英介，宋代中國の相對化（宋代史研究會研究報告集第九集），汲古書院，2009 年。
246. 高麗與我國遼金王朝外交關係略論，朱曉樂，中央民族大學碩士學位論文，2004 年。
247. 女眞の高麗來寇から見る東北アジアの民族と國家（東洋史學專修，平成十八年度卒業論文要旨，彙報），高木理，史觀（157），早稻田大學史學科，2007 年 9 月。
248. 東亞封貢體系確立的時間——以遼金與高麗的關係爲中心，楊軍，貴州社會科學，2008 年第 5 期。
249. 徐熙與十世紀麗遼外交關係，金龍善，延邊大學碩士學位論文，2004 年。
250. 論遼麗戰爭與遼麗宋三國的政治關係，張瑩瑩，延邊大學碩士學位論文，2010 年。
251. 遼聖宗出兵高麗探析，劉肅勇，東北史地，2008 年第 4 期。
252. 從文化角度看北宋和高麗的關係——兼與遼、麗關係作比較，蘆敏，南洋問題研究，2007 年第 2 期。
253. 北宋「聯麗制遼」戰略述論，齊廉允，山東英才學院學報，2010 年第 1 期。
254. 遼聖宗及遼與高麗蕃交考略，鄭川水，遼寧大學學報（哲社版），2003 年第 1 期。
255.「保州」問題與遼麗關係，趙永春、玄花，東北史地，2006 年第 2 期。
256. 遼金與高麗的「保州」交涉，趙永春、玄花，中國邊疆史地研究，2008 年第 1 期。

257. 試論金與高麗的「保州」交涉，趙娟，文學界（理論版），2010 年第 4 期。
258. 金麗外交制度初探，玄花，吉林大學碩士學位論文，2007 年。
259. 金麗外交禮儀初探，玄花，金上京文史論叢（第二集），哈爾濱出版社，2008 年。
260. 金麗外交禮儀初探，玄花，長春師範學院學報（人文社會科學版），2008 年第 11 期。
261. 女眞與高麗曷懶甸之戰考略，魏志江、潘清，中山大學學報（社會科學版），2001 年第 5 期。
262. 論金世宗時期的金麗關係，周峰，當代韓國，2004 年第 4 期。
263. 金麗使節「貢賜貿易」探析，趙永春、呂士平，北華大學學報（社會科學版），2009 年第 2 期。
264. 關於金代東北與中亞關係的幾個問題，楊軍，遼金史論叢——紀念張博泉教授逝世三週年論文集，吉林人民出版社，2003 年。
265. 遼與西域伊斯蘭地區交聘初探，馬建春，回族研究，2008 年第 1 期。
266. 試論遼聖宗遣軍遠征甘州回鶻的戰略意圖，彭向前，內蒙古社會科學（漢文版），2003 年第 2 期。
267. 遼朝與大食帝國關係考論，楊富學、陳愛峰，河北大學學報（哲學社會科學版），2007 年第 5 期。
268. 合木黑蒙古與女眞人建立的金朝之間關係的本質，（蒙古）策・巴特巴雅爾，蒙古學信息，2003 年第 2 期。
269. 金朝出使蒙古使者考，周峰，北方民族，2003 年第 3 期。
270. 論金與蒙元的和親，王孝華，黑龍江民族叢刊，2010 年第 5 期。
271. 南宋「聯蒙滅金」政策形成原因分析，伍純初，棗莊學院學報，2007 年第 6 期。
272. 蒙軍假道滅金戰略新考，石堅軍，歷史教學（下半月刊），2010 年第 8 期。

（四）軍事

1. 略論遼初中央軍制的演變，鄭毅，黑龍江民族叢刊，2010 年第 2 期。

2. 遼朝的軍隊與武器，李天鳴，黃金旺族——內蒙古博物院大遼文物展，時藝多媒體傳播股份有限公司，2010 年。
3. 遼金蒙元的弩和弩箭手，李天鳴，蒙元的歷史與文化——蒙元史學術研討會論文集，臺灣學生書局，2001 年。
4. 遼朝時期阜新地區的軍事制度，朱蕾，遼金歷史與考古（第二輯），遼寧教育出版社，2010 年。
5. 遼朝糺軍管見，李桂芝，東北史地，2007 年第 2 期。
6. 遼代漢軍的社會地位和歷史作用，趙旭峰，雲南民族大學學報（哲學社會科學版），2010 年第 2 期。
7. 遼代的邊將——以西部邊疆爲中心的探討，周峰，宋史研究論叢（第十一輯），河北大學出版社，2010 年。
8. 遼代鷹軍考——兼述敖漢旗發現的「鷹軍圖」，邵國田，遼金史研究，吉林大學出版社，2005 年。
9. 麻答軍與義州城，任愛君，東北史地，2009 年第 4 期。
10. 氣候環境對遼代契丹騎兵及騎戰的影響——以其南進中原作戰爲例，張國慶、劉豔敏，遼寧大學學報（哲學社會科學版），2007 年第 4 期。
11. 遼代的鞍馬武備，烏蘭托婭，內蒙古畫報，2004 年第 6 期。
12. 契丹、女眞民族與中國重甲騎兵的復興，劉慶，遼金契丹女眞史研究，2008 年第 1 期。
13. 契丹、女眞民族與中國重甲騎兵的復興，劉慶，遼金史論集（第十一輯），內蒙古大學出版社，2009 年。
14. 宋太宗雍熙北伐綜評，王曉波，宋代文化研究（第 13、14 輯），四川大學出版社，2006 年。
15. 臨戰持重：景德之役前後的王超——兼談遼軍的伏擊戰術，王曄，滄桑，2010 年第 4 期。
16. 永清地下古戰道考述，郭軍寧，軍事歷史研究，2010 年第 2 期。
17. 金代前期軍事制度形成之研究——11～12 世紀中的重要過程，李光懋，（臺灣）淡江大學碩士學位論文，2007 年。
18. 寧夏宏佛塔所出幡帶漢文題記考釋，孫繼民，西夏研究，2010 年第 1 期。
19. 官印資料に見る金代北東アジアの「周辺」——「南船北馬」と女眞の水軍，井黑忍，アジア遊學（107）（特集 北東アジアの中世考古學），勉誠出版，2008 年 2 月。

20. 靖康之難——宋金第二次汴京之役，李天鳴，(臺灣）故宮學術季刊（第24 卷第 4 期），2007 年 6 月。
21. 靖康元年夏秋的太原之役，李天鳴，(臺灣）故宮學術季刊（第 22 卷第 1 期），2004 年。
22. 金初東路軍試探，李豔玲，吉林大學碩士學位論文，2007 年。
23. 金代的忠孝軍，施雲，文史知識，2008 年第 3 期。
24. 金代忠孝軍研究，施雲，吉林大學碩士學位論文，2007 年。
25. 論金代的忠孝軍，李浩楠，北方文物，2008 年第 2 期。
26. 金代花帽軍初探，李浩楠，宋史研究論叢（第十輯），河北大學出版社，2009 年。
27. 金末義軍與晚金政治研究，李浩楠，河北大學碩士學位論文，2010 年。
28. 宋初對遼戰爭中軍糧供應諸問題研究，楊瑋燕，西北大學碩士學位論文，2007 年。
29. 從「四郎探母」看遼宋歧溝關戰役，郭虹虹，神州民俗，2007 年第 10 期。
30. 金代契丹族武將及其軍團，松井太，東北亞研究叢書（5），2003 年。
31. 遼朝軍隊後勤保障制度研究，郭滿，吉林大學碩士學位論文，2009 年。
32. 試論金朝的軍需供應制度，王磊，吉林大學碩士學位論文，2006 年。
33. 略論金末戰馬的供應與馬政，孫建權，東北史地，2010 年第 3 期。
34. 北宋與遼夏對峙前線軍事後勤保障的市場化手段，李曉，澶淵之盟新論，上海人民出版社，2007 年。
35. 遼金都城防禦特點的對比研究，吳敬，北方文物，2008 年第 1 期。
36. 遼金兵器研究，劉景文、王秀蘭，北方文物，2004 年第 1 期。
37. 遼墓出土兵器探索，崔躍忠，吉林大學碩士學位論文，2009 年。
38. 宋代與北方民族軍事鬥爭失利原因的若干探析，王雲裳、張玲卡，內蒙古社會科學（漢文版），2003 年第 5 期。
39. 遼金元時期北京及周邊地區戰爭的初步研究，竇學欣，首都師範大學碩士學位論文，2005 年。
40. 出河店之戰，楊中華，驛站史話——大慶文史資料（第 7 輯），黑龍江人民出版社，2006 年。
41. 皇權危機下皇帝與戰爭關係的研究——以北宋前期宋遼戰爭爲例，潘明濤，蘭州大學碩士學位論文，2010 年。

42. 雍熙北伐——宋太宗二次伐遼的失利以及楊業之死，明甫，深交所，2009年第10期。
43. 雍熙戰爭與東北亞政治格局的演變，黃純豔，史林，2010年第6期。
44. 宋遼高粱河之戰考辨，顧宏義、鄭明，遼金史論集（第十一輯），內蒙古大學出版社，2009年。
45. 論宋眞宗對遼作戰與陣圖使用的關係，黃繁光，澶淵之盟新論，上海人民出版社，2007年。
46. 從遼聖宗南京納鉢看遼宋戰爭，王新迎，北京文博，2005年第1期。
47. 宋遼唐河、徐河之戰新考，何冠環，（香港）中國文化研究所學報（新第12期），2003年。
48. 遼金時期發生在居庸關的戰爭，范軍，北京文博，2001年第4期。
49. 遼、金與高麗的戰爭，麻鈴，東北史地，2004年第12期。
50. 金代的造船與水戰，周峰，博物館研究，2008年第1期。
51. 宋高宗朝宋金水戰（1127～1162），劉川豪，（臺北）淡江大學歷史研究所碩士學位論文，2009年。
52. 宋金膠西海戰勝敗因素分析，劉川豪，（臺灣）中國歷史學會史學集刊（第39期），2007年9月。
53. 從海權觀點論宋金膠西海戰，陳定揚，（臺灣）史轍（第6卷），2010年7月。
54. 膠西海戰金軍戰敗原因探析，趙曉帆，滄桑，2010年第10期。
55. 試論宋金之戰中的「燕雲因素」，劉文建，東北史地，2006年第3期。
56. 岳飛抗金的戰略，岳天，（臺灣）中華戰略學刊（第96期），2007年12月。
57. 劉錡順昌之捷及其影響，王德毅，臺大歷史學報（第36期），2005年12月。
58. 論宋、金德順軍之戰，王智勇，四川大學學報（哲社版），2003年第4期。
59. 宋金采石之戰考，顧宏義，東北史地，2010年第3期。
60. 宋金鎮江「金山大戰」考實——宋金黃天蕩之戰研究之一，楊倩描，宋史研究論叢（第五輯），河北大學出版社，2003年。
61. 宋金「大儀鎮之戰」考辨——與范立舟、曹家齊先生商榷，宋志紅，徐州師範大學學報（哲學社會科學版），2006年第3期。

62. 賈涉事功述評——以南宋中朝淮東防務爲中心，黃寬重，（臺灣）漢學研究（第 20 卷第 2 期），2002 年 12 月。
63. 論安丙發動聯夏攻金的「秦鞏之役」，胡寧，西華師範大學學報（哲學社會科學版），2007 年第 1 期。
64. 金末對外戰爭研究，孫建權，安徽大學碩士學位論文，2010 年。
65. 略論蒙金戰爭及性質與作用，戴香，山東大學碩士學位論文，2008 年。
66. 金元渭水之戰，漆學傑，民主協商報，2005 年 3 月 11 日。
67. 蒙金野狐嶺、會河川戰役考，李瑞傑、肖守庫，學術交流，2006 年第 8 期。
68. 移米河之戰，米文平，北方文物，2006 年第 1 期。
69. 1227～1231 年蒙金關河爭奪戰初探，石堅軍，內蒙古社會科學（漢文版），2010 年第 1 期。

五、經濟

（一）概論

1. 遼代契丹民族經濟概述，王成國，遼金歷史與考古（第一輯），遼寧教育出版社，2009 年。
2. 論佛教對遼代經濟的負面影響，張國慶，論草原文化（第五輯），內蒙古教育出版社，2009 年。
3. 從應感通寶觀遼金時期的經濟特點，郭東升，遼金歷史與考古（第一輯），遼寧教育出版社，2009 年。
4. 遼金時期環境變遷與經濟發展關係研究，張雯宇，南京師範大學碩士學位論文，2009 年。
5. 遼代牧、農經濟區域的分佈與變遷，張國慶，民族研究，2004 年第 4 期。
6. 遼代的農業與土地制度，武玉環，北方民族，2002 年第 2 期。
7. 遼代的寺田及相關問題探究，張國慶，中國農史，2010 年第 4 期。
8. 遼代的農牧政策與農牧經濟發展，孟慶山，遼寧工程技術大學學報（社會科學版），2004 年第 3 期。
9. 契丹族狩獵經濟考略，谷文雙、吳天喜，黑龍江民族叢刊，2003 年第 4 期。
10. 試論遼燕京與金中都經濟發展的原因，陳智超、劉鳳翥、李錫厚，薊門集——北京建都 850 週年論文集，北京燕山出版社，2005 年。
11. 遼代北疆地區的開發，周峰，遼寧工程技術大學學報（社會科學版），2007 年第 6 期。

12. 淺議遼代阜新地區社會經濟的發展，秦星，遼金歷史與考古（第二輯），遼寧教育出版社，2010 年。
13. 燕雲十六州入遼後的社會發展，胡輝芳，內蒙古大學碩士學位論文，2010 年。
14. 燕雲地區入遼對遼代社會的影響，趙延，遼寧大學碩士學位論文，2010 年。
15. 簡述遼金王朝在伊通河流域的發展，楊雨舒，遼金歷史與考古（第二輯），遼寧教育出版社，2010 年。
16. 遼代吉林經濟發展概述，楊雨舒，東北史地，2006 年第 1 期。
17. 試論遼朝對澤州地區的經濟開發，吳寶泉，承德民族歷史與建設文化大市學術論壇文選，遼寧民族出版社，2006 年。
18. 大遼物產論，白光，農業考古，2004 年第 1 期。
19. 金朝經濟問題及其對策，武玉環，張其凡 60 華誕紀念文集，上海人民出版社，2009 年。
20. 試論金元時期的北方經濟，程民生，史學月刊，2003 年第 3 期。
21. 金代東北區域經濟的發展，吳樹國，光明日報，2006 年 6 月 19 日。
22. 金代北疆地區的開發，周峰，博物館研究，2007 年第 2 期。
23. 金代東北松花江流域的農業開發，寧波，金上京文史論叢（第二集），哈爾濱出版社，2008 年。
24. 金朝初期金政權對黑龍江流域農業發展的貢獻，關伯陽，多維視野中的黑龍江流域文明，黑龍江人民出版社，2006 年。
25. 金上京路墾田與糧食產量的初步研究，朱國忱，金上京文史論叢（第二集），哈爾濱出版社，2008 年。
26. 試論金遼戰爭對金代東北地區手工業發展的影響，馮華，吉林大學碩士學位論文，2008 年。
27. 宋金之際北方土地制度的變化，李錫厚，河北學刊，2003 年第 2 期。
28. 論金與周邊政權的商業貿易，王德朋，中國社會科學院研究生院學報，2009 年第 1 期。
29. 論金代商業經濟的若干特徵，王德朋，遼寧大學學報（哲學社會科學版），2009 年第 3 期。

30. 近三十年來金代商業經濟研究述評，王德朋，中國史研究動態，2009 年第 2 期。
31. 論金代的禁榷制度，王德朋，北方文物，2007 年第 4 期。
32. 金代榷鹽制度述論，王德朋，中國社會經濟史研究，2007 年第 1 期。
33. 金代的解鹽經濟，李三謀、王貴洪，鹽業史研究，2010 年第 1 期。
34. 中國古代鹽業專賣制度的經濟學分析——以金代爲例，王德朋，江西財經大學學報，2007 年第 2 期。
35. 論金代食鹽產地，吉成名，鹽業史研究，2008 年第 3 期。
36. 金末財政危機研究，孫樂，吉林大學碩士學位論文，2007 年。
37. 遼金元官府借貸初探，王中良，河北大學碩士學位論文，2007 年。
38. 遼金官營借貸研究，王中良，遼寧工程技術大學學報（社會科學版），2007 年第 4 期。
39. 遼金元官營借貸利率及其利率政策，王中良、王文書，遼寧工程技術大學學報（社會科學版），2008 年第 5 期。
40. 遼、金審計仿唐宋，方寶璋，中國審計報，2003 年 7 月 23 日。
41. 金代漢族士人經濟來源辨析，王德朋，社會科學戰線，2006 年第 3 期。

（二）人口、戶籍與移民

1. 遼代人口研究，王孝俊，鄭州大學博士學位論文，2007 年。
2. 遼代人口考述，武玉環，學習與探索，2009 年第 6 期。
3. 渤海國人口考述，武玉環，遼金史論集（第十一輯），內蒙古大學出版社，2009 年。
4. 關於遼朝戶口類型考察，韓光輝、張清華，北方文物，2003 年第 3 期。
5. 遼朝斡魯朵戶試探，辛鵬龍，東北史地，2009 年第 2 期。
6. 遼代城市之生活資源與戶口構成，王明蓀，（臺灣）中國中古史研究（第 8 期），2008 年 12 月。
7. 遼代中期西拉木倫河流域以及毗鄰地區農業人口探論，韓茂莉，社會科學輯刊，2001 年第 6 期。
8. 遼代黑龍江地區漢族人口考述，張弢、呂秀偉，黑龍江史志，2004 年第 6 期。
9. 遼金時期泰州人口及分佈，宋德輝，博物館研究，2003 年第 4 期。

10. 金代南京路人口與農業，韓茂莉，歷史地理（第十七輯），上海人民出版社，2001 年。
11. 論金代遼寧境內的猛安謀克與人口，都興智，東北史地，2007 年第 6 期。
12. 宋金時期安多藏族人口的資料與統計——兼談宋金時期安多藏族人口發展的原因，湯開建、楊惠玲，西北民族研究，2007 年第 3 期。
13. 遼朝移民問題研究，楊福瑞，昭烏達蒙族師專學報（漢文哲社版），2002 年第 5 期。
14. 遼朝初期對漢族人口的安置與管理政策，馬慧丹，赤峰學院學報（漢文哲學社會科學版），2009 年第 7 期。
15. 遼朝的渤海移民政策，武玉環，中國東北邊疆研究，中國社會科學出版社，2003 年。
16. 王氏高麗時期的渤海移民，武玉環，遼金契丹女眞史研究（總第 34 期），2004 年
17. 王氏高麗時期的渤海移民，武玉環，遼金史研究，吉林大學出版社，2005 年。
18. 王氏高麗時期的渤海移民，武玉環，遼金史論集（第十一輯），吉林文史出版社，2008 年。
19. 遼代的移民、治理與民族融合，武玉環，10～13 世紀中國文化的碰撞與融合，上海人民出版社，2006 年。
20. 遼代渤海移民的治理和歸屬研究，蔣金玲，吉林大學碩士學位論文，2004 年。
21. 契丹統治下的漢人來源與分佈，李月新，遼寧師範大學學報（社會科學版），2007 年第 3 期。
22. 從遼朝統治下的漢人來源與分佈看遼朝對入遼漢人政策，王坤，商業文化（學術版），2010 年第 12 期。
23. 宋代契丹族的移民進步，劉金柱，光明日報，2010 年 11 月 3 日第 7 版。
24. 遼金時期中原漢人外遷與東北女眞人內聚淺探，馬尚云，內蒙古大學學報（人文社會科學版），2005 年第 3 期。
25. 金代的移民治理與民族融合，武玉環，金上京文史論叢（第二集），哈爾濱出版社，2008 年。

26. 金代的移民、治理與民族融合，武玉環，鄧廣銘教授百年誕辰紀念論文集，中華書局，2008 年。
27. 金代東北民族分佈與民族遷徙，程尼娜，金上京文史論叢（第二集），哈爾濱出版社，2008 年。
28. 遼、宋、金時期遷入高麗的中國移民，藺敏，華僑華人歷史研究，2007 年第 4 期。
29. 金代人口遷徙問題管窺，韓世明，文化學刊，2007 年第 5 期。
30. 金代人口遷徙問題管窺，韓世明，金上京文史論叢（第二集），哈爾濱出版社，2008 年。
31.「實內地」與「遷中土」——民族征戰中的雙向移民，裘眞，學理論，2008 年第 7 期。
32. 北宋末年的兩次中原大移民，任崇岳，商丘師範學院學報，2008 年第 4 期。

（三）賦役制度

1. 遼金元的稅收，史學文，稅友，2003 年第 1 期。
2. 遼代的賦役制度，武玉環，北方文物，2003 年第 1 期。
3. 遼朝的賦稅，董宏，江蘇經濟報，2002 年 2 月 4 日。
4. 金代雜稅新探，吳樹國，黑龍江民族叢刊，2008 年第 2 期。
5. 金代商稅制度考略，王德朋，社會科學輯刊，2007 年第 3 期。
6. 試論金代的桑稅，吳樹國，黑龍江民族叢刊，2006 年第 2 期。
7. 金代和糴利弊初探，陳德洋，黑龍江教育學院學報，2009 年第 1 期。

（四）貿易、商業

1. 遼朝境內市場探析，肖愛民、李瀟，河北大學學報（哲學社會科學版），2007 年第 6 期。
2. 金代市場探析，李瀟，河北大學碩士學位論文，2009 年。
3. 遼朝時期西域的商貿發展，阿不來提·努爾東，新疆社會科學（維文），2010 年第 1 期。
4. 試論宋遼與宋金貿易特點的異同，左強，遼金史論叢——紀念張博泉教授逝世三週年論文集，吉林人民出版社，2003 年。

5. 論宋與遼、夏、金的榷場貿易，王曉燕，西北民族大學學報（哲學社會科學版），2004 年第 4 期。
6. 宋遼榷場貿易和走私貿易研究，方文逑，重慶師範大學碩士學位論文，2010 年。
7. 試論宋遼的茶葉貿易，李一變，吉林大學碩士學位論文，2007 年。
8. 宋與遼夏金間的走私貿易，王昆，東北師範大學碩士學位論文，2006 年。
9. 西京大同和遼宋邊境走私貿易，韓生存，大同職業技術學院學報，2005 年第 3 期。
10. 西京大同和遼宋邊境貿易，韓生存，太原城市職業技術學院學報，2005 年第 5 期。
11. 試論北宋與遼夏邊區的違禁貿易問題，陳鑫，鄭州大學碩士學位論文，2009 年。
12. 內蒙古地區發現的遼代伊斯蘭玻璃器——兼談遼時期的對外貿易和文化交流，傅寧，內蒙古文物考古，2006 年第 2 期。
13. 宋金時期安多藏族部落與中原地區的馬貿易，湯開建、楊惠玲，中國藏學，2006 年第 2 期。
14. 淺析宋朝與金國之間的非正常貿易，康妮，經營管理者，2009 年第 12 期。
15. 南宋對金貿易中的書禁問題，王德朋，歷史教學（高校版），2007 年第 1 期。
16. 宋金榷場貿易與走私貿易研究，左強，吉林大學碩士學位論文，2004 年。
17. 論金代的茶葉貿易，蔡定益，農業考古，2009 年第 2 期。
18. 金麗使節貿易研究，呂士平，吉林大學碩士學位論文，2009 年。
19. 遼朝商業研究，魏特夫、馮家升著，王波然譯，遼寧師範大學學報（社會科學版），2005 年第 2 期。
20. 金代商業管理機構探微，王德朋，遼寧大學學報（哲學社會科學版），2007 年第 5 期。
21. 從金上京出土的金銀器看金代都城的商業經濟，韓鋒，東南文化，2006 年第 3 期。
22. 土器生產とその組織化——渤海から女眞への展開プロセス，中澤寛將，アジア遊學（107）（特集 北東アジアの中世考古學），2008 年 2 月。
23. 日宋貿易展開期の北方地域——女眞社會とその周辺，中澤寛將，月刊考古學ジャーナル（591）（特集 中世の海外交流（2）日宋貿易とその周辺特集），ニュー・サイエンス社，2009 年 10 月。

（五）自然災害及救災

1. 試述遼金時期的自然災害及對策，關亞新，遼金史論叢——紀念張博泉教授逝世三週年論文集，吉林人民出版社，2003 年。
2. 宋遼金元時期西北地區澇災大幅減輕的原因探析，馬瑞江，農業考古，2007 年第 1 期。
3. 遼代自然災害及其原因研究，蔣金玲，北方民族，2003 年第 3 期。
4. 遼道宗中後期自然災害述論，孟古托力，北方文物，2001 年第 4 期。
5. 見證遼道宗時期契丹腹地生態環境的惡化，張國慶，遼金契丹女真史研究，2006 年第 1 期。
6. 遼代救災與抗災措施研究，蔣金玲，東北史地，2006 年第 2 期。
7. 遼代佛教賑災活動探論，闞凱，遼寧大學碩士學位論文，2007 年。
8. 從水災防治看遼代的賑恤機制，方世勇，重慶科技學院學報（社會科學版），2010 年 15 期。
9. 金代的蝗災，周峰，博物館研究，2006 年第 2 期。
10. 金代的蝗災，周峰，農業考古，2003 年第 3 期。
11. 金代的賑災與救濟，周峰，北方文物，2001 年第 1 期。
12. 論金朝的防災救災思想，武玉環，史學集刊，2010 年第 3 期。
13. 金代賑濟問題研究，黃曉雷，遼寧大學碩士學位論文，2007 年。
14. 金代自然災害的時空分佈特徵與基本規律，武玉環，史學月刊，2010 年第 8 期。
15. 論金朝的自然災害與政府救災措施，宋卿，遼金史論叢——紀念張博泉教授逝世三週年論文集，吉林人民出版社，2003 年。
16. 論金朝防災救災體制、對策與賑濟措施，武玉環，遼金史論集（第 10 輯），中國社會科學出版社，2007 年。
17. 金代的防災救災措施述論，武玉環，吉林大學社會科學學報，2010 年第 4 期。
18. 金章宗時期的旱災及賑災措施，孫榮榮，東北史地，2007 年第 5 期。
19. 金興定三年（公元 1219 年）固原地震重新考證，張思源，西北地震學報，2008 年第 4 期。
20. 黑龍江省克東縣「蒲峪路」古地震，郭德明、郭悅立、康健，東北地震研究，2008 年第 3 期。

21. 試論金代地震與救濟，陳德洋，黑龍江史志，2009 年第 4 期。
22. 論金代黃河之泛濫及其治理，和希格，內蒙古大學學報（人文社會科學版），2002 年第 2 期。
23. 論金代河患，仉惟嘉，遼寧師範大學碩士學位論文，2007 年。
24. 長白山火山公元 1199～1201 年噴發的歷史記錄，崔鍾燮、劉嘉麒、韓成龍，地質論評，2008 年第 4 期。

（六）農牧業

1. 遼金時期西遼河流域農業開發與人口容量，韓茂莉，地理研究，2004 年第 5 期。
2. 遼金時期西遼河流域農業開發核心區的轉移與環境變遷，韓茂莉，北京大學學報（自然科學版），2003 年第 7 期。
3. 吉林西北部遼金時期農業高度發展原因初探，王平，遼寧師範大學學報（社會科學版），2005 年第 6 期。
4. 遼、金、元三朝之林業概述，郝俠遂，（臺灣）中華科技史學會會刊（第 9 卷），2006 年 1 月。
5. 遼代農業發展芻議，劉本鋒，農業考古，2009 年第 6 期。
6. 遼代臨潢地區的農業概況，唐彩蘭，中國古都研究（第 18 輯上冊）——中國古都學會 2001 年年會暨赤峰遼王朝故都歷史文化研討會論文集，國際華文出版社，2002 年。
7. 遼代農、牧業生產發展述論，楊樹森，遼金史論叢——紀念張博泉教授逝世三週年論文集，吉林人民出版社，2003 年。
8. 遼代牧農經濟轉型與屯田的出現，邵東波，今日財富，2009 年第 3 期。
9. 遼金時期屯田制度研究，邵東波，遼寧大學碩士學位論文，2009 年。
10. 遼朝時期阜新地區農牧結合的生產方式，朱蕾，遼金歷史與考古（第一輯），遼寧教育出版社，2009 年。
11. 遼朝契丹人牧養牲畜技術探析，肖愛民，河北大學學報（哲學社會科學版），2010 年第 2 期。
12. 「所種皆從壟上，蓋虞吹沙所壅」辨析——兼談遼代的農業耕作制度，肖愛民、唐玉萍，宋史研究論叢（第 6 輯），河北大學出版社，2005 年。

13. 遼代張家口農牧業探微，薛志清、田欣，河北北方學院學報，2007 年第 2 期。
14. 區田法實施に見る金・モンゴル時代農業政策の一斷面，井黑忍，東洋史研究（67－4），2009 年。
15. 淺談金代的農業，冷雯雯，赤峰學院學報（漢文哲學社會科學版），2009 年第 7 期。
16. 試述金代黑龍江流域的農業，孫文政，古今農業，2008 年第 2 期。
17. 遼金元時期東北地區農業發展的原因，孫立梅，吉林師範大學學報（人文社會科學版），2010 年第 2 期。
18. 金代東北地區的農業生產與地區開發，韓茂莉，北京大學學報（哲學社會科學版），2001 年第 5 期。
19. 從出土的鐵農具與《農桑輯要》看金中都地區的農業發展及原因，張秀榮，農業考古，2005 年第 3 期。
20. 金代黑龍江流域的農業和手工業，王禹浪、崔廣彬，黑龍江民族叢刊，2005 年第 3 期。
21. 金朝初期金政權對黑龍江流域農業發展的貢獻，關伯陽，東北史研究，2006 年第 1 期。
22. 肅愼時谷金時糜，高雲凌，黑河學刊，2002 年第 2 期。
23. 簡述金朝的重農政策，周平，博物館研究，2003 年第 1 期。
24. 論金章宗時期的農業生產，范軍、周峰，古今農業，2003 年第 4 期。
25. 中國北限古茶區——山東，章傳政、黎星輝，中國農史，2007 年第 1 期。
26. 淮北社會的盛衰變遷——以宋金時期農業經濟爲例，吳海濤，中國農史，2007 年第 4 期。
27. 遼代畜牧業淺論，徐效慧，遼金史研究，吉林大學出版社，2005 年。
28. 遼朝契丹人的養牛技術——從尋覓一幅遼墓壁畫中的「契丹牛」談起，肖愛民，農業考古，2006 年第 4 期。

（七）手工業

1. 遼代食鹽產地研究，吉成名，鹽業史研究，2006 年第 4 期。
2. 宋元金時期山東鹽業的生產與開發，王賽時，鹽業史研究，2005 年第 4 期。

3. 試論金代黑龍江流域的鹽業，吳樹國，北方文物，2007 年第 4 期。
4. 遼代礦產資源的開發與利用，孟慶山，遼寧工程技術大學學報（社會科學版），2005 年第 5 期。
5. 遼代釀酒業及其發展，高勁松，重慶工商大學學報（社會科學版），2009 年第 3 期。
6. 簡論女真的冶鐵業與農業的發展，張秀榮，黑龍江民族叢刊，2003 年第 1 期。
7. 金・東夏の鐵生產，笹田朋孝，北東アジアの中世考古學（アジア遊學 107 特集），勉誠出版，2008 年。
8. 金代金銀手工業的發展及相關問題，劉麗萍，社會科學戰線，2003 年第 4 期。

（八）貨幣

1. 遼宋金時期的錢幣特色，李速達，華章，2009 年第 9 期。
2. 遼宋金錢幣瑣談，王冠仁，江蘇錢幣，2009 年第 3 期。
3. 從鑄幣業的發展看遼代經濟的盛衰，馬利清，內蒙古大學學報（人文社會科學版），2001 年第 3 期。
4. 關於先遼鑄錢問題討論的學習筆記——讀撒刺的鑄錢討論綜述引起的思考，王裕巽，錢幣博覽，2002 年第 1 期。
5. 從邊境銅鐵錢交易看遼代鐵錢與錢幣鑄造，何天明，內蒙古金融研究・錢幣專刊，2002 年第 2 期。
6. 從史料記載和考古發掘看遼南京地區的流通貨幣——兼論宋錢北流之緣由，柳彤，北京文博，2009 年第 1 期。
7. 昌黎發現遼代窖藏錢幣，徐永江，文物春秋，2008 年第 4 期。
8. 內蒙古發現大量遼代銅錢，勿日汗，新華每日電訊，2009 年 6 月 15 日第 8 版。
9. 巴林左旗十三敖包鎮遼代窖藏錢幣，劉林海、孟令婧，內蒙古文物考古，2010 年第 1 期。
10. 千山出土窖藏漢——遼、金古錢幣內涵初探，王莉，遼金歷史與考古（第一輯），遼寧教育出版社，2009 年。

11. 試論遼供養錢，于穎輝，中國錢幣，2001 年第 4 期。
12. 遼錢辨識的歷史行程，舒焚，遼金史論集（第 10 輯），中國社會科學出版社，2007 年。
13. 遼錢前後，盧布爾，人民日報海外版，2002 年 4 月 13 日。
14. 遼錢——值得玩味的泉界冷門，中國收藏・錢幣（總第 1 期），2006 年。
15. 遼錢與商都，秦雙成、田少君、李元榮，內蒙古金融研究・錢幣專刊，2003 年第 2 期。
16. 遼代貨幣管理機構淺談，何天明，內蒙古金融研究・錢幣專刊，2002 年第 1 期。
17. 遼代的「因俗而治」與貨幣流通，何天明，內蒙古金融研究・錢幣專刊，2003 年第 3、4 期合刊。
18. 關於西夏、遼朝錢幣研究的幾個問題——兼談西夏錢幣與遼朝錢幣的幾點比較，康柳碩，內蒙古金融研究・錢幣專刊，2002 年第 2 期。
19. 試論契丹遼代錢制與貨幣思想，易孫允，內蒙古金融研究・錢幣專刊，2002 年第 2 期。
20. 再探遼朝翻鑄的唐和北宋錢幣，劉昭棣，內蒙古金融研究・錢幣增刊，2006 年第 2 期。
21. 關於契丹早期沿襲漢唐風格鑄幣的探討，何斯欽，內蒙古金融研究・錢幣增刊，2006 年第 2 期。
22. 談談札蘭屯市出土遼代窖藏錢幣中的鐵錢，王學勤，內蒙古金融研究・錢幣增刊，2006 年第 2 期。
23.「遼錢王」譜新篇——評《歷代錢幣展——李賡文藏品》，關麗娟，內蒙古金融研究・錢幣增刊，2006 年第 2 期。
24. 關於遼錢的一點質疑，馬建勳，內蒙古金融研究・錢幣增刊，2009 年第 1、2 期合刊。
25. 遼錢書法風格探析，劉紹明，內蒙古金融研究・錢幣增刊，2001 年第 2 期。
26. 遼錢二題，韓仁信，內蒙古金融研究・錢幣專刊，2003 年第 1 期。
27. 遼錢四則，劉存忠，收藏界，2010 年第 9 期。
28. 漫談遼錢，周水林，內蒙古金融研究・錢幣專刊，2003 年第 3、4 期合刊。
29. 說遼錢，于穎輝，內蒙古金融研究・錢幣專刊，2002 年第 1 期。

30. 遼錢爲何少見，葉眞銘，中國商報，2004 年 5 月 20 日。
31. 歷史上遼錢爲何少見，葉眞銘，安徽錢幣，2006 年第 4 期。
32. 談談遼代珍稀年號錢，李衛，收藏家，2007 年第 8 期。
33. 大遼永安從何而來，裴元博，中國商報，2009 年 9 月 17 日第 8 版。
34. 得遼錢四珍記，楊魯安，安徽錢幣，2005 年第 4 期。
35. 兩組大錢解讀——與《遼西夏金元四朝貨幣圖錄精選》編者商榷，裴元博，內蒙古金融研究・錢幣專刊，2004 年第 3 期。
36. 再論遼朝有鐵錢，齊文、金永田，內蒙古金融研究・錢幣專刊，2003 年第 3、4 期合刊。
37. 遼代年號大銅錢漫談，程正航，內蒙古金融研究・錢幣專刊，2003 年第 3、4 期合刊。
38. 說說「天贊通寶」和「太平通寶」的事，柳貴田，東方收藏，2010 年增刊。
39.「天祿」又現赤峰，高金福、于軍，內蒙古金融研究・錢幣增刊，2007 年第 1 期。
40. 淺說契丹初期貨幣——由「大丹重寶」錢文書法談起，齊維志，遼金契丹女眞史研究（總第 34 期），2004 年。
41.「大丹重寶」錢文書法管窺，齊文，內蒙古金融研究・錢幣專刊，2004 年第 4 期。
42.「開泰元寶」與「神冊通寶」，李容光，收藏界，2008 年第 1 期。
43. 契丹國錢「開泰元寶」，海泉，收藏界，2009 年第 9 期。
44. 收藏逢盛世 再現「天顯通寶」錢，王福明、齊維志，遼金契丹女眞史研究（總第 34 期），2004 年。
45. 遼錢大珍「會同通寶」、「景福通寶」，陳小陶，收藏界，2006 年第 8 期。
46. 遼南發現天祿通寶銅錢，齊維志，中國錢幣，2005 年第 3 期。
47. 遼錢「應曆通寶」，秦楚，收藏界，2007 年第 3 期。
48. 遼錢珍品「應曆元寶」，陳瑞海，收藏界，2009 年第 10 期。
49. 凸顯個性的應曆通寶，黃紹錦，中國商報，2007 年 3 月 15 日。
50. 通行泉貨保寧通寶，戎畋松，收藏，2008 年第 1 期。
51.「統和元寶——中京伯文」錢牌，程正航，收藏，2001 年第 1 期。

52. 書法奇特的「重熙通寶」遼錢，李賡文，內蒙古金融研究·錢幣增刊，2006年第3、4期合刊。
53. 遼「重熙元年」鉛質雕母祖錢，龔偉，內蒙古金融研究·錢幣專刊，2004年第3期。
54.「清寧二年」殉葬錢，周泰宇，中國商報，2004年4月8日。
55. 清寧通寶、正隆元寶鉛錢，潘國榮，安徽錢幣，2009年第4期。
56. 遼代「大康通寶」折五錢賞析，葉柏光，收藏界，2009年第12期。
57. 一枚珍奇的「大康六年」陶錢，尹建光，內蒙古金融研究·錢幣專刊，2002年第1期。
58. 偶得「大康七年」紀年銅錢，齊維志，遼金契丹女真史研究（總第34期），2004年。
59. 偶得「大康七年」紀年銅錢，齊維志，內蒙古金融研究·錢幣專刊，2004年第3期。
60. 銀質「壽昌通寶」大錢賞析，陳瑞海，收藏界，2010年第4期。
61. 遼代遺珍「咸雍通寶」銀質小平錢，蘇國治，收藏界，2010年第4期。
62. 談「家國永安」錢，董大勇，收藏界，2009年第1期。
63. 大安通寶是遼錢，龐雷，中國錢幣，2004年第3期。
64. 遼錢新品「大安年寶」悄然面世，何文育，收藏界，2009年第1期。
65.「天正」奇珍錢淺析，何斯欽，內蒙古金融研究·錢幣專刊，2003年第1期。
66. 試論牡助版錢，于穎輝，內蒙古金融研究·錢幣專刊，2003年第1期。
67. 吐魯番發現的助國元寶值十鐵錢，儲懷貞、段永相，新疆錢幣，2002年第2期。
68. 介紹通遼出土的助國手遼錢——兼與于穎輝先生商榷，李賡文，內蒙古金融研究·錢幣專刊，2002年第2期。
69.「助國元寶」大錢，孟慶禹，收藏界，2007年第1期。
70.「助國元寶」當十大錢尚需仔細推敲，楊建東，收藏界，2007第4期。
71.「建福」、「神歷」是耶非耶，海泉，收藏界，2010年第2期。
72. 遼錢珍品「乾亨通寶」，陳瑞海，收藏界，2010年第1期。
73.「天書」孤幣，蘭金順，收藏界，2006年第12期。

74. 幾枚遼代大錢賞析，趙清山，中國文物報，2008 年 12 月 10 日總第 1681 期第 7 版。
75. 契丹字錢幣「逶关五历」的音讀與意釋，成增耀，西安金融，2001 年第 11 期。
76. 遼錢拾珍——契丹文錢《福壽大錢》初釋，周亦文，收藏，2001 年第 2 期。
77. 契丹文「福壽永昌」錢，蔡炳根，收藏界，2007 年第 10 期。
78. 奇特的契丹八字大錢，王玉生，內蒙古金融研究·錢幣專刊，2003 年第 1 期。
79. 遼代契丹文大字「天朝萬順」寬緣大錢，柏光，收藏界，2006 年第 2 期。
80. 這枚錢幣是哪個朝代的，李君，西部金融，2010 年第 12 期。
81. 契丹小字民俗錢，布威納，中國錢幣，2010 年第 1 期。
82. 契丹小字錢幣考釋，吳英喆，內蒙古金融研究·錢幣增刊，2006 年第 1 期。
83. 一枚遼仿鑄宋朝政和通寶背契丹文錢幣，王益選，內蒙古金融研究·錢幣增刊，2007 年第 1 期。
84. 契丹壓勝錢考，王青煜、翟激揚、高娃，內蒙古金融研究·錢幣專刊，2002 年第 1 期。
85. 塞風烈烈品遼泉——遼鑄花錢 12 品集萃，張德華，收藏界，2007 年第 9 期。
86. 與眾不同的遼代花錢，黃明東，中國商報，2006 年 10 月 26 日。
87. 千姿百態的遼代花錢，劉連茂，東方收藏，2010 年第 10 期。
88. 介紹兩枚遼代吉語小花錢，曉康，內蒙古金融研究·錢幣增刊，2001 年第 2 期。
89. 「柴冊」與「捺鉢」——兩枚遼代大花錢考，張德華，內蒙古金融研究·錢幣專刊，2004 年第 4 期。
90. 試解遼代十二生肖花錢背紋主題，張德華，內蒙古金融研究·錢幣增刊，2006 年第 1 期。
91. 泉祭木葉山——關於一枚遼代花錢主題的探討，張德華，內蒙古金融研究·錢幣增刊，2007 年第 3、4 期合刊。

92. 三孔雙魚花錢與契丹畋漁國俗，張德華，內蒙古金融研究·錢幣增刊，2007年第2期。
93. 巴林右旗發現遼代「皇帝萬歲」祝語錢，朝格巴圖，內蒙古金融研究·錢幣增刊，2001年第1期。
94. 從一枚「千巡貼寶」談巡帖錢，于穎輝，內蒙古金融研究·錢幣增刊，2001年第2期。
95. 遼（契丹）「皇帝萬歲」和「千秋萬歲」錢，邱思達，收藏界，2005年第9期。
96. 遼代「千秋萬歲」大花錢賞析，葉柏光，收藏界，2006年第7期。
97. 奇特的遼代「千秋萬歲」人物花錢，葉柏光，收藏界，2008年第4期。
98.「千秋萬歲」大小銅鐵錢賞析，王玉生、羅樹坤，內蒙古金融研究·錢幣專刊，2003年第1期。
99.「千秋萬歲」奉聖君錢，張士斌，中國商報，2004年4月1日。
100. 遼代「千秋萬歲」連體雙魚祝福錢，季永才，安徽錢幣，2006年第3期。
101. 遼代「千秋萬歲」大花錢賞析，葉柏光，收藏界，2006年第7期。
102. 千秋萬歲錢拾遺，柯昌建，安徽錢幣，2003年第4期。
103. 珍貴的遼代千秋萬歲合背錢，牟世雄，內蒙古金融研究·錢幣專刊，2004年第4期。
104. 千秋萬歲雙福至，王紀民，中國商報，2007年3月1日。
105. 唐鑄祥雲紋「千秋萬歲」錢——兼談遼代千秋萬歲錢的淵源，張德華，內蒙古金融研究·錢幣增刊，2006年第3、4期合刊。
106. 遼代「千秋萬歲」錢淺見，穆利斌，內蒙古金融研究·錢幣增刊，2007年第3、4期合刊。
107.「千秋萬歲」錢與瓦當，李憲章，內蒙古金融研究·錢幣增刊，2007年第3、4期合刊。
108. 我收藏的千秋萬歲錢，王彤，內蒙古金融研究·錢幣增刊，2009年第1、2期合刊。
109. 兩枚稀見得遼代千秋萬歲小錢，程正航，內蒙古金融研究·錢幣增刊，2009年第1、2期合刊。
110.「重臣千秋」背「福德吉利」花錢賞析，何文育，收藏界，2008年第12期。

111. 遼代生肖錢，張德友，收藏界，2005 年第 6 期。
112. 這是遼代紀念幣，裴元博，中國商報，2004 年 7 月 15 日。
113. 也談「堯舜衕寶」錢，裴元博，內蒙古金融研究・錢幣專刊，2004 年第 4 期。
114. 西遼王朝的第一枚錢幣——「延慶元寶」賞析，柏光，收藏界，2009 年第 12 期。
115. 東遼縣淩雲鄉出土古錢小議，李宗明，博物館研究，2006 年第 2 期，
116. 金代貨幣的演變及對金代經濟的影響，穆長青、賀亮，東北史研究，2005 年第 2 期。
117. 小議金代錢監，李東、尙詠黎，博物館研究，2001 年第 1 期。
118. 淺談金代貨幣窖藏，徐紅月，遼金史研究，中國文化出版社，2003 年。
119. 金代貨幣史拾零，劉嵩，中國城鄉金融報，2004 年 4 月 21 日。
120. 金朝貨幣：銀、錢、絹，葉世昌，國際金融報，2002 年 4 月 22 日。
121. 金代貨幣制度淺析，王冰，金上京文史論叢（第二集），哈爾濱出版社，2008 年。
122. 金代前期貨幣制度研究，黃澄，黑龍江史志，2005 年第 4 期。
123. 金代前期貨幣制度研究，黃澄，東北史研究，2009 年第 1 期。
124. 金世宗時期貨幣制度研究，黃澄，黑龍江史志，2007 年第 11 期。
125. 論金章宗時期的貨幣制度，周峰，內蒙古金融研究・錢幣專刊，2004 年第 2 期。
126. 金章宗時期貨幣制度研究，黃澄，東北史研究，2004 年第 2 期。
127. 金章宗時期貨幣制度研究，黃澄，黑龍江史志，2006 年第 11 期。
128. 金代後期貨幣制度研究，黃澄，東北史研究，2006 年第 2 期。
129. 金代後期貨幣制度研究，黃澄，學理論，2009 年第 21 期。
130. 金代・北東アジアの錢貨流通，三宅俊彥，アジア遊學（107）（特集 北東アジアの中世考古學），勉誠出版，2008 年 2 月。
131. 金朝銅錢的鑄造與管理，王德朋，中國錢幣，2008 年第 3 期。
132. 金朝銅錢及銅錢制度的演變，王德朋，博物館研究，2008 年第 3 期。
133. 金朝銅錢窖藏現象探析，劉韞，遼寧大學學報（哲社版），2001 年第 2 期。
134. 金代窖藏銅錢研究，張崴，遼寧大學碩士學位論文，2007 年。

135. 金朝錢幣窖藏中之鉛錢舉隅，楊君，中國錢幣論文集（第五輯），中國金融出版社，2010 年。
136. 康樂縣出土的金代窖藏錢幣研究，馬謀星、司建華，西部金融，2009 年第 8 期。
137. 和林格爾縣發現金代錢幣窖藏，王培義，內蒙古金融研究・錢幣增刊，2009 年第 1、2 期合刊。
138. 商都縣西坊子鄉長勝梁村出土的金代窖藏錢幣，秦有雲，內蒙古金融研究・錢幣增刊，2007 年第 2 期。
139. 金代窖藏貨幣之謎，劉俊勇、盧海軍，大連日報，2005 年 4 月 10 日。
140. 北京市金陵遺址出土窖藏銅錢，黃秀純、宋大川，薊門集——北京建都 850 週年論文集，北京燕山出版社，2005 年。
141. 黑龍江省肇東縣出土銅錢清理研究，王修治，北方文物，2005 年第 2 期。
142. 呼蘭蓮花井沿小學遺址出土古錢幣考實，王連喜，東北史研究，2010 年第 4 期。
143. 吉林省金代窖藏銅錢述論，董學增，遼金契丹女真史研究（總第 34 期），2004 年。
144. 吉林省金代窖藏銅錢述論，董學增，遼金史論集（第十一輯），吉林文史出版社，2008 年。
145. 遼中出土的金代窖藏錢幣——兼記 2000 至 2004 年遼中出土的遼錢，田俊嶺，中國錢幣，2005 年第 3 期。
146. 遼寧省北寧市出土萬枚北宋古錢幣後的新發現，賈輝，東北史地，2005 年第 2 期。
147. 遼寧岫岩出土的金代窖藏銅錢，楊永芳、田甲辰，考古，2001 年第 5 期。
148. 岫岩出土金代窖藏銅錢，楊永芳、田甲辰、董玉琴，文物，2001 年第 9 期。
149. 商都縣八號村金代窖藏錢幣，田少君、李元榮、秦雙成，內蒙古文物考古，2003 年第 1 期。
150. 洛陽南關發現金代錢幣窖藏，周立，中國錢幣，2006 第 3 期。
151. 山西懷仁縣出土的金代錢幣窖藏與內蒙古中部出土的金代錢幣窖藏屬同類型，秦有雲、劉春明，內蒙古金融研究・錢幣專刊，2002 年第 1 期。

152. 咸陽新發現一座金代墓葬出土的銅幣，楊新文、趙旭陽，西安金融，2004 年第 3 期。
153. 金朝錢幣鑒賞——關於金代鑄錢歷史之我見，劉存忠，收藏界，2009 年第 5 期。
154.「金國通寶」銀質大錢賞析，陳瑞海，收藏界，2010 年第 11 期。
155. 金代古錢幣之大珍，葉柏光，收藏界，2006 年第 3 期。
156. 金代天眷錢漫談，戎畋松，中國信用卡，2007 年第 18 期。
157. 古幣狀元天眷通寶，萬雲，中國商報，2007 年 11 月 29 日。
158.「皇統通寶」面世記，葉柏光，收藏界，2009 年第 3 期。
159. 正隆元寶，潘世傑，北京晚報，2004 年 5 月 12 日五色土副刊。
160. 正隆元寶金代第一錢，葉眞銘，中國商報，2005 年 5 月 12 日。
161. 金代「正隆元寶」的新版別，柏光，收藏界，2006 年第 9 期。
162. 一枚特殊的正隆元寶合背錢，馬聰，收藏，2009 年第 1 期。
163. 談正隆元寶和大定通寶，吳進，江蘇錢幣，2009 年第 1 期。
164. 金代「大定通寶」錢欣賞，周少華，收藏界，2010 年第 9 期。
165.「大定通寶」探源，薛延齡，中國商報，2007 年 2 月 8 日。
166. 金代「大定通寶」錢幣要覽，葉柏光，收藏界，2007 年第 7 期。
167. 大定通寶平錢「光背版」淺議，韓亞雄，內蒙古金融研究·錢幣增刊，2007 年第 3、4 期合刊。
168. 務求精美的金朝大定通寶，張少華，安徽錢幣，2007 年第 1 期。
169.「大定通寶」精樣泉，傅紹慶，收藏界，2010 年第 4 期。
170. 金「大定通寶」雕母，渭潼，收藏界，2003 年第 12 期。
171.「大定通寶」出代州，曹亞飛、楊繼興，山西日報，2003 年 4 月 24 日。
172. 烏盟興和縣發現金朝大定通寶銅錢，李學洋，內蒙古金融研究·錢幣專刊，2003 年第 3、4 期合刊。
173. 兩枚罕見古錢鑒賞，宋康年，安徽錢幣，2006 年第 4 期。
174. 一枚珍貴的「泰和重寶」篆書折十合背錢，賈紅丁，收藏界，2007 年第 7 期。
175. 簡談「泰和重寶」折十樣錢，許傑，收藏界，2010 年第 3 期。
176. 泰和通寶折二錢，王坤，錢幣博覽，2001 年第 3 期。
177.「精泰和」歷史的見證，羅詞安、楊秋生，金融時報，2004 年 3 月 26 日。

178. 泰和重寶初鑄錢實有實物，董大勇，收藏界，2004 年第 7 期。
179. 金代珍品篆書「崇慶通寶」，潘蘇華，齊國貨幣研究，齊魯書社，2003 年。
180.「崇慶元寶」篆書小平銅錢，何文育，收藏界，2010 年第 7 期。
181. 金朝「崇慶元寶」篆書錢賞析，趙清山，中國文物報，2010 年 6 月 2 日總第 1832 期第 3 版。
182. 金朝「崇慶元寶」篆書錢賞析，趙清山，收藏界，2010 年第 6 期。
183. 一枚「崇慶元寶」鐵錢，劉清，收藏界，2010 年第 9 期。
184. 鐵質小平「貞祐通寶」，周水林，內蒙古金融研究·錢幣增刊，2001 年第 1 期。
185. 安徽青陽出土貞祐通寶小平錢，李治平，安徽錢幣，2006 年第 3 期。
186. 失譜的元光通寶折三銅錢，馬金生，安徽錢幣，2007 年第 3 期。
187 阜昌錢探源，閆於農，收藏界，2008 年第 12 期。
188. 阜昌元寶小平鐵錢，邱長賢，安徽錢幣，2008 第 2 期。
189. 承安寶貨，韓鋒，中國文物報，2002 年 7 月 17 日。
190. 金代銀樣幣孤品現冰城，馬曉雪，哈爾濱日報，2008 年 3 月 30 日。
191. 承安寶貨銀幣，韓鋒，北方文物，2003 年第 1 期。
192. 金代「承安寶貨·軍銀·五十兩」銀鋌鑒賞，趙清山，收藏界，2010 年第 2 期。
193. 金代「承安寶貨」についての予察，高橋學而，九州·沖縄における中世貨幣の生産と流通，2002 年。
194. 金代「承安寶貨軍銀」十枚套幣考辨，陳傳江、袁波，文物鑒定與鑒賞，2010 年第 4 期。
195. 金代承安寶貨亦有方孔錢，景和，北京日報，2002 年 9 月 27 日。
196. 承安寶貨確有方孔銅錢眞品傳世，裴元博，內蒙古金融研究·錢幣專刊，2004 年第 2 期。
197. 金代「使司」銀鋌考釋，劉浦江，中國歷史文物，2005 年第 2 期。
198. 金代解鹽使司銀鋌淺析，陳娟，中原文物，2006 年第 2 期。
199. 武威出土銀鋌應爲金代銀鋌，白秦川，中國錢幣，2005 年第 3 期。
200. 雙城市東利村發現「濱州邢家」銀錠，邢國言，北方文物，2004 年第 2 期。

201. 關於陝西臨潼出土的金代稅銀的幾個問題，韓偉，磨硯書稿——韓偉考古文集，科學出版社，2001 年。
202. 金代「重貳拾肆兩壹錢」中型銀錠，屠燕治，香港錢幣研究會會刊（總第 25 期），2010 年。
203. 金錢三記，盧布爾，人民日海外版，2002 年 4 月 6 日。
204. 金錢叢談，陳鴻志，內蒙古金融研究・錢幣專刊，2004 年第 1 期。
205. 金代錢幣二珍，張毅強，內蒙古金融研究・錢幣專刊，2004 年第 1 期。
206. 談金人與金朝錢文書法，劉紹明，內蒙古金融研究・錢幣專刊，2003 年第 1 期。
207. 金代交鈔研究，裴鐵軍，吉林大學碩士學位論文，2004 年。
208. 金代交鈔研究，張婧，中央民族大學博士學位論文，2008 年。
209. 金代紙幣流通探析，毛宏躍，黑龍江史志，2010 年第 5 期。
210. 略論金代紙幣流通，陶然，活力，2010 年第 20 期。
211. 金代回易交鈔芻議，劉森，內蒙古金融研究・錢幣增刊，2007 年第 3、4 期合刊。
212. 金代紙幣的二等制研究，劉森，內蒙古金融研究・錢幣專刊，2002 年第 2 期。
213. 對金朝流通紙幣的一些看法，李躍，南方文物，2004 年第 1 期。
214. 金代收取紙幣兌換工墨費探析，劉森，內蒙古金融研究・錢幣增刊，2005 年第 1 期。
215. 宋金元紙幣斷想，劉百平，河南金融管理幹部學院學報，2003 年第 5 期。
216. 金代的交鈔銅版，王晶晶，陝西歷史博物館館刊（第 8 輯），三秦出版社，2001 年。
217. 金朝平涼府《貞祐寶券》鈔版，張良友，甘肅金融，2001 年第 3 期。
218. 金朝平涼《貞祐寶券》鈔版，張良友，西安金融，2001 年第 3 期。
219. 金代小鈔鈔版初探，劉森，中國錢幣，2006 第 3 期。
220. 金「聖旨回易交鈔」版考，姚朔民，文物，2006 年第 6 期。
221. 金「聖旨回易交鈔」版考——兼說《金史・食貨志》中的銀鈔，姚朔民，中國錢幣論文集（第五輯），中國金融出版社，2010 年。

六、民族

（一）契丹族

1. 千年契丹，崔穎，走近科學，2002 年第 1 期。
2. 契丹：馬背誕生的鐵血一族，彭勇，章回小說（下半月），2009 年第 7 期。
3. 鐵馬冰河建契丹，臺聲，2009 年第 2 期。
4. 契丹的來源和遷徙，何光岳，長沙電力學院學報（社會科學版），2004 年第 1 期。
5. 淺談契丹族的起源，張宏、于雯雯、李冬雪，黑龍江史志，2009 年第 23 期。
6. 白馬青牛畫契丹——契丹族的起源、形成和語言文字，溫科學，遼瀋晚報，2007 年 8 月 7 日。
7. 契丹民族及其早期的歷史發展，王明蓀，（臺灣）故宮文物月刊（第 324 期），2010 年 3 月。
8. 契丹族源考釋及其意義，雷廣臻，中國·平泉首屆契丹文化研討會論文集，吉林大學出版社 2010 年。
9. 契丹遷徙研究，郭虹虹，邊疆經濟與文化，2009 年第 5 期。
10. 契丹的由來和遼代的建元（上、下），黃震雲，遼寧工程技術大學學報（社科版），2003 年第 1、2 期。
11. 契丹的興起與部落組織的有序化及農業的關係，胡鐵球、左理，寧夏大學學報（人文社會科學版），2003 年第 3 期。

12. 遼朝建立前契丹族文化與習俗考，張志勇，遼金歷史與考古（第一輯），遼寧教育出版社，2009 年。
13. 初探金代契丹人的部族及乣組織，夏宇旭，吉林師範大學學報（人文社會科學版），2009 年第 3 期。
14. 關於契丹族源諸說新析，任愛君，蒙古史研究（第 7 輯），內蒙古大學出版社，2003 年。
15. 契丹創名研究的新發現，蕭惠蘭，湖北大學學報（哲學社會科學版），2003 年第 4 期。
16. 契丹稱號的含義與民族精神，王禹浪、孫慧、戴淮明，黑龍江民族叢刊，2008 年第 6 期。
17. 木葉山傳說與契丹族的起源，東師、江竹，吉林日報，2001 年 7 月 23 日。
18. 契丹族源傳說借自回鶻論，楊富學，歷史研究，2002 年第 2 期。
19. 契丹族的歷史記憶——以「青牛白馬說為中心」，劉浦江，漆俠先生紀念文集，河北大學出版社，2002 年。
20. 契丹古八部質疑，田廣林，社會科學戰線，2008 年第 11 期。
21. 論唐代契丹，王成國，社會科學戰線，2004 年第 2 期。
22. 唐代契丹民族論略，王成國，社會科學輯刊，2001 年第 4 期。
23. 唐朝與契丹部落發展的歷史關係——兼談大賀氏家族的衰微和契丹部落發展的趨向，任愛君，蒙古史研究（第 9 輯），內蒙古大學出版社，2007 年。
24. 詳析則天朝契丹叛唐始末，李蓉、蹇福闊，北方民族，2004 年第 1 期。
25. 唐代の契丹と突厥第二可汗國，菅沼愛語，京都女子大學大學院文學研究科研究紀要 史學編（8），京都女子大學，2009 年。
26. 七世紀後半の「唐・吐蕃戰爭」と東部ユーラシア諸國の自立への動き——新羅の朝鮮半島統一・突厥の復興・契丹の反亂・渤海の建國との關連性，菅沼愛語，菅沼秀夫，史窓（66），京都女子大學，2009 年 2 月。
27. 試述唐代營州契丹人，宋卿，遼金史論集（第十一輯），內蒙古大學出版社，2009 年。
28. 論契丹民族文化特徵，高晶，遼寧工程技術大學學報（社會科學版），2006 年第 1 期。

29. 草原絲綢之路上的文明信使——契丹人，馮永謙，科技與企業，2006 年第 2 期。
30. 唐末五代的「山後八州」與「契丹銀鞍直」，任愛君，北方文物，2008 年第 2 期。
31. 唐末五代的「山後八州」與「銀鞍契丹直」，任愛君，遼金史論集（第 10 輯），中國社會科學出版社，2007 年。
32. 論五代時期的「銀鞍契丹直」，任愛君，內蒙古社會科學（漢文版），2007 年第 3 期。
33. 威風萬里壓南邦——契丹族的歷史足跡，張景明，（臺灣）歷史月刊（第 163 期），2001 年 8 月。
34. 鞍馬雄風話契丹，俞美霞，（臺灣）藝術家（第 52 卷 1 期），2001 年 1 月。
35. 契丹，東方太陽神，傅惟光，遼金契丹女眞史研究（總第 34 期），2004 年。
36. 契丹族與黃帝，都興智，遼金史論集（第 10 輯），中國社會科學出版社，2007 年。
37. 依稀「大遼國」，韓曉時，中國地名，2006 年第 3 期。
38. 論遼代契丹的正統化運動，李文軍，內蒙古社會科學（漢文版），2009 年第 1 期。
39. 遼代契丹民族的人口及特點，王麗霞、張景明，思想戰線，2003 年第 4 期。
40. 契丹，翱翔在北方的鷹民族，黃斌，東北之窗，2006 年第 13 期。
41. 尋找青牛白馬的帝國，馬義、丁銘，經濟參考報，2004 年 5 月 31 日。
42. 契丹人八百年前就追星，馬義、丁銘，深圳商報，2004 年 6 月 16 日。
43. 古代契丹族在承德地域崛起的見證，黃鳳岐，承德民族歷史與建設文化大市學術論壇文選，遼寧民族出版社，2006 年。
44. 邊疆民族在中華文明史上的貢獻——以契丹、女眞在承德活動爲例，宋德金，承德民族歷史與建設文化大市學術論壇文選，遼寧民族出版社，2006 年。
45. 契丹人的聖地——赤峰，李肯，澳門雜誌（68），2009 年 2 月。
46. 契丹與平泉——兼談遼文化的發掘與利用，王恩山，承德民族歷史與建設文化大市學術論壇文選，遼寧民族出版社，2006 年。

47. 歷史上契丹族與平泉拾議，黃鳳岐，中國・平泉首屆契丹文化研討會論文集，吉林大學出版社，2010 年。
48. 論契丹民族對瀋陽歷史文化的貢獻，高晶，遼寧工程技術大學學報（社會科學版），2005 年第 6 期。
49. 淺析契丹民族發展歷史上的幾次遷徙，張婧，希望月報（上半月），2008 年第 2 期。
50. 遼代契丹族的構成、人口和經濟、文化，孫泓，遼金契丹女眞史研究，2007 年第 1、2 期。
51. 金代契丹人研究，夏宇旭，吉林大學博士學位論文，2010 年。
52. 歷史上契丹族與承德地區摭議，黃鳳岐，遼金歷史與考古（第二輯），遼寧教育出版社，2010 年。
53. 契丹人消失之謎，肖愛民，尋根，2006 年第 3 期。
54. 契丹人「集體失蹤」之謎，李朝英，黨員幹部之友，2006 年第 2 期。
55. 探索遼代契丹族「集體失蹤」之謎，瀋陽日報，2010 年 12 月 13 日第 9 版。
56. 契丹民族到哪裏去了？，馬敏，視野・18 歲，2006 年第 7 期。
57. 契丹人哪兒去了？——追尋消失的王朝，科學與文化，2005 年第 8 期。
58. 契丹：一個消失的王朝，辛華，東北之窗，2008 年第 7 期。
59. 一個消失的王朝——契丹，王泰陽，成都文物，2005 年第 3 期。
60. 遼代契丹人群分子遺傳學研究，許月，吉林大學博士學位論文，2006 年。
61. 古契丹的人種，王大方，中國文物報，2001 年 2 月 7 日、4 月 19 日。
62. 契丹人種考，朱泓，新果集——慶祝林澐先生七十華誕論文集，科學出版社，2009 年。
63. 契丹居民 DNA 多態性研究與生物統計學分析，張小雷，吉林大學碩士學位論文，2006 年。
64. 從體質人類學、分子考古學看鮮卑、契丹的源流，曾雯，吉林大學碩士學位論文，2009 年。
65. 吉林大學將對遼代契丹貴族進行 DNA「驗屍」，郭如山，大眾科技報，2003 年 9 月 4 日。
66. 內蒙古阿魯科爾沁旗遼代耶律羽之墓地人骨研究，周蜜，吉林大學碩士學位論文，2004 年。

67. DNA 揭開契丹族失蹤之謎，劉鳳翥，百科知識，2005 年第 2 期。
68. DNA 破解契丹失蹤之謎，楊金鳳，發現・圖形科普，2001 年第 4 期。
69. 破解契丹族失蹤之謎，董毅然，北京科技報，2003 年 12 月 31 日。
70. 科學家破解契丹失蹤之謎，甘肅科技縱橫，2002 年第 3 期。
71. 契丹今何在，劉鳳翥，大自然，2001 年第 11 期。
72. 契丹今何在，劉鳳翥，阜新遼金史研究（第五輯），中國社會出版社，2002 年。
73. 契丹遺民今何在，周峰，尋根，2006 年第 3 期。
74. 契丹人今在何方，鳳凰，內蒙古日報（漢），2008 年 11 月 24 日第 7 版。
75. 雲南發現契丹後裔，雲南政協報，2004 年 6 月 23 日。
76. 滇西契丹遺裔，韓勇，鞍山社會科學，2004 年第 3 期。
77. 誰是契丹人的後裔，李平，科技日報，2004 年 8 月 4 日。
78. 追蹤契丹，李平，黨政論壇，2004 年第 12 期。
79. 誰是契丹人的後裔，李平，天津科技，2004 年第 6 期。
80. 白鹿原下的契丹後裔，楊溯、胡小寧，中國民族報，2005 年 2 月 4 日。
81. 尋找消失的契丹人——探訪齊齊哈爾達斡爾族村落，張海志，科技與企業，2006 年第 2 期。
82. 銷聲匿跡八百年，達斡爾族是否契丹後裔？——訪內蒙古自治區達斡爾學會副理事長毅松，唐紅麗，中國社會科學報，2010 年 11 月 16 日總第 139 期第 5 版。
83. 最後一批契丹人，額德，文史知識，2005 年第 10 期。
84. 飄逝的民族——契丹，王吟，貴州政協報，2003 年 1 月 9 日。
85. 契丹，一個失蹤了的王朝，科學大觀園，2006 年第 11 期。
86. 契丹民族哪裏去了，新華日報，2001 年 7 月 19 日。
87. 感受契丹，陳成軍、黃玉成、王林、閆子瑛，中國文物報，2002 年 5 月 22 日。
88. 雲南契丹人後裔的物質文化，楊毓驤，雲南民族學院學報（哲學社會科學版），2003 年第 1 期。
89. 契丹與海東青，李兵，遼金史研究，中國文化出版社，2003 年。
90. 契丹後裔尋蹤，張連義，遼金史研究，中國文化出版社，2003 年。

91. 古代契丹與現代達斡爾遺傳關係分析，許月、張小雷、張全超、崔銀秋、周慧、朱泓，吉林大學學報（理學版），2006 年第 6 期。
92. 達斡爾民族是契丹後裔——論達斡爾人族源問題，王文彥，東北史研究，2005 年第 1 期。
93. 達斡爾人是古代契丹人後裔，高平、湯軍，光明日報，2007 年 4 月 2 日。
94.「達斡爾」詞源詞義考辨，孟盛彬，大連民族學院學報，2008 年第 6 期。
95.「達斡爾」詞源詞義考辨，孟盛彬，北方民族，2008 年第 3 期。
96. 誰是契丹人的後裔，李平，天津科技，2005 年第 1 期。
97. 契丹文化東傳於高麗，（韓國）金渭顯，遼金史研究，中國文化出版社，2003 年。
98. 論契丹人在蒙元時代的影響，佟寶山，青海民族研究，2005 年第 3 期。
99. 論金元時代契丹人的民族心態，佟寶山，遼寧工程技術大學學報（社會科學版），2002 年第 2 期。
100. 試論金蒙鼎革之際的契丹人，都興智，遼金史論集（第十一輯），內蒙古大學出版社，2009 年。
101. 論回鶻文化對契丹的影響，楊富學，遼金史研究，中國文化出版社，2003 年。
102. 北方游牧民族兩翼制度研究——以匈奴、突厥、契丹、蒙古為中心，肖愛民，中央民族大學博士學位論文，2004 年。
103. 關於契丹迭剌部的幾個問題，肖愛民，北方文物，2006 年第 1 期。
104. 契丹遙輦氏阻午可汗二十部考辨，肖愛民，（韓國）宋遼金元史研究（第 11 號），2006 年 12 月。
105.「分三耶律為七，二審密為五」辨析——契丹遙輦氏阻午可汗二十部研究之二，肖愛民，內蒙古社會科學（漢文版），2005 年第 2 期。
106. 關於契丹左大部與右大部——契丹遙輦氏阻午可汗二十部研究之三，肖愛民，內蒙古民族大學學報（社會科學版），2005 年第 2 期。
107. 遼朝大賀氏考辨——契丹遙輦氏阻午可汗二十部研究之四，肖愛民，內蒙古師範大學學報（哲學社會科學版），2005 年第 4 期。
108. 淺談建為遼六院部的「六爪」，葛華廷，首屆遼上京契丹・遼文化學術研討會論文集，內蒙古文化出版社，2009 年。
109. 遼奚迭剌部及相關問題淺談，葛華廷，北方文物，2009 年第 2 期。

110. 淺析金代契丹人的群牧組織，夏宇旭，黑龍江民族叢刊，2008 年第 5 期。

（二）女真族

1. 論肅愼女真族系研究在中外民族史研究中的地位和作用，周喜峰，滿族研究，2010 年第 2 期。
2. 肅愼——女真族系歷史沿革與分佈地域研究與中國邊疆學的建設，郝慶雲，滿族研究，2010 年第 2 期，
3. 肅愼——女真族系形成發展研究與民族學，趙阿平，滿族研究，2010 年第 2 期。
4. 女真歷史發展脈絡中的三次政權更迭，劉彥紅、王鳳英，遼金歷史與考古（第二輯），遼寧教育出版社，2010 年。
5. 金代女真族的成就，佟光英，（臺灣）歷史月刊（第 166 期），2001 年 11 月。
6. 女真傳奇，祝勇，鴨綠江（上半月版），2008 年第 5 期。
7. 女真——跨越三千年的興亡悲歡，祝勇，中華遺產，2008 年第 4 期。
8. 女真民族意識演變歷程，王可賓，遼金史論叢——紀念張博泉教授逝世三週年論文集，吉林人民出版社，2003 年。
9. 「逐水草而居」的人們——金建國前活躍在哈爾濱地區的諸民族，裘真，學理論，2008 年第 3 期。
10. 孩懶水烏林荅部史事考，孫昊，白城師範學院學報，2010 年第 4 期。
11. 肅愼女真族系歷史演變、地理分佈及對鶴崗地區的影響，范忠澤，黑龍江史志，2009 年第 3 期。
12. 12 世紀前期女真人的幾個問題，魏國忠、梁玉多，遼金史論叢——紀念張博泉教授逝世三週年論文集，吉林人民出版社，2003 年。
13. 完顏女真發祥黑龍江說應當重新認識，董萬崙，北方文物，2003 年第 2 期。
14. 金朝始祖函普族屬考辨，趙永春，滿族研究，2006 年第 1 期。
15. 秦始皇是說蒙古話的女眞人，朱學淵，（臺灣）歷史月刊（第 208 期），2005 年 5 月。
16. 女真與句踐，朱學淵，（臺灣）歷史月刊（第 221 期），2006 年 6 月。

17. 匈牙利人與女眞人同源，朱學淵，（臺灣）歷史月刊（第 185 期），2003 年 6 月。
18. 女眞族和百年金朝，世紀橋，2005 年增刊第 1 期。
19. 女眞民族的歷史際遇——從金到後金，欒凡，文化學刊，2007 年第 5 期。
20. 女眞族對中華民族文化形成的貢獻，金啓孮，金上京文史論叢（第二集），哈爾濱出版社，2008 年。
21. 女眞民族的歷史文化認同與金皇朝的建立和發展，向燕南，天風海濤——中國・陵川郝經暨金元文化學術研討會論文集，山西春秋電子音像出版社，2007 年。
22. 遼代女眞屬國、屬部研究，程尼娜，史學集刊，2004 年第 2 期。
23. 曷蘇館女眞的幾個問題，李自然、周傳慧，滿族研究，2010 年第 4 期。
24. 鐵驪新考，程妮娜，遼金史論集（第十一輯），內蒙古大學出版社，2009 年。
25. 七水部與完顏婁室王府的研究，龐志國，遼金史論叢——紀念張博泉教授逝世三週年論文集，吉林人民出版社，2003 年。
26.「女眞」與「靺鞨」、「室韋」——紀念金啓孮先生逝世一週年，金啓孮先生逝世週年紀念文集，王民信，（日本）東亞歷史文化研究會，2005 年。
27. 宋代女眞與白蠻之比較研究，王偉，中南民族大學學報（人文社會科學版），2003 年第 2 期。
28. 略論元明女眞與遼金女眞的關係，蔣秀松，遼金史論叢——紀念張博泉教授逝世三週年論文集，吉林人民出版社，2003 年。
29. 略論元明女眞與遼金女眞的關係，蔣秀松，北方民族，2004 年第 1 期。
30.「海東青」與「女眞」語義不同，陳士平，東北史研究，2006 年第 2 期。
31. 尋找「魚皮女眞」的足跡，傅雙琪、賈小華，人民日報海外版，2001 年 8 月 18 日。
32. 尋找「魚皮女眞」的足跡，傅雙琪、賈小華，新華每日電訊，2001 年 7 月 13 日。
33. 女眞和滿族，劉大志，北方時報，2001 年 5 月 17 日。
34. 女眞董鄂氏探源，張其卓，滿族文學，2009 年第 1 期。
35. 從赫哲傳說《白城人的後裔》看赫哲先民與金朝女眞人的關係，黃任遠，東北史研究，2007 年第 4 期。

36. 從赫哲傳說《白城人的後裔》看赫哲先民與金朝女眞人的關係，黃任遠，金上京文史論叢（第二集），哈爾濱出版社，2008 年。
37. 元雜劇中的金朝和女眞人，宋德金，文史知識，2010 年第 9 期。
38. 元代的女眞人，邱樹森，社會科學戰線，2003 年第 4 期。
39. 女眞遺民在河南，任崇岳，尋根，2004 年第 4 期。
40. 許昌縣的女眞遺民，任崇岳，許昌學院學報，2007 年第 3 期。
41. 金朝貴冑完顏氏後裔在國內的主要分佈及狀況，關伯陽，遼金契丹女眞史研究，2007 年第 1、2 期。
42. 肥東完顏氏源流，聞邊，江淮文史，2002 年第 3 期。
43. 安徽省肥東縣的完顏氏，景愛、苗天娥，遼金史論集（第十一輯），內蒙古大學出版社，2009 年。
44. 探訪最後的完顏部落後裔，滕俊，民族畫報，2005 年第 7 期。
45. 民族融合：走進最後的「完顏部落」，馬維坤、梁強、宋常青，記者觀察，2005 年第 3 期。
46. 最後完顏部落，祖訓禁聽《說岳全傳》，馬維坤、梁強、宋常青，新華每日電訊，2005 年 1 月 29 日。
47. 揭開「完顏部落」神秘面紗，海峰，科學大觀園，2006 年第 20 期。
48. 涇川「完顏部落」尋蹤，郝利平、馬志瓊，甘肅日報，2005 年 9 月 8 日。
49. 涇川完顏家族祖先遺像考釋，何志虎、賀曉燕，甘肅社會科學，2005 年第 2 期。
50. 涇川縣完顏村女眞族民俗旅遊文化研究，劉彩旺，西北師範大學碩士學位論文，2007 年。
51. 金兀朮的後裔們，完顏璽，西部人，2004 年第 6 期。
52. 金兀朮的後裔們，李釗路，科學大觀園，2010 年第 8 期。
53. 金兀朮後人回歸故里始末，高雲淩，學理論，2008 年第 1 期。
54. 金兀朮的後代「藏」在甘肅平涼，路生，絲綢之路，2009 年第 7 期。
55. 金兀朮後人沉默聚居河南鹿邑，杜佳，西部時報，2010 年 1 月 22 日第 12 版。
56. 沉默了 400 年的金兀朮後人——河南鹿邑「完顏部落」揭秘，張涵，文史月刊，2009 年第 11 期。
57. 汝州的完顏氏與金兀朮墓，尙自昌，文史知識，2010 年第 11 期。

58. 大金末裔：中國大地上最後一個女真部落，路子，西部大開發，2005 年第 6 期。
59. 女真人的下落，沈一民，文史知識，2007 年第 2 期。
60. 女真人南遷與野人女真，何葉爾・巴特，滿族文學，2007 年第 1 期。
61. 錫伯先民大黃頭室韋追隨耶律大石西遷初探，吳札拉・克堯，黑龍江民族叢刊，2003 年第 4 期。
62. 關於我國女真遺民的研究，苗天娥，遼金西夏研究年鑒 2009，學苑出版社，2010 年。
63. 河南省南召、郟縣的女真遺民，任崇岳，尋根，2008 年第 1 期。
64. 河南省完顏姓女真遺民探析，任崇岳，中州學刊，2009 年第 1 期。
65. 揭秘河南鹿邑「完顏部落」，張涵，神州民俗，2010 年第 1 期。
66. 安徽完顏部落尋天下同宗，胡霞利，西部時報，2010 年 8 月 20 日第 12 版。
67. 雙城完顏氏家族譜考釋，景愛，東北史研究，2008 年第 2 期。
68. 黑龍江雙城完顏氏家譜考釋，苗天娥、景愛，北方文物，2008 年第 4 期。
69. 福興——女真族在臺的唯一聚落，林玉佩，（臺灣）天下雜誌（特刊 32 期），2001 年 7 月。
70. 女真後裔粘氏源流考，粘忠判著，粘龍音提供，（臺灣）滿族文化（第 32 期），2009 年 2 月。
71. 試談女真後裔祭祀金太祖完顏阿骨打陵的歷史淵源及意義，關伯陽，東北史研究，2008 年第 3 期。
72. 關於蒲松齡先世的族屬問題，趙文坦，民族研究，2006 年第 1 期。
73. 探索吉劇新路 塑造女真英雄，張郁芬、于雁賓、張秀安，吉林日報，2002 年 12 月 1 日。

（三）渤海

1. 靺鞨，女真遞興述論——渤海國を中心として，王小甫著，河上洋訳，研究論集（1）（アジアの歴史と近代（2）河合文化教育研究所・北京大學歷史學系第 2 回共同學術討論會（2003 年 3 月），河合文化教育研究所，2005 年 9 月。
2. 遼金時期渤海族習俗研究，程妮娜，學習與探索，2001 年第 2 期。

3. 遼代遼河流域渤海人研究，張利鎖，吉林大學碩士學位論文，2007 年。
4. 遼代遼河流域渤海人的社會狀況，張利鎖、宮岩，東北史地，2010 年第 1 期。
5. 遼河流域渤海人與遼政權的關係，張利鎖，廊坊師範學院學報（社會科學版），2009 年 4 期。
6. 遼代渤海民族大遷徙概論，王成國、李士良，東北史研究，2005 年第 4 期。
7. 遼代的渤海遺民——以東丹國和定安國爲中心，劉浦江，文史，2003 年第 1 輯。
8. 遼代の渤海遺民について東丹國と定安國を中心に，劉浦江著，河上洋訳，研究論集（1）（アジアの歷史と近代（2）河合文化教育研究所・北京大學歷史學系第 2 回共同學術討論會（2003 年 3 月）），河合文化教育研究所，2005 年 9 月。
9. 遼代渤海世家大族考述，王善軍，民族研究，2006 年第 3 期。
10. 試論遼陽政變及遼東渤海人，都興智，文化學刊，2007 年第 4 期。
11. 渤海と契丹・奚，河內春人，史學雜誌，2001 年。
12. 渤海國遺民在承德地域活動的初探，李文浦，承德民族歷史與建設文化大市學術論壇文選，遼寧民族出版社，2006 年。
13. 金代墓誌銘에실린渤海遺民，方京一，백산학보제 76 호，2006 年 12 月。

（四）奚族

1. 庫莫奚基本史料的初步比較研究，張文平、張久和，內蒙古大學學報（人文社會科學版），2007 年第 1 期。
2. 安史之亂前後的奚、契丹，陳巍、閆華芳，大連大學學報，2010 年第 1 期。
3. 遼朝對奚族諸部的征服及其統治方略，任愛君，首屆遼上京契丹・遼文化學術研討會論文集，內蒙古文化出版社，2009 年。
4. 遼代奚族的地理分佈，王宇勍，遼寧工程技術大學學報（社會科學版），2009 年第 6 期。
5. 關於遼代奚族的部族，紀楠楠，遼金史論集（第十一輯），內蒙古大學出版社，2009 年。

6. 遼代的烏馬山奚，任愛君，北方文物，2010 年第 4 期。
7. 奚族爲遼之蕭族論，陳永志，遼金史論集（第十一輯），內蒙古大學出版社，2009 年。
8. 奚族源流考略，譚麗娟，鞍山社會科學，2004 年第 4 期。
9. 奚人後裔今何在？，蕭春江、蕭冰，承德民族歷史與建設文化大市學術論壇文選，遼寧民族出版社，2006 年。
10. 北京延慶縣「古崖居」——西奚遺址之探討，趙其昌，北京文博，2002 年第 2 期。
11. 河北青龍驚現遼代奚國皇宮遺址，傅春秘、張學志、耿建擴，光明日報，2007 年 6 月 16 日。
12. 奚國皇宮今何在——河北青龍發現鐵瓦烏龍殿遺址始末，耿建擴、傅春秘，光明日報，2007 年 11 月 16 日。
13. 失落千年的文明——奚王避暑莊的調查，張秀夫、劉子龍、張翠榮，承德民族歷史與建設文化大市學術論壇文選，遼寧民族出版社，2006 年。
14. 奚國國都在青龍，姚德昌，秦皇島日報，2007 年 10 月 13 日。
15. 鐵瓦烏龍殿考證，姚德昌，秦皇島文化，2007 年第 4 期。
16. 去鐵瓦烏龍殿尋蹤，姚德昌，秦皇島檔案，2007 年第 17 期。
17. 鐵瓦烏龍殿探微，姚德昌，秦皇島檔案，2007 年第 18 期。
18. 鐵瓦烏龍殿考證，姚德昌，青龍河，2007 年第 3 期。

（五）其它民族和部族

1. 遼代的部族制度，（日）島田正郎，蒙古學信息，2001 年第 4 期。
2. 論《遼史》中的唐古部族，楊浣，民族研究，2005 年第 6 期。
3.「阻卜」的語源語義考，那順烏力吉，內蒙古民族大學學報（社會科學版），2005 年第 6 期。
4. 再論阻卜與韃靼，劉浦江，歷史研究，2005 年第 2 期。
5. 遼征阻卜小史，李紅俠，阜新遼金史研究（第五輯），中國社會出版社，2002 年。
6.「阻卜」語源語義考，那順烏力吉，內蒙古民族大學學報（哲學社會科學版），2005 年第 6 期。

7. 遼與漠北諸部族——胡母思山蕃與阻卜，劉迎勝，歐亞學刊（第 3 輯），中華書局，2002 年。
8. 貝加爾湖岩畫與遼代的羽厥里部，馮恩學，北方文物，2002 年第 1 期。
9. 遼朝烏古敵烈地區屬國、屬部研究，程妮娜，中國史研究，2007 年第 2 期。
10. 遼末金初烏古迪烈部居地考，彭占傑，遼金史研究，中國文化出版社，2003 年。
11. 遼末金初烏古敵烈部居地考，彭占傑，鶴城政協，2004 年第 4 期。
12. 五國城與五國國名的破譯，劉文生、張泰湘，東北史地，2006 年第 1 期。
13. 走過五國城，劉冬穎，文史知識，2007 年第 2 期。
14. 五國城通考，于慶東，黑龍江民族叢刊，2005 年第 3 期。
15. 五國部越里吉地望考，于慶東，北方文物，2008 年第 1 期。
16. 霫與白霫考辨，周偉洲，社會科學戰線，2004 年第 1 期。
17. 遼宋金夏境內的沙陀族遺民，蔡家藝，民族研究，2004 年第 5 期。
18. 宋、金時期安多藏族部落包家族考述，湯開建、楊惠玲，民族研究，2006 年第 1 期。
19. 《契丹國志》中的「小食國」考，胡小鵬，西域研究，2006 年第 3 期。
20. 兩漢烏孫與遼元西蒙古兀孫部落問題研究，錢伯泉，衛拉特研究，2005 年第 4 期。
21. 金朝西北部契丹等游牧民族的部族、糺制度研究，程尼娜，吉林大學社會科學學報，2007 年第 3 期。
22. 金朝西北部契丹等游牧民族的部族、糺制度研究，程尼娜，宋代文化研究（第 17 輯），四川大學出版社，2009 年。

（六）民族關係

1. 五代時期北方民族關係略論，曾國富，黑龍江民族叢刊，2008 年第 3 期。
2. 宋元時期中華民族多元一體化進程研究，宮權，山東大學碩士學位論文，2008 年。
3. 遼宋西夏金時期西北民族關係研究，彭向前，河北大學博士學位論文，2004 年。
4. 宋遼夏金民族互動過程述論，徐傑舜，貴州民族研究，2005 年第 3 期。

5. 宋遼西夏金民族互動過程述論，徐傑舜，黑龍江民族叢刊，2005 年第 6 期。
6. 論遼宋夏金時期的各族盟誓與傳統共享，樂厚權，長江大學學報（社會科學版），2004 年第 1 期。
7. 遼宋金元時期的民族關係，任仲書、蘇紅，渤海大學學報（哲學社會科學版），2006 年第 6 期。
8. 遼金時期民族關係思想的發展與中華民族多元一體格局的形成，鄭煒、崔明德，中南民族大學學報（人文社會科學版），2010 年第 4 期。
9. 遼朝時期吉林的民族關係初探，楊雨舒，北方民族，2004 年第 4 期。
10. 試論遼代吉林的民族關係，楊雨舒，遼金史論集（第十一輯），吉林文史出版社，2008 年。
11. 遼朝時期吉林的民族關係初探，楊雨舒，遼金史研究，吉林大學出版社，2005 年。
12. 契丹與西夏族系之關係，趙振績，宋史研究集（第 32 輯），（臺北）蘭臺出版社，2002 年。
13. 遼中期民族關係思想探析，孫政，煙臺大學碩士學位論文，2010 年。
14. 遼蕃和親初探，彭向前，青海民族學院學報，2008 年第 3 期。
15. 蕭觀音冤案與契漢文化衝突，宋德金，光明日報，2006 年 2 月 21 日。
16. 契丹族的文化特色與中原漢族的關係，肖志華，文物世界，2006 年第 2 期。
17. 從兩族關係上看回鶻對契丹的影響，李紅俠，遼寧工程技術大學學報（社科版），2001 年第 1 期。
18. 從兩族關係上看回鶻對契丹的影響，李紅俠，阜新遼金史研究（第五輯）中國社會出版社，2002 年。
19. 遼金文學與民族關係，胡傳志，民族文學研究，2003 年第 1 期。
20. 從宋金「和戰」管窺中國古代民族關係，徐春夏，溫州師範學院學報（哲社版），2002 年第 5 期。
21. 論遼屬漢人，李月新，遼寧師範大學碩士學位論文，2007 年。

（七）民族政策

1. 論唐代中央政權對契丹、奚人地區的羈縻統治，程尼娜，吉林大學社會科學學報，2002 年第 6 期。

2. 論唐與奚、契丹的和親，陳巍，黑龍江民族叢刊，2007年第1期。
3. 唐代契丹羈縻制度與「幽州契丹」的形成，任愛君，中國邊疆史地研究，2008年第1期。
4. 唐代契丹羈縻州與部落聯盟述略，廖啓照，（臺灣）中興史學（第7卷），2001年4月。
5. 試論唐朝在契丹族地區設立的府州，周加勝，黑龍江民族叢刊，2007 年第4期。
6. 略論契丹李盡忠之亂，都興智，東北史地，2008年第2期。
7. 契丹李盡忠、孫萬榮的南下擴張，岳東，陝西師範大學碩士學位論文，2001年。
8. 略論契丹「營州之亂」對武周立嗣的影響，肖愛民、孟慶鑫，赤峰學院學報，2005年第4期。
9. 論五代時期對契丹的民族政策，曾國富，內蒙古社會科學（漢文版），2001年第2期。
10. 強力與綏懷：遼宋民族政策比較研究，程妮娜，文史哲，2006年第3期。
11. 遼代「因俗而治」的民族政策與社會發展研究，馬尚云，內蒙古大學博士學位論文，2007年。
12. 略論遼朝統治時期遼寧境內的民族，都興智，遼寧工程技術大學學報（社會科學版），2006年第6期。
13. 遼金時期契丹女真的民族政策和文化特點，田索非，黑龍江史志，2009年第15期。
14. 遼朝和親初探，崔明德，民族研究，2004年第4期。
15. 遼王朝在燕雲地區民族政策之研究，趙旭峰，大連民族學院學報，2006年第2期。
16. 金朝儒家民族觀探微，孟古托力，北方文物，2004年第3期。
17. 論女真統治者民族政策的演變，喬幼梅，文史哲，2008年第2期。
18. 金代異民族統治政策研究—舊遼地異民族統治を中心に，李成浩，（韓國）宋遼金元史研究（第7號），2002年12月。
19. 金朝中期各民族地位問題研究——兼論金朝中期的民族政策和民族關係，楊玉彬，遼寧師範大學碩士學位論文，2009年。

20. 論金朝對女眞族的政策及影響，臧穎，東北師範大學碩士學位論文，2009 年。
21. 金太祖時期的民族政策研究，艾換平，吉林大學碩士學位論文，2007 年。
22. 試論金太宗時期的民族政策，孫維維，吉林大學碩士學位論文，2008 年。
23. 金完顏亮時期的民族政策研究，李玉君，吉林大學碩士學位論文，2007 年。
24. 試論金帝完顏亮對契丹人的政策，李玉君，北方民族，2010 年第 1 期。
25. 試論金帝完顏亮對女眞族的政策，李玉君，東北史研究，2009 年第 4 期。
26. 金世宗對契丹政策的調整及其社會影響，李學會，吉林大學碩士學位論文，2007 年。
27. 論金世宗的女眞爲本政策及其評價，王久宇，東北師範大學碩士學位論文，2007 年。
28. 金世宗以女眞爲本的民族政策述評，王久宇，黑龍江史志，2007 年第 10 期。
29. 論金世宗推行女眞爲本政策的歷史前提，王久宇，遼金契丹女眞史研究，2007 年第 1、2 期。
30. 金世宗在漢文化與女眞舊俗的衝撞與融合中的態度與政策問題，肖瑤，繼續教育研究，2008 年第 4 期。
31. 金世宗北防韃靼部族策，劉肅勇，東北史地，2006 年第 6 期。
32. 金朝對隴南吐蕃的招撫，劉建麗，西藏研究，2007 年第 4 期。

（八）民族融合

1. 宋遼金時期中原地區的民族融合，李錫厚，中州學刊，2005 年第 5 期。
2. 略述遼金元時期北京地區的民族融合，王崗，北京史研究會成立二十週年暨北京史研究與社會發展學術研討會文集，中國書店，2001 年。
3. 民族文化的認同與交流融合中的可變性限度——以北魏漢化中鮮卑語命運與遼金時期「漢人」語意變化爲例，徐英，大連大學學報，2006 第 3 期。
4. 遼金時期民族文化的認同與發展，張志勇，遼寧工程技術大學學報（社會科學版），2010 年第 3 期。

5. 宋代北方契丹、女眞吸收融合中原文化，王學青，文化時報，2005 年 11 月 15 日。
6. 雙陸與民族文化的交流與融合，宋德金，歷史研究，2003 年第 2 期。
7. 雙陸與民族文化的交流和融合，宋德金，10～13 世紀中國文化的碰撞與融合，上海人民出版社，2006 年。
8. 赤峰——東北地區民族融合的中心地帶，陳懷荃，安徽師範大學學報（人文社會科學版），2002 年第 3 期。
9. 從契丹詩歌的演進看契丹人的漢化進程，封樹禮，遼寧工程技術大學學報（社會科學版），2005 年第 5 期。
10. 遼代的民族融合與歷史文化認同意識，舒習龍，學術研究，2010 年第 12 期。
11. 淺析遼朝前期的「胡人漢化」，李月新，首屆遼上京契丹・遼文化學術研討會論文集，內蒙古文化出版社，2009 年。
12. 遼代契丹族群之漢學，王明蓀，（臺灣）史學彙刊（第 21 期），2008 年 6 月。
13. 淺談契丹民族與漢民族交往過程中的文化涵化，郝偉，湖北經濟學院學報（人文社會科學版），2007 年第 7 期。
14. 契丹族加入中國統一多民族國家及中華民族的過程，孫進己，遼金契丹女眞史研究（總第 34 期），2004 年。
15. 契丹族加入中國統一多民族國家及中華民族的過程，孫進己，遼金史研究，吉林大學出版社，2005 年。
16. 契丹族和女眞族加入中華民族的過程，孫進己，遼金史論集（第十一輯），吉林文史出版社，2008 年。
17. 從遼代韓知古家族墓誌看韓氏家族契丹化的問題，王玉亭，遼上京研究論文選，政協巴林左旗委員會，2007 年。
18. 從遼代韓知古家族墓誌看韓氏家族契丹化的問題，王玉亭，北方文物，2008 年第 1 期。
19. 女眞族加入中國統一多民族國家及中華民族的過程，孫泓，遼金契丹女眞史研究（總第 34 期），2004 年。
20. 論入居中原的女眞人受漢族文化的影響，劉美雲，呂梁教育學院學報，2006 年第 2 期。

21. 戰爭、戰俘、文化碰撞——金國宮廷生活方式及宮廷禮儀漢化趨勢研究，張明華，河南大學學報（社會科學版），2008 年第 4 期。
22. 女眞漢化與中華文明，顧偉東，江西社會科學，2002 年增刊。
23. 金源統治者特定心理與中原文化引進及其漢化關係，沈文雪，文教資料，2009 年第 24 期。
24. 從「金以儒亡」談起——評女眞漢化及其影響，陳曉寧，消費導刊，2009 年第 9 期。
25. 民族文化融合與中國古代戲曲繁榮（筆談），李成、周惠泉、孫黎、周暉、劉達科、田同旭，大連大學學報，2004 年第 3 期。
26. 試論金代女眞人對儒家倫理的吸收，王文東，滿族研究，2003 年第 1 期。
27. 金代中原地區的民族融合，任崇岳，民族史研究（第七輯），民族出版社，2007 年。
28. 文明的衝突——從會寧府的歷史變遷看金的漢化過程，丁柏峰，青海社會科學，2005 年第 4 期。
29. 金代定都燕京與女眞民族文化的流變，李秀蓮，商丘師範學院學報，2006 年第 1 期。
30. 金代定都燕京與女眞民族文化的流變，李秀蓮，薊門集——北京建都 850 週年論文集，北京燕山出版社，2005 年。
31. 試論金代女眞人開放的文化心態與其漢化，李秀蓮，黑龍江農墾師專學報，2002 年第 4 期。
32. 金代女眞人的漢化及其誤失問題初探，李秀蓮，黑龍江農墾師專學報，2002 年第 1 期。
33. 從金陵考古發現看金代女眞人的漢化問題，吳敬，邊疆考古研究（第 9 輯），科學出版社，2010 年。
34. 金女眞族漢化過程查考紀要 粘忠判剖記，粘龍音提供，滿族文化（32），2009 年 2 月。
35. 女眞族與蒙古族的漢化程度及其影響因素比較，楊媚，邯鄲學院學報，2010 年第 2 期。
36. 論金代女眞族文化對漢族的影響，宋馥香，西南師範大學學報（社科版），2001 年第 5 期。
37. 金朝「南人」胡化考略，張其凡、惠冬，史學集刊，2009 年第 4 期。

38.「漢児」なる張飛——金末の張飛人気と「燕人」の來原，上原究一，三國志研究（5號），三國志學會，2010年9月。
39. 金元時期的民族大融合，陳廣恩，歷史月刊（262），2009年11月。

七、人物

（一）帝后

1. 契丹始祖奇首可汗事蹟考，李豔陽，遼寧師範大學學報（社會科學版），2008 年第 1 期。
2. 遼朝九帝述略，孫麗君、丁志剛，遼代北鎮，北鎮市文化體育局，2009 年。
3. 遼帝喜好現場辦公，馬義、丁銘，經濟參考報，2004 年 6 月 14 日。
4. 論遼代帝后之漢學，王明蓀，遼金史論集（第 10 輯），中國社會科學出版社，2007 年。
5. 論遼代帝后之漢學，王明蓀，（臺灣）江南文史（第 2 期），2008 年。
6. 論遼太祖耶律阿保機的歷史貢獻，李慶恒、張志勇，遼寧工程技術大學學報（社會科學版），2007 年第 3 期。
7. 遼太祖傳說研究，黃爲放，東北亞研究論叢（第三輯），吉林大學出版社，2009 年。
8. 耶律阿保機——遼王朝締造者，黃鳳岐，遼金歷史與考古（第一輯），遼寧教育出版社，2009 年。
9. 耶律阿保機建國建制論略，陳秀娟，佳木斯大學社會科學學報，2010 年第 1 期。
10. 談耶律阿保機的政治胸襟，薛志清、李桂雲，河北北方學院學報，2005 年第 5 期。
11. 耶律阿保機的神化活動及特點，孟凡雲，北方文物，2005 年第 4 期。

12. 耶律德光與母后鬥智進佔燕雲十六州，劉肅勇，學習與探索，2009 年第 6 期。
13. 遼景宗即位考實，李桂芝，學習與探索，2006 年第 6 期。
14. 三論景聖之治（一、二、三），苗潑，昭烏達蒙族師專學報，2003 年第 1、3、4 期。
15. 試析遼景宗時期的用人特點，張儒婷，遼金歷史與考古（第一輯），遼寧教育出版社，2009 年。
16. 遼聖宗皇帝十子考，魏奎閣，遼金史研究，吉林大學出版社，2005 年。
17. 遼道宗「願後世生中國」諸說考辨，張其凡、熊鳴琴，文史哲，2010 年第 5 期。
18. 論耶律洪基在中國北方民族意識形態轉化中的作用，王利民，文物世界，2008 年第 5 期。
19. 耶律隆緒與北方宗教，周鐵鈞，東北之窗，2008 年第 13 期。
20. 天祚西逃夾山，王維民，內蒙古電大學刊，2003 年第 5 期。
21. 試論耶律大石西遷的形成過程，肖愛民，東北史研究動態，2003 年第 1 期。
22. 耶律大石西遷意義簡評，斐麗麗，西北民族研究，2003 年第 1 期。
23. 西遼創建者耶律大石評述，丁立軍，伊犁師範學院學報，2005 年第 2 期。
24. 金朝始祖與女真文明，趙永春，多維視野中的黑龍江流域文明，黑龍江人民出版社，2006 年。
25. 金初的祖廟和十帝傳說，辛更儒，文史知識，2007 年第 2 期。
26. 金祖西遷前後考略，錢萬慧，東北史研究動態，2003 年第 1 期。
27. 完顏阿骨打，滅北宋之手，湯迪，環球人物，2008 年第 2 期。
28. 論阿骨打起兵之初的戰術方略，王春雷，哈爾濱學院學報，2002 年第 9 期。
29. 完顏阿骨打建大金國開篇不凡——紀念寧江州首戰告捷 890 週年，穆鴻利，北方民族，2005 年第 2 期。
30. 完顏阿骨打進占東京遼陽府的策略與措施，劉肅勇，東北史地，2008 年第 1 期。
31. 阿骨打拜天射柳，常曉宇、李秀蓮，黑龍江史志，2008 年第 13 期。
32. 女真族的崛起與完顏阿骨打，周喜峰，文史知識，2007 年第 2 期。

33. 金太宗的用人政策研究，羅英傑，吉林大學碩士學位論文，2005 年。
34. 金熙宗與宇文虛中，李祿峰，文史雜誌，2006 年第 6 期。
35. 金熙宗心理變態原因初探，楊軍，吉林大學古籍研究所建所二十週年紀念文集，吉林人民出版社，2004 年。
36. 金熙宗文治措施述略，王耘，黑龍江史志，2008 年第 13 期。
37. 金熙宗的民族思想與民族政策研究，王觀，吉林大學碩士學位論文，2009 年。
38. 也論海陵王，李星建，遼寧師範大學碩士學位論文，2009 年。
39. 京本通俗小說中的金海陵王，楊昌年，(臺灣) 歷史月刊 (第 171 期)，2002 年 4 月。
40. 金廢帝的個性探究和歷史評價，史韻，和田師範專科學校學報，2005 年第 5 期。
41. 簡析海陵王文化心理，史許福、付暘來，黑龍江農墾師專學報，2001 年第 2 期。
42. 評致力於南北統一的金帝——海陵王，林永強、陶延林，黑龍江農墾師專學報，2001 年第 2 期。
43. 論完顏亮對宰執的任用，周峰，哈爾濱學院學報，2002 年第 5 期。
44. 完顏亮及其詩詞特點，王通、牛小東，中北大學學報（社會科學版），2005 年第 6 期。
45. 定都北京的海陵王，朱耀廷，薊門集——北京建都 850 週年論文集，北京燕山出版社，2005 年。
46. 論大金海陵貞元遷都燕京的歷史動因和貢獻，穆鴻利，東北史研究，2004 年第 4 期。
47. 金海陵王改革與遷都燕京，黃鳳岐，遼寧工程技術大學學報（社會科學版），2005 年第 3 期。
48. 金海陵王的改革與遷都燕京，黃鳳岐，薊門集——北京建都 850 週年論文集，北京燕山出版社，2005 年。
49. 北京建都發端：金海陵王遷都燕京，王毓藺、尹鈞科，城市問題，2008 年第 11 期。
50. 論金朝完顏亮遷都，劉肅勇，遼寧大學學報（哲學社會科學版），2009 年第 5 期。

51. 金朝完顏亮定都北京眞相，劉肅勇，中國社會科學報，2010 年 7 月 15 日第 18 版。
52. 淺談海陵王遷都的目的，王旭偉，今日財富，2010 年第 3 期。
53. 試論海陵王遷都燕京，季智明，黑龍江史志，2010 年第 12 期。
54. 淺論完顏亮改革對契丹人的影響，蘇鵬宇，阿壩師範高等專科學校學報，2009 年第 1 期。
55. 淺論完顏亮改革對契丹人的影響，蘇鵬宇，遼金史研究通訊，2009 年第 1、2 期。
56.《魯齋郎》與「金海陵」——《包待制智斬魯齋郎》本事探索，胡淑芳，藝術百家，2005 年第 3 期。
57. 完顏亮詩詞藝術成就及影響，李成，大連大學學報，2003 年第 3 期。
58. 論女眞帝王海陵完顏亮的詩詞藝術，李成，黑龍江民族叢刊，2004 年第 1 期。
59. 完顏亮詩詞命運的啓示——對因人廢文的典型個案的觀察，胡傳志，民族文學研究，2007 年第 3 期。
60. 完顏亮詩詞命運的啓示——對因人廢文的典型個案的觀察，胡傳志，古典文獻研究（第十一輯），鳳凰出版社，2008 年。
61. 完顏亮詩詞命運的啓示——對因人廢文的典型個案的觀察，胡傳志，周勳初先生八十壽辰紀念文集，中華書局，2008 年。
62. 俚而實豪 粗中見奇——完顏亮《鵲橋仙·待月》的心理解讀，王永，名作欣賞，2005 年第 23 期。
63. 完顏亮《念奴嬌·天丁震怒》與毛澤東《沁園春·雪》比較，邱陽，哈爾濱學院學報，2005 年第 12 期。
64. 一聲鼙鼓 千秋霸氣——完顏亮《喜遷鶯》賞析，董航，文史知識，2007 年第 2 期。
65. 新發現海陵王完顏亮賜僧人詩，郭長海，東北史研究，2005 年第 4 期。
66.「金海陵王詩」的眞相，金文明，咬文嚼字，2009 年第 11 期。
67. 論金世宗完顏雍，劉肅勇，遼寧省博物館館刊（第五輯），遼海出版社，2010 年。
68. 鑒史治世的金代明君——完顏雍，孫玉敏，黑龍江農墾師專學報，2001 年第 4 期。

69. 號稱「小堯舜」的金世宗，師綸，民主協商報，2001 年 8 月 24 日第 3 版。
70. 金世宗參與海陵王弒君奪權史事考，董四禮，北方文物，2009 年第 3 期。
71. 論金世宗以「寬仁」治國的思想（上、下），張志勇，遼寧工程技術大學學報（社會科學版），2005 年第 2、3 期。
72. 論金世宗以「寬仁」治國的思想，張志勇，遼金史研究，吉林大學出版社，2005 年。
73. 小議金世宗爲君之道——從金世宗時期的賑濟措施談起，林利，遼金歷史與考古（第一輯），遼寧教育出版社，2009 年。
74. 金世宗崇尚節儉，呂洪偉，牡丹江師範學院學報，2004 年第 6 期。
75.「小堯舜」以儉治國，向文史，理論與實踐，2001 年第 6 期。
76. 論金世宗以儉治國的思想與實踐，張志勇，東北史地，2008 年第 4 期。
77. 略論金世宗對官吏貪贓枉法的預防與懲罰，張維慎、周五龍，陝西教育學院學報，2004 年第 1 期。
78. 金世宗爲何頒佈保護山林走獸法令，劉肅勇，中國社會科學報，2010 年 10 月 28 日第 17 版。
79. 試論金世宗的教育思想，蘭婷、王暉，吉林師範大學學報（人文社會科學版），2004 年第 2 期。
80. 金世宗道德思想建設述論，葛洪源，遼寧大學學報（哲社版），2002 年第 3 期。
81. 略論金世宗的吏治思想與舉措，付百臣，社會科學戰線，2005 年第 4 期。
82. 金世宗吏治思想與金中葉的小康局面，王德朋，文史雜誌，2007 年第 1 期。
83. 論金世宗的法律思想，張志勇、陳振斌，東北史地，2006 年第 1 期。
84. 論金世宗的法律思想與實踐，張志勇、孫振江，遼金歷史與考古（第二輯），遼寧教育出版社，2010 年。
85. 論金世宗的法治思想與實踐，孫振江，政法論壇，2010 年第 5 期。
86. 金世宗用人「有準則可循」，用人，人才資源開發，2010 年第 9 期。
87. 金世宗的用人政策淺析，李琦，黑龍江史志，2010 年第 6 期。
88. 略論金世宗「事當任實」求眞思想的哲學涵義，任蕾、馬延萍，博物館研究，2002 年第 3 期。

89. 金世宗民族情懷之探析，林煌達，（臺灣）長庚科技學刊（第 2 期），2003 年 11 月。
90. 金世宗維護女真舊俗原因試探，趙萍，東北史研究，2006 年第 1 期。
91. 論金世宗挽救女真傳統的措施，王對萍，瀋陽大學學報，2010 年第 2 期。
92. 金世宗對金源故地的經略，劉肅勇，黑龍江民族叢刊，2009 年第 1 期。
93. 論金世宗制訂「以女真爲本」政策的歷史前提，王久宇，牡丹江師範學院學報（哲學社會科學版），2008 年第 6 期。
94. 金世宗對宋議和述論，趙永春，吉林師範大學學報（人文社會科學版），2008 年第 4 期。
95. 完顏雍心性素養與文化詞品，周延良，民族文學研究，2002 年第 4 期。
96. 完顏雍《本朝樂曲》的復舊情結，李淑岩，邊疆經濟與文化，2007 年第 1 期。
97. 論金章宗的文治，范軍、周峰，北京文物與考古（第 6 輯），民族出版社，2004 年。
98. 論金章宗的北疆經略，周峰，北方民族，2003 年第 1 期。
99. 論金章宗對北京西山風景名勝帶形成的貢獻，范軍，薊門集——北京建都 850 週年論文集，北京燕山出版社，2005 年。
100. 金章宗與北京山水，高文瑞，文史知識，2009 年第 1 期。
101. 評金章宗在金朝發展中的作用，金寶麗，黑龍江史志，2007 年第 3 期。
102. 完顏璟的文化素養和詩詞質量，李淑岩，黑龍江教育學院學報，2006 年第 6 期。
103. 論完顏璟的漢文化成就及漢化政策，胡淑慧，西南交通大學學報（社會科學版），2008 年第 3 期。
104. 金源完顏璟文行詩詞考評，周延良，民族文學研究，2004 年第 2 期。
105. 試析金宣宗遷都開封，霍明琨、胡曄，北方文物，2009 年第 4 期。
106.《遼史》中的四個女人，陳諾，作文通訊（初中版），2010 年第 12 期。
107. 遼太祖淳欽皇后研究述評，康建國，赤峰學院學報（漢文哲學社會科學版），2010 年第 10 期。
108. 淳欽皇后回鶻後裔辯證，康建國，宋史研究論叢（第十一輯），河北大學出版社，2010 年。
109. 阿保機在世時代的述律后，宋抵，遼金史研究通訊，2009 年第 1、2 期。

110. 斷腕太后：遼太祖耶律阿保機妻述律平，招福，各界，2009 年第 1 期。
111. 遼述律后的「人神合一」活動及其採取的宗教形式，孟凡雲，北方文物，2008 年第 2 期。
112. 試析遼代述律后的后權和母權，王連連，江蘇工業學院學報（社會科學版），2010 年第 1 期。
113. 述律平及其家族，康建國、程嘉靜，首屆遼上京契丹．遼文化學術研討會論文集，內蒙古文化出版社，2009 年。
114. 遼太宗皇后考，王善軍，黑龍江民族叢刊，2005 年第 5 期。
115. 欽哀太后攝政辨析，劉國友，遼金歷史與考古（第一輯），遼寧教育出版社，2009 年。
116. 契丹「三后」的成敗及其歷史根源，陶理、汪玢玲，東北史地，2006 年第 1 期。
117. 遼國歷史上的兩個蕭皇后，成立笠，報刊薈萃，2007 年第 9 期。
118. 讀歷史看自己——遼國太后蕭燕燕，朴月，（臺灣）小作家月刊（第 104 期），2002 年 12 月。
119. 契丹族傑出的女政治家蕭綽，鄭玉書，遼寧工程技術大學學報（社會科學版），2006 年第 1 期。
120. 一代女傑蕭太后，王廣義，百科知識，2008 年第 14 期。
121. 契丹蕭太后與北宋劉太后之比較研究，魏國清，東北師範大學碩士學位論文，2010 年。
122. 蕭太后（蕭綽）不是契丹人是奚族人，蕭春江，中國．平泉首屆契丹文化研討會論文集，吉林大學出版社，2010 年。
123. 淺析遼朝蕭太后的治國方略，張宏、劉延麗，吉林師範大學學報（人文社會科學版），2009 年第 2 期。
124. 論遼國蕭綽的軍事貢獻，王宇勍、石闊，蘭臺世界，2008 年第 11 期。
125. 遼代蕭綽封建化改革略探，張宏，東北史地，2010 年第 2 期。
126. 論蕭太后在遼聖宗即位之際所採取的措施，李鳳飛、胡凡，齊齊哈爾大學學報（哲學社會科學版），2003 年第 3 期。
127. 蕭太后與韓德讓，任崇岳，光明日報，2004 年 1 月 20 日。
128. 崇德宮中的蕭太后，趙洛，光明日報，2001 年 5 月 9 日。

129. 評說蕭太后兼及楊家將，黃鳳岐，遼金契丹女真史研究，2007 年第 1、2 期。
130. 歷史小說楊家將中的蕭太后，景愛，遼寧工程技術大學學報（社會科學版），2009 年第 1、2 期。
131. 尋訪塵封的花園與蕭太后相遇，趙春霞，鄉音，2007 年第 8 期。
132. 歷史上的佘太君與蕭太后，商豫，文史月刊，2009 年第 1 期。
133. 自古英雄出少年之蕭綽：十七歲女孩掌管國家，肖春，中學生百科，2006 年第 19 期。
134. 讓宋朝寢食難安的遼國皇后「蕭太后」，關濤，法制博覽，2009 年第 9 期。
135. 遼代傑出的女政治家——承天皇太后，肖銅，大慶社會科學，2006 年第 4 期。
136. 契丹承天太后的儒化戰略，周寶榮，史學月刊，2003 年第 3 期。
137. 遼懿德皇后蕭觀音之死與遼朝的滅亡，王禹浪、石豔軍，黑龍江民族叢刊，2008 年第 3 期。
138. 可憐遼宮蕭觀音，文紅霞，各界，2008 年第 3 期。
139. 薄命才女——蕭觀音傳，鄭東凱、王善軍，中國古代社會與思想文化研究論集（第四輯），黑龍江人民出版社，2010 年。
140. 論遼代帝后——蕭觀音詩歌的藝術特點，修新宇，赤峰學院學報（漢文哲學社會科學版），2009 年第 6 期。
141. 異域奇葩——蕭觀音詩詞中的巾幗風采，孟憲叢，東京文學，2008 年第 10 期。
142. 十香詞與宣懿皇后冤案，劉鳳翥，阜新遼金史研究（第五輯），中國社會出版社，2002 年。
143. 遼朝天祚皇后蕭氏先祖考，曹顯徵，赤峰學院學報（漢文哲學社會科學版），2005 年第 5 期。
144. 遼天祚帝元妃身世及諸子考，史風春，內蒙古大學學報（哲學社會科學版），2010 年第 4 期。
145. 小議金世宗昭德皇后，連群，黑龍江農墾師專學報，2002 年第 4 期。
146. 金代貞懿皇后述略，樹林娜，遼東史地，2006 年創刊號。

（二）其它人物

1. 遼太祖耶律阿保機長弟剌葛其人，肖愛民、彭豔芬，赤峰學院學報（漢文哲學社會科學版），2006 年第 2 期。
2. 略論東丹王耶律倍，王成國，東北史研究，2004 年第 1 期。
3. 東丹王耶律倍與北鎮醫巫閭山，賈輝，遼代北鎮，北鎮市文化體育局，2009 年。
4. 捨得皇位的契丹王族藏書家耶律倍，滕秋茗，圖書館雜誌，2008 年第 12 期。
5. 論東丹王浮海去國事件的性質，田野，滄桑，2009 年第 6 期。
6. 十香詞冤案——遼昭懷太子耶律濬的冤死，楊西雲，（臺灣）歷史月刊（第 169 期），2002 年 2 月。
7. 「孛董匀德實」與「空寧曷魯」，愛新覺羅・烏拉熙春，中國古代社會與思想文化研究論集（第 2 輯），黑龍江人民出版社，2007 年 9 月。
8. 匣馬葛考，愛新覺羅・烏拉熙春，立命館文學（582 號），2004 年 1 月。
9. 遼代名將——耶律斜軫，李麗新、于澤民，遼金史研究，中國文化出版社，2003 年。
10. 智勇兼備威震北宋的軍事家耶律休哥，高玉琳，遼金史研究，中國文化出版社，2003 年。
11. 遼代傑出的軍事家——耶律休哥，許明武，內蒙古民族大學學報（社科版），2001 年第 1 期。
12. 遼許王耶律斡特勒其人芻議，李麗新、于波，阜新遼金史研究（第五輯），中國社會出版社，2002 年。
13. 耶律宗教生平及大事略考——以耶律宗教兄弟的墓誌爲主，付璐、孟凡雲，科技創新導報，2009 年第 29 期。
14. 耶律乙辛重評，孟凡雲，敦煌學與中國史研究論集——紀念孫修身先生逝世一週年，甘肅人民出版社，2001 年。
15. 敵輦岩木古與室魯子嗣新考，愛新覺羅・烏拉熙春，北方文物，2010 年第 3 期。
16. 耶律隆祐與耶律隆裕考，王青煜、敖力布，宋史研究論叢（第十一輯），河北大學出版社，2010 年。
17. 糯思回鶻身份說新證，康建國，蘭州學刊，2009 年第 12 期。

18. 蕭撻覽之死深探，孟憲玉，樂山師範學院學報，2004 年第 9 期。
19. 蕭陶蘇斡並非蕭意辛之父，石金民、包淑芳，遼金史研究，中國文化出版社，2003 年。
20. 蕭奉先與蕭得里底考辨，曹顯徵，貴州社會科學，2006 年第 1 期。
21. 遼外戚蕭和家族世系表新補，魏奎閣、袁海波，遼寧工程技術大學學報（社科版），2003 年第 3 期。
22. 蕭惠世系族屬考——兼及《大遼故皇弟秦越國妃蕭氏墓誌銘》所記的幾個人物，向南，東北史地，2008 年第 4 期。
23. 蕭惠與蕭孝惠事蹟辨析，史鳳春，遼金歷史與考古（第二輯），遼寧教育出版社，2010 年。
24. 鐸魯斡斥子聚財，政府法制，2004 年第 23 期。
25. 遼契丹族烈女蕭意辛新考，石金民，遼寧工程技術大學學報（社會科學版），2002 年第 4 期。
26. 遼契丹族烈女蕭意辛新考，石金民，阜新遼金史研究（第五輯），中國社會出版社，2002 年。
27. 遼代蕭孝忠、蕭孝誠爲一人考，李志，阜新遼金史研究（第五輯），中國社會出版社，2002 年。
28. 遼承天皇太后弟爲蕭道寧（隗因），向南，遼金史論集（第 10 輯），中國社會科學出版社，2007 年。
29. 遼陳國公主家世考釋，劉珊，考古與文物，2007 年第 3 期。
30. 蕭幹建國稱帝及其失敗，姚德昌，東北史研究，2009 年第 2 期。
31. 釋魯之死考述，楊軍，內蒙古文物考古，2010 年第 1 期。
32. 淺說遼代名相韓德讓——兼就韓德讓與蕭綽的關係與李錫厚先生商榷，葛華廷，北方文物，2005 年第 2 期。
33. 位兼將相，功業茂矣——祖籍河北玉田的賢相韓德讓，王瑞雲，黑龍江史志，2008 年第 20 期。
34.「韓昌」其人其事——一段不爲人所廣知的傳奇，周慶輝，檔案天地，2007 年第 4 期。
35. 遼代韓德昌及其子嗣職官述略——兼論玉田韓第五代權勢問題，王玉亭，北方文物，2009 年第 3 期。

36. 路振《乘軺錄》中「韓統軍」與「齊妃」考，齊偉，中國邊疆史地研究，2010 年第 3 期。
37. 路振《乘軺錄》所記「韓氏子」考辨，蔣金玲，北方文物，2010 年第 2 期。
38. 超越：一個「貳臣」的貢獻——索隱歷史塵埃中的細節，王瑞來、鄧廣銘教授百年誕辰紀念論文集，中華書局，2008 年。
39. 論遼寧地區遼代著名文學藝術家的成就，都興智，遼寧工程技術大學學報（社會科學版），2008 年第 2 期。
40. 梁援家世考，李桂芝，黑龍江民族叢刊，2009 年第 2 期。
41. 遼代藝術大師虞仲文，馬晉宜、杜呈輝，雁北師範學院學報，2002 年第 4 期。
42. 遼代「文僧」志延，宣立品，北京遼金文物研究，北京燕山出版社，2005 年。
43. 遼代後期的一位「文僧」，伊葆力，遼金文物摭英，（美國）逍遙出版社，2005 年。
44. 論「金源郡王」群體的構成及其影響，金寶麗，哈爾濱學院學報，2007 年第 5 期。
45. 從金源郡王看女眞族的民族精神，金寶麗，黑龍江史志，2005 年第 6 期。
46. 略論金源郡忠毅王完顏撒改，劉麗麗，黑龍江史志，2007 年第 4 期。
47. 論完顏宗翰——兼談金朝初年的金、宋關係，王禹浪、王宏北，哈爾濱學院學報，2005 年第 1 期。
48. 完顏宗翰對宋政策述論，趙永春，北方文物，2004 年第 1 期。
49. 金陵陪葬人物——完顏宗幹、宗弼墓考，齊心，遼金史論集（第 10 輯），中國社會科學出版社，2007 年。
50. 金陵陪葬的人物——完顏宗幹、宗弼墓考，齊心，金上京文史論叢（第二集），哈爾濱出版社，2008 年。
51. 簡評金朝開國功臣完顏宗弼，魏琳，黑龍江史志，2010 年第 23 期。
52. 完顏銀術可在抗遼伐宋中的作用淺析，王文素、張志立，遼金史論叢——紀念張博泉教授逝世三週年論文集，吉林人民出版社，2003 年。
53. 女眞族傑出的軍事家完顏銀術可，王文素，黑龍江民族叢刊，2008 年第 3 期。

54.《金史》婆盧火身份新證，趙永春、李玉君，黑龍江民族叢刊，2010 年第 1 期。
55. 淺論完顏希尹，王孝華，北方文物，2006 年第 3 期。
56. 創制女眞文字的完顏希尹，張貴，吉林日報，2006 年 3 月 31 日。
57. 歷史上的金兀朮，景愛、苗天娥，百科知識，2008 年第 10 期。
58. 簡評金兀朮的歷史作用，郝慶雲，哈爾濱學院學報，2003 年第 1 期。
59. 論金兀朮的功業及其在歷史上的地位，魏國忠、李宛眞，金上京文史論叢（第二集），哈爾濱出版社，2008 年。
60. 說不盡的金兀朮，陳才訓、劉景枝，文史知識，2007 年第 2 期。
61. 金兀朮後裔研究管見，吳札拉克堯，北方民族，2008 年第 3 期。
62. 完顏宗弼對宋戰略研究，趙永春，金上京文史論叢（第二集），哈爾濱出版社，2008 年。
63. 忠奸觀念與反面人物形象塑造——論金兀朮的「俠義」性格，王立、馮立嵩，哈爾濱工業大學學報（社會科學版），2004 年第 4 期。
64. 金翅鳥降凡，赤鬚龍下界——論「說岳全傳」中岳飛與兀朮之將帥形象，陳純禎，（臺灣）東方人文學志（第 4 卷第 1 期），2005 年 3 月。
65. 兀朮還該不該罵？，楚欣，炎黃縱橫，2007 年第 3 期。
66.「兀朮不死，兵革不休」考辨，趙永春，學習與探索，2005 年第 1 期。
67. 論歷史上的完顏斜也，王文素，紹興文理學院學報（哲學社會科學版），2008 年第 3 期。
68. 金代齊國王完顏晏研究，邢曉瑩、穆笑冰，金上京文史論叢（第二集），哈爾濱出版社，2008 年。
69. 完顏守道評述，王則，博物館研究，2006 年第 4 期。
70. 論女眞詞人完顏璹，王定勇，黑龍江史志，2009 年第 24 期。
71. 論完顏璹創作中的佛禪意蘊，姜劍雲、孫昌武，河北大學學報（哲社版），2003 年第 2 期。
72. 完顏允成及其《請倫公禪師主持德雲寺疏》，徐平原、孟一楠，北京遼金文物研究，北京燕山出版社，2005 年。
73. 完顏允成及其《請倫公禪師主持德雲寺》疏，伊葆力，遼金文物摭英，（美國）逍遙出版社，2005 年。
74. 蕭仲恭史事散論，趙永春，遼金契丹女眞史研究（總第 34 期），2004 年。

75. 蕭仲恭史事散論，趙永春，遼金史論集（第十一輯），吉林文史出版社，2008 年。
76. 金代前期重臣烏林答贊謨探賾，周峰，內蒙古大學學報（人文社會科學版），2002 年第 6 期。
77. 略論女真族狀元徒單鎰，楊玉彬、王顏貞，安徽文學（下半月），2008 年第 11 期。
78. 試論金初宰相韓企先與隱者政治，李秀蓮，遼寧工程技術大學學報（社會科學版），2009 年第 1 期。
79. 試論金初宰相韓企先與隱者政治，李秀蓮，遼金史論集（第十一輯），內蒙古大學出版社，2009 年。
80. 簡評金大定年間漢人宰相石琚，吳鳳霞，歷史與社會論叢（第 3 輯），吉林大學出版社，2010 年。
81. 楊樸在《金史》中的隱遁與金初政治，李秀蓮，黑龍江民族叢刊，2010 年第 4 期。
82. 楊樸勸阿骨打稱帝及其歷史意義，李秀蓮，滿族研究，2010 年第 4 期。
83. 論金初「南冠詩人」的忠義精神，張建偉、范婷婷，山西大同大學學報（社會科學版），2010 年第 5 期。
84. 洪皓在冷山的日子，霍明琨，文史知識，2006 年第 10 期。
85. 洪皓與完顏希尹之子，王維憲，北方民族，2004 年第 1 期。
86. 洪皓使金期間交遊及詩文研究，耿偉，浙江大學碩士學位論文，2007 年。
87. 洪皓流放東北時期的詩詞作品，霍明琨，北方文物，2007 年第 2 期。
88. 洪皓使金與詞的創作、傳播，李靜，北京大學學報（哲學社會科學版），2008 年第 4 期。
89. 論洪皓使金詩的安適主題，于國華、劉玉梅，通化師範學院學報，2008 年第 7 期。
90. 朱弁對蘇黃的評價及其在金代的影響，賈秀雲，晉陽學刊，2009 年第 2 期。
91. 朱弁使金事蹟及其紀行資料，陳學霖，鄧廣銘教授百年誕辰紀念論文集，中華書局，2008 年。
92. 朱弁詩話研究，劉啓旺，首都師範大學碩士學位論文，2009 年。
93. 金初詩人高士談考論，張靜，社會科學輯刊，2007 年第 3 期。

94. 飄泊念平生 難忘去國情——金初詩人高士談詩歌簡論，張靜，忻州師範學院學報，2003 年第 1 期。
95. 貳臣的進退——張孝純的仕與隱，粘振和，（臺灣）高雄餐旅學報（第 6 期），2003 年 12 月。
96. 金代俳諧詞人趙可，李藝，文史知識，2007 年第 11 期。
97. 金朝傳奇詩人——施宜生，牛貴琥，文史知識，2009 年第 6 期。
98. 金代文學家——宇文虛中，周惠泉，古典文學知識，2006 年第 5 期。
99. 貳臣的進退——宇文虛中的困境，粘振和，（臺灣）人文與社會學報（第 2 期），2003 年 6 月。
100. 宇文虛中事件與南宋社會的道德期許，賈秀雲，史學月刊，2009 年第 6 期。
101. 宇文虛中與金初文壇，李祿峰、蔡東洲，史學月刊，2007 年第 6 期。
102. 金代文風的開創者：宇文虛中及其詩歌創作，周惠泉，古典文學知識，2005 年第 3 期。
103. 金代詩人宇文虛中的詩歌創作，周惠泉，中國詩學研究・第 3 輯・遼金詩學研究專輯，上海古籍出版社，2004 年。
104. 宇文虛中疑案史書記載異同及其背景述論，沈文雪，吉林大學社會科學學報，2003 年第 3 期。
105. 金代著名改革家宇文虛中之死因探析，李祿峰，文史雜誌，2006 年第 4 期。
106. 金代兩朝宰相張浩考，李宛眞，黑龍江史志，2008 年第 23 期。
107. 赤峰歷史上的第一位狀元，史鑒，松州，2008 年第 4 期。
108. 金代狀元陳載考略，李琳，湖北職業技術學院學報，2009 年第 2 期。
109. 淺議狀元張行簡與金代禮制建設，孫豔，華章，2007 年第 9 期。
110. 金代狀元張檝及其作品——兼談《田器之燕子圖》聯詩，杜成輝，山西大同大學學報（社會科學版），2010 年第 5 期。
111. 論蔡松年，孟繁清，宋史研究論叢（第五輯），河北大學出版社，2003 年
112. 蔡松年研究，曾定華，廣西大學碩士學位論文，2007 年。
113. 蔡松年年譜，王慶生，中國詩學研究・第 3 輯・遼金詩學研究專輯，上海古籍出版社，2004 年。

114. 蔡松年與陶淵明之比較，薄菲，九江學院學報，2008 年第 2 期。
115. 吳激、蔡松年的交往與詞之異同探析，李靜，黑龍江民族叢刊，2007 年第 1 期。
116. 吳激家世生平考述，王慶生，江蘇大學學報（社會科學版），2002 年第 3 期。
117. 金代作家吳激生平與創作簡論，鄒自振、陳宗沅，閩江學院學報，2009 年第 4 期。
118.「忽見畫圖疑是夢而今鞍馬老風沙」——金代詩人吳激生平事蹟記略，榕叟，福建鄉土，2010 年第 6 期。
119. 論吳激詞的特色及其對金代詞的影響，吳士田、張奇，重慶科技學院學報（社會科學版），2010 年第 17 期。
120. 金代文學家王寂研究，李楠，內蒙古民族大學碩士學位論文，2010 年。
121. 王寂及其著述，任萬平，遼金史論叢——紀念張博泉教授逝世三週年論文集，吉林人民出版社，2003 年。
122. 王寂筆下的東北，張懷宇，文史知識，2007 年第 2 期。
123. 文風初起自遼金——王寂與《鴨江行部志》，李振遠，大連日報，2010 年 7 月 29 日 A10 版。
124. 論金代王寂詞的藝術特質，李楠，集寧師專學報，2009 年第 1 期。
125. 金代《宜州大奉國寺續裝兩洞賢聖題名記》的撰者張邵，姜念思，遼金歷史與考古（第二輯），遼寧教育出版社，2010 年。
126. 金代山西詞人群，劉揚忠，晉陽學刊，2003 年第 4 期。
127. 河汾諸老探賾，劉達科，江蘇大學學報（社會科學版），2005 年第 1 期。
128.「河汾諸老」隱居心態研究，賈秀雲，晉陽學刊，2003 年第 5 期。
129. 河汾諸老憂患情懷的多維度解讀，賈曉峰，忻州師範學院學報，2008 年第 1 期。
130. 情感的多元碰撞——金元之際河汾諸老的精神世界，賈曉峰，綏化學院學報，2008 年第 5 期。
131. 金代文學評論家——王若虛，王霜振，河北廣播電視大學學報，2004 年第 2 期。
132. 王若虛語言學研究，王其秀，山東師範大學碩士學位論文，2006 年。

133. 淺析王若虛的詩學思想，張麗麗，山西煤炭管理幹部學院學報，2009 年第 2 期。
134. 王若虛著述考，李定乾，文獻，2007 年第 1 期。
135. 崇經重史惟眞惟實——王若虛文學觀與其經學、史學思想的辯證關係，雷恩海、蘇利國，甘肅社會科學，2010 年 4 期。
136. 王若虛の經學と金代蘇學，高橋幸吉，（日本）橄欖：宋代詩文研究會會誌（14），宋代詩文研究會，2007 年 3 月。
137. 論王若虛對白居易的接受及其得失，尙永亮，社會科學，2009 年第 9 期。
138. 顚覆與指斥：淺談王若虛對黃庭堅詩歌批評，邱美瓊，雞西大學學報，2006 年第 5 期。
139. 論王若虛詩論的主體性特徵，楊忠謙，蘭州學刊，2007 年第 1 期。
140. 一心自得渾然天成——論王若虛文論的審美指向，蘇利國，濮陽職業技術學院學報，2009 年 2 期。
141. 不事雕篆，取法自然——論王若虛文論中的「理」，蘇利國，赤峰學院學報（漢文哲學社會科學版），2009 年第 6 期。
142.「健」——王若虛文筆風貌觀的契入點，蘇利國，文教資料，2010 年第 26 期。
143.「眞」：王若虛「文意觀」的本色之美，蘇利國，重慶科技學院學報（社會科學版），2010 年第 22 期。
144. 金代王若虛的「史例」思想，吳鳳霞，北方文物，2009 年第 4 期。
145. 王若虛《史記辨惑》之研究，張智欣，（臺灣）國立政治大學碩士學位論文，2009 年。
146. 試論趙秉文三教相容的用人思想，夏宇旭，綏化師專學報，2003 年第 4 期。
147. 儒耶佛耶：趙秉文思想考論，方旭東，學術月刊，2008 年第 12 期。
148. 試論趙秉文的儒家思想及實踐，夏宇旭，松遼學刊（人文社科版），2002 年第 1 期。
149. 試論趙秉文的修身思想，夏宇旭、汪澎瀾，吉林師範大學學報（人文社會科學版），2003 年第 3 期。
150. 試論趙秉文的治世思想，夏宇旭，北方文物，2003 年第 4 期。
151. 簡論趙秉文的天道性命觀，夏宇旭，東北史地，2007 年第 2 期。

152. 趙秉文與平定州，趙成秀，娘子關，2006 年第 2 期。
153. 論趙秉文的文學觀與創作的關係，張毅慧，山西大學碩士學位論文，2010 年。
154. 趙秉文詩歌創作的佛禪意蘊，田玉琪、吳松山，佛教與遼金元文化國際學術研討會論文集，香港能仁書院，2005 年。
155. 趙秉文治國論評析，吳鳳霞，遼金史論集（第 10 輯），中國社會科學出版社，2007 年。
156. 趙秉文理學思想研究，戴長江，河北大學學報（哲學社會科學版），2006 年第 5 期。
157. 金代民俗文化與趙秉文詩歌，薛文禮，民族文學研究，2008 年第 3 期。
158. 李純甫生平事蹟考略，王慶生，晉陽學刊，2001 年第 4 期。
159. 李純甫儒學思想初探，霽虹、史野，社會科學戰線，2006 年第 2 期。
160. 李純甫佛學思想初探，封樹禮，遼寧工程技術大學學報（社會科學版），2009 年第 6 期。
161. 李純甫的佛學觀念與詩學傾向，張晶，中國詩學研究・第 3 輯・遼金詩學研究專輯，上海古籍出版社，2004 年。
162. 李純甫的佛學觀念與詩學傾向，張晶，佛教與遼金元文化國際學術研討會論文集，香港能仁書院，2005 年。
163. 李純甫佛學二題，胡傳志，佛教與遼金元文化國際學術研討會論文集，香港能仁書院，2005 年。
164. 李純甫的詩學觀念及其禪學淵源，劉潔，北方論叢，2010 年第 4 期。
165. 金末における韓門の受容（上）李純甫と韓門文人，高橋幸吉，中國詩文論叢（27），中國詩文研究會，2008 年 12 月。
166. 金末における韓門の受容（下）李純甫と韓門文人，高橋幸吉，中國詩文論叢（28），中國詩文研究會，2009 年 12 月。
167. 金朝黨懷英研究，聶立申，山東大學碩士學位論文，2008 年。
168. 金朝黨懷英籍貫、家世和生平略考，聶立申，泰山學院學報，2008 年第 5 期。
169. 論金朝名士黨懷英的泰山情結，盧成軒、聶立申，泰安教育學院學報岱宗學刊，2009 年第 3 期。

170. 黨懷英詩文書法地位略論，馬晉宜、杜成輝，雁北師範學院學報，2003 年第 4 期。
171. 黨懷英的詩作品第及成因探析，李淑岩，綏化學院學報，2007 年第 6 期。
172. 論李俊民的儒家思想，楊靜彥，山西財經大學學報，2008 年增刊第 1 期。
173. 論李俊民與陶淵明之歸隱，張建偉，湖州師範學院學報，2007 年第 5 期。
174. 論李俊民與陶淵明之歸隱，張建偉，天風海濤——中國·陵川郝經暨金元文化學術研討會論文集，山西春秋電子音像出版社，2007 年。
175. 李俊民「陵川狀元」考，秦雪清，天風海濤——中國·陵川郝經暨金元文化學術研討會論文集，山西春秋電子音像出版社，2007 年。
176. 李俊民考證八題，宋石青，天風海濤——中國·陵川郝經暨金元文化學術研討會論文集，山西春秋電子音像出版社，2007 年。
177. 澤州名人李俊民及其《會眞觀記》初探，司廣瑞，中國道教，2003 年第 1 期。
178. 金代直臣路鐸，吳鳳霞，冀州歷史文化論叢，河北人民出版社，2010 年。
179. 周昂在隆州時期邊塞詩探析，蘇靜，黑河學刊，2010 年第 11 期。
180. 金代書畫巨擘任詢，盧迎紅，北京文博，2007 年第 1 期。
181. 君謀還是君謨——任詢表字考，籍和平、鮑理，北京遼金文物研究，北京燕山出版社，2005 年。
182. 君謨還是君謀？——任詢表字考，伊葆力，金代碑石叢稿，中州古籍出版社，2004 年。
183. 君謨還是君謀？——任詢表字考，伊葆力，遼金文物摭英，（美國）逍遙出版社，2005 年。
184. 姚孝錫詩歌情感探微，楊愛敏、姜劍雲，山西大同大學學報（社會科學版），2010 年第 4 期。
185. 王庭筠及其《重修蜀先主廟碑》，楊衛東、方清，文物春秋，2007 年第 3 期。
186. 金朝書畫家王庭筠生平的兩項討論，黃緯中，（臺灣）中華書道（第 44 卷），2004 年 5 月。
187. 試析南北文學融合在王庭筠作品中的體現，楊秀蘭，時代文學（下半月），2010 年第 10 期。
188. 金末河中詩人李獻卿，顧文若，大眾文藝，2010 年第 18 期。

189. 社會變革中的燕趙文化人，孟繁清，漆俠先生紀念文集，河北大學出版社，2002 年。
190. 金代詞學宗師劉撝，杜成輝，大同職業技術學院學報，2005 年第 1 期。
191. 金代文學思想的集大成者劉祁，杜成輝，大同職業技術學院學報，2006 年第 1 期。
192. 劉祁及其學術成就簡評，杜成輝，北方文物，2007 年第 2 期。
193. 劉祁在金源時期的交遊考略，夏英琳，滁州學院學報，2009 年第 2 期。
194. 金代文學家劉從益簡評，杜成輝，史學月刊，2005 年增刊。
195. 金末詩人劉從益生卒年新證，狄寶心，晉陽學刊，2008 年第 2 期。
196.《西使記》作者劉郁事蹟考，杜成輝，北方文物，2009 年第 4 期。
197. 金末元初詩人楊宏道生平仕歷考述，王慶生，江蘇大學學報（社會科學版），2003 年第 4 期。
198. 楊宏道詩歌探析，林宜陵，（臺灣）東吳中文學報（第 11 卷），2005 年 5 月。
199. 李獻甫及其文學創作，顧文若，北京電力高等專科學校學報（社會科學版），2010 年第 7 期。
200. 千古文章未盡才——解讀金末短命詩人王郁，趙永源，鎮江師專學報（社會科學版），2001 年第 4 期。
201. 金末諍臣陳規，杜幼新，山西老年，2002 年第 1 期。
202. 海內名士 文章巨公——金末元初文學家麻革考論，劉達科，忻州師範學院學報，2003 年第 1 期。
203. 金末文壇黃派領袖雷淵，呂秀琴、杜成輝，大同職業技術學院學報，2002 年第 3 期。
204. 金元之際詩人房皞探微，劉達科，江蘇大學學報（社會科學版），2004 年第 1 期。
205. 金末元初詩人房皞考論，劉達科，中國詩學研究・第 3 輯・遼金詩學研究專輯，上海古籍出版社，2004 年。
206. 房皞《戊子》詩雜考，胡傳志，晉陽學刊，2009 年第 6 期。
207. 金元之際文學家陳賡陳庾考論，劉達科，忻州師範學院學報，2002 年第 1 期。
208. 金末詩人「稷亭二段」卒年及出仕問題，趙琦，文史，2001 年第 3 期。

209. 段氏「二妙」生平及遺民心態探賾，原錦黎，河南理工大學學報（社會科學版），2008 年第 4 期。
210. 金末士人群體與文化認同——以《歸潛志》爲中心的歷史考察，王耘，北方論叢，2008 年第 4 期。
211. 金代遼寧籍兩狀元事蹟略論，都興智，遼寧師範大學學報（社會科學版），2006 年第 2 期。
212. 金代狀元王綱籍貫考辨，范甯，孝感職業技術學院學報，2002 年第 2 期。
213. 金遺民張本事蹟考略，劉曉，元史論叢（第十輯），中國廣播電視出版社，2005 年。
214. 金末漢人地主武裝人物武仙研究，張哲，吉林大學碩士學位論文，2008 年。
215. 嚴實父子與金元之交的東平文化，晏選軍，殷都學刊，2001 年第 4 期。
216. 金元之際山東世侯嚴實，韓桂榮，山東師範大學碩士學位論文，2008 年。
217. 試析金末元初漢人世侯的人格特質——以張柔、張弘范父子作爲個案，符海朝，內蒙古社會科學（漢文版），2004 年第 2 期。
218. 與時俱進的契丹族傑出政治家——耶律楚材，劉麗華，大慶高等專科學校學報，2001 年第 3 期。
219. 耶律楚材及其詩歌簡論，孫玉鋒、賈三強，西北大學碩士學位論文，2004 年。
220. 耶律楚材詩歌特質論，郭亞賓，河北大學碩士學位論文，2001 年。
221. 耶律楚材家族與白居易詩歌在遼金的傳播，賈秀雲，晉陽學刊，2010 年第 5 期，
222. 萬松行秀新考——以《萬松舍利塔銘》爲中心，劉曉，中國史研究，2009 年第 1 期。
223. 金元之際「英上人」考索，王頲，元史論叢（第十三輯），天津古籍出版社，2010 年。
224. 古代北方少數民族畫家胡瓌的族籍問題考證，付愛民，大連民族學院學報，2008 年第 2 期。
225. 渾源「龍山三老」之「龍山」歸屬問題——兼論「三老」對民族融合的影響，薛文禮，山西大同大學學報（社會科學版），2008 年第 6 期。

226. 金末元初儒士梁斗南事蹟鈎沉，周峰，遼金史論集（第十一輯），內蒙古大學出版社，2009 年。
227. 論金末入宋文人及其創作，胡傳志，晉陽學刊，2010 年第 5 期。
228. 金末全眞高道范圓曦生平事蹟考，趙衛東，中國道教，2010 年第 6 期。

八、元好問

（一）生平

1. 論元好問，周惠泉，（臺灣）國文天地（第18卷10期），2003年3月。
2. 元好問（上），滕卉榮，中國縣域經濟報，2010年12月23日第3版。
3. 元好問生平蹤跡考，杜平、李豔蓉、王志英，滄桑，2010年第12期。
4. 金代文學家元好問，周惠泉，文史知識，2003年第7期。
5. 金代大詩人元好問，曲潤海，金上京文史論叢（第二集），哈爾濱出版社，2008年。
6. 元好問：金朝的忠臣元朝的功臣，趙洛，山西社會主義學院學報，2010年第2期。
7. 元好問與元初文壇，沈文雪，考試周刊，2009年第36期。
8. 略論遺山精神，狄寶心，民族文學研究，2008年第3期。
9. 從碑誌文看元好問的政治、社會價值觀念，喬芳，江蘇大學學報（社會科學版），2010年第6期。
10. 元好問：營巢雙燕歸無處 失水神龍可奈何，陳勤奮，地圖，2005年第6期。
11. 元好問研究三題，馬詩凱，中央民族大學碩士學位論文，2007年。
12. 20世紀以來的元好問研究，狄寶心，山西大學學報（哲學社會科學版），2005年第1期。
13. 元好問研究百年回顧，狄寶心，忻州師範學院學報，2002年第4期。
14. 元好問研究的最新創獲，王慶生，忻州師範學院學報，2002年第4期。

15. 元遺山與白樂天的詩學關聯及其接受背景，尚永亮，文學遺產，2009 年第 4 期。
16. 試論「氣節」的時代性——以元好問與錢謙益爲例，焦中棟，江南社會學院學報，2005 年第 2 期。
17. 元好問「卜居外家東園」考，李獻芳，文學遺產，2005 年第 2 期。
18. 元好問の國史院辭職——併せて「飲酒」五首、「後飲酒」五首と陶淵明について，高橋幸吉，中國研究（3），2010 年。
19. 元好問和元結，高橋幸吉，安徽師範大學學報（人文社會科學版），2004 年第 2 期。
20. 李治與元好問交遊考，趙平分、周新華，青海師範大學民族師範學院學報，2008 年第 1 期。
21. 李治與元好問交遊考，趙平分、周新華，中國傳統文化與元代文獻國際學術研討會會議論文集，中華書局，2009 年。
22. 依違之間：崔立功德碑事件中的元好問，楊慶臣，文史知識，2007 年第 2 期。
23. 遺山未染崔立碑，李千和，五臺山，2005 年第 1 期。
24. 且莫獨罪元遺山——詩人元好問秘書生涯的「憾事」，眭達明，秘書工作，2010 年第 3 期。
25. 收有金百年之元氣 著衣冠一代之典型——元好問執著的修史精神，任崇岳，光明日報，2008 年 8 月 31 日。
26. 金代士人的遭遇與元好問的悲劇意識，賈秀雲，江蘇大學學報（社會科學版），2009 年第 3 期。
27. 元好問在金代滅亡以後的活動歷程，薩兆溈，北京行政學院學報，2001 年第 6 期。
28. 詩人窮途亦爲道——晚年元好問的存道文化心理，丁國祥，殷都學刊，2007 年第 4 期。
29. 從元好問看宗教與文學的互動關係，劉丹、宋國慶，長春工業大學學報（社會科學版），2007 年第 4 期。
30. 試論佛教對元好問的影響，李正民、牛貴琥，民族文學研究，2005 年第 3 期。

31. 試論佛教對元好問的影響，李正民，佛教與遼金元文化國際學術研討會論文集，香港能仁書院，2005 年。
32. 元好問與佛教——以嵩山時期爲中心，高橋幸吉，佛教與遼金元文化國際學術研討會論文集，香港能仁書院，2005 年。
33. 元好問と道教，高橋幸吉，藝文研究（92），慶應義塾大學藝文學會，2007 年。
34. 元好問與道教，高橋幸吉，民族文學研究，2008 年第 2 期。
35. 元好問與道教關係考，張松輝、羅鳳華，宗教學研究，2010 年增刊。
36. 元好問的生平思想與詩詞創作，狄寶心，忻州師範學院學報，2005 年第 6 期。
37. 元好問的文學貢獻，楊品，山西日報，2005 年 10 月 11 日。
38. 宗杜論詩：元好問的意義與局限，王志清，民族文學研究，2008 年第 4 期。
39. 元好問在東平的活動及對文化的貢獻，李獻芳，齊魯學刊，2002 年第 5 期。
40. 翠微中的元好問，張樹剛，五臺山，2006 年第 3 期。
41. 元好問與五臺山，田昌安，五臺山，2006 年第 3 期。
42. 元好問與南陽，張建偉，文史知識，2009 年第 11 期。
43. 元好問在北京，薩兆溈，北京文史，2004 年第 1 期。
44. 元好問與他的忻州詩，王玉聲，忻州日報，2010 年 9 月 26 日第 4 版。
45. 對《元好問在眞定路行跡一則》的補說，魏崇武，文獻，2001 年第 3 期。
46. 元好問居家登封時的思想及創作分析，耿豔麗，河南教育學院學報（哲學社會科學版），2008 年第 4 期。
47. 元好問と耶律履の一族，德永洋介，富山大學人文學部紀要（47），富山大學人文學部，2007 年 8 月。
48. 元好問與「夫子刪詩」公案，趙興勤，忻州師範學院學報，2007 年第 1 期。
49. 元好問與郝氏祖孫的交往和影響，狄寶心，忻州師範學院學報，2007 年第 1 期。
50. 元好問與郝經祖孫的交往和影響，狄寶心，天風海濤——中國・陵川郝經暨金元文化學術研討會論文集，山西春秋電子音像出版社，2007 年。

51. 元好問與其恩師郝天挺之情緣，王貴雲，中華詩詞，2008 年第 12 期。
52. 郝經與元好問詩歌創作思想之比較，李紅日，天風海濤——中國·陵川郝經暨金元文化學術研討會論文集，山西春秋電子音像出版社，2007 年。
53. 吳偉業墓碑與元好問，朱則傑、徐豐梅，古典文學知識，2005 年第 1 期。
54. 論元好問的遺民心態，漆億，名作欣賞，2007 年第 4 期。
55. 論元好問的隱逸思想，李劍柔，忻州師範學院學報，2003 年第 1 期。
56. 時人評元好問之鉤沉，狄寶心，民族文學研究，2006 年第 4 期。
57. 論元好問的價值觀，李正民，江蘇大學學報（社會科學版），2007 年第 4 期。
58.「滄海橫流要此身」——論元好問對傳統價值體系的沖決與開拓，李正民，民族文學研究，2007 年第 4 期。
59. 元好問對北宋詩學的繼承和發展，王會婷，內蒙古師範大學碩士學位論文，2010 年。
60. 論元好問「避難南渡」時期的散文創作，魏崇武，西南民族大學學報（人文社科版），2009 年第 12 期。
61. 淺談宋、金知識分子在元初的心態和文學創作——以元好問、耶律楚材、趙孟頫爲例，楊琦，湖北師範學院學報（哲學社會科學版），2006 年第 6 期。
62. 元好問的文藝思想與金元之交的文壇，李獻芳，中國文學研究，2003 年第 3 期。
63. 論元好問在文學史上的地位，金聲，新聞出版交流，2001 年第 3 期。
64. 東園花柳西湖水 剩著新詩到處誇——元好問在山東的文學創作及貢獻，李獻芳，山東教育學院學報，2009 年第 4 期。
65. 元好問「以誠爲本」說的出發點和歸宿，狄寶心，民族文學研究，2001 年第 2 期。
66. 元好問詩歌藝術探析，安淑榮，白城師範學院學報，2004 年第 3 期。
67. 元好問、嚴羽唐詩持論考察，劉福燕，西北農林科技大學學報（社會科學版），2009 年第 5 期。
68. 論韓愈對元好問的影響，吳振華，安徽師範大學學報（人文社會科學版），2007 年第 5 期。

69. 天放奇葩角兩雄——陸游與元好問詩歌比較論，胡傳志，北京大學學報（哲學社會科學版），2010 年第 4 期。
70. 稼軒詞的北歸及其走向——兼論元好問在其中的作用，胡傳志，安徽師範大學學報（人文社會科學版），2007 年第 5 期。
71. 從執著的故國家山之思向宏通的大中華觀念提升——元好問文學中「中國」意識和華夏正統觀的呈現，劉揚忠，忻州師範學院學報，2008 年第 6 期。
72. 甌北推重元遺山原因探考，趙興勤，晉陽學刊，2008 年第 1 期。
73. 天然風韻 英雄氣質——元好問美學精神新論，李瑞卿，民族文學研究，2006 年第 3 期。
74. 元好問詩學視野中的陶淵明，張秋爽，吉林省教育學院學報，2009 年第 9 期。
75. 元好問詩歌悲劇美學精神探源，陳海霞，忻州師範學院學報，2008 年第 1 期。
76. 亂世中的寂寞心、英雄氣——元好問詩學精神，李瑞卿，忻州師範學院學報，2005 年第 4 期。
77. 元好問墓，孫轉賢，五臺山，2005 年第 2 期。
78. 一代文宗元好問祠重修落成，班彥欽，山西日報，2010 年 10 月 1 日 A02 版。
79. 我市舉行遺山祠重修落成典禮元好問詩詞書法展元好問學術研討會，王建秉，忻州日報，2010 年 9 月 27 日第 1 版。
80. 民國詩話中的元好問研究史料發覆，劉達科，江蘇大學學報（社會科學版），2009 年第 1 期。

（二）作品

1. 元好問佚詩考，張建偉、吳曉紅，民族文學研究，2010 年第 2 期。
2. 杜甫與元好問七言律詩比較，陳琛，皖西學院學報，2006 年第 3 期。
3. 元好問山水詩研究，張紅雲，安徽大學碩士學位論文，2010 年。
4. 元好問山水詩的主體意象，王素美，忻州師範學院學報，2003 年第 1 期。
5. 元好問別離詩研究，薛麗萍，臺北市立師範學院碩士學位論文，2003 年。

6. 元好問近體詩拗救格式的研究，高原，商丘師範學院學報，2010 年第 8 期。
7. 試論元好問的理趣詩，李量，咸陽師範學院學報，2005 年第 1 期。
8. 元好問題畫詩中的畫論觀初探，狄寶心，文藝理論研究，2010 年第 2 期。
9. 畫言志——元好問題畫詩研究，顏慶餘，漢學研究（26 卷第 3 期），2008 年 9 月。
10. 元好問杏花詩的藝術特色及成因，金強，河北大學成人教育學院學報，2004 年第 1 期。
11. 元好問杏花詩研究，呂素珠，（臺灣）玄奘大學碩士學位論文，2010 年。
12. 元遺山詩考辯三則，狄寶心，民族文學研究，2007 年第 3 期。
13. 金代詩人元好問晚年詩作，陳友冰，（臺灣）國語日報（第 1005 期），2004 年 6 月 5 日。
14. 論元好問重剛輕柔的詩歌主張，廖美英，江西財經大學學報，2004 年第 6 期。
15. 論金元時期遺山詩歌的實時傳播，張靜，民族文學研究，2008 年第 3 期。
16. 元好問雅正自然的詩學觀，張俊敏，保定師範專科學校學報，2002 年第 1 期。
17. 元好問唐詩學研究，孫達，河南大學博士學位論文，2009 年。
18. 論元好問的七言古詩，王錫九，淮陰師範學院學報（哲學社會科學版），2001 年第 2 期。
19. 空將衰淚灑江天——論元好問的喪亂七言絕句，吳照明，阜陽師範學院學報（社科版），2006 年第 6 期。
20. 論元好問「喪亂詩」的悲劇美學意蘊，張榮東、逯雪梅，黑龍江農墾師專學報，2001 年第 2 期。
21. 試論元好問的喪亂詩創作，羅海燕、王素美，兵團教育學院學報，2008 年第 6 期。
22. 元遺山故國詩叢釋，張文澍，元代文化研究（第一輯・國際元代文化學術研討會專輯），北京師範大學出版社，2001 年。
23. 金源詩人元好問《元遺山詩集》用韻考，楊臺福，（臺灣）國立彰化師範大學碩士學位論文，2002 年。

24. 元好問詩詞用韻之研究，任育萱，(臺灣) 國立彰化師範大學碩士學位論文，2009 年。
25. 元好問詞用韻考，吳如蕙，(臺灣) 國立彰化師範大學碩士學位論文，2005 年。
26. 元好問「九日讀書山」詩について，高橋幸吉，藝文研究 (83)，慶應義塾大學藝文學會，2002 年 12 月。
27. 元好問《鄧州城樓》詩：登樓文學，顏慶餘，名作欣賞，2007 年第 21 期。
28. 深沉哀慟小娘歌——元好問《續小娘歌十首》賞析與辨微，陳長義，四川教育學院學報，2001 年第 9 期。
29. 元好問絕筆詩考，李量，山西大學學報 (哲學社會科學版)，2005 年第 4 期。
30. 元好問的唐詩觀與選編實踐，胡建次，忻州師範學院學報，2008 年第 1 期。
31. 元好問的唐詩觀與選編實踐，胡建次，陝西理工學院學報 (社會科學版)，2007 年第 3 期。
32. 元好問《唐詩鼓吹》研究，張立榮，山西大學碩士學位論文，2003 年。
33.《唐詩鼓吹》編者考，沈延珍，(臺灣) 佛光大學碩士學位論文，2010 年。
34. 元好問《唐詩鼓吹》的詩學思想，張立榮、彭新元，江西師範大學學報 (哲學社會科學版)，2006 年第 6 期。
35. 元好問《唐詩鼓吹》的選詩特色，張立榮，山西大學學報 (哲學社會科學版)，2005 年第 4 期。
36. 元好問《唐詩鼓吹》的版本及其流傳考，張立榮，中國詩學研究·第 3 輯·遼金詩學研究專輯，上海古籍出版社，2004 年。
37. 試論元好問的陶淵明批評，高林廣，廣播電視大學學報 (哲學社會科學版)，2003 年第 4 期。
38. 從《楊叔能〈小亨集〉引》看元好問詩歌「誠」「正」的創作標準，王亞然，安徽文學 (下半月)，2009 年第 1 期。
39. 精金美玉，非以口舌能定貴賤——論元遺山對宋詩的態度評，張福勳，陰山學刊，2002 年第 4 期。
40. 論元好問評蘇軾詩，楊松年，蘇州大學學報 (哲學社會科學版)，2001 年第 2 期。

41. 論元好問對陳師道「閉門覓句」作詩方式的誤解，李最欣，寧夏大學學報（社會科學版），2005 年第 3 期。
42. 元好問詩論「南北偏見說」新論，呂玨音，（臺灣）中極學刊（第 2 卷），2002 年 12 月。
43. 照隅室杜、元二家論詩絕句箋釋要旨，朱大銀，甘肅社會科學，2007 年第 5 期。
44. 〈彙報〉元好問「倫詩絕句三十首」試論（附，訳注）（平成 12 年度文學研究科 修士論文題目及び要旨），高橋幸吉，藝文研究（80），慶應義塾大學藝文學會，2001 年 6 月。
45. 元好問《論詩三十首》之人物編次研究，方滿錦，忻州師範學院學報，2008 年第 6 期。
46. 落盡見眞淳——元好問《論詩三十首》選析，李量，滄桑，2008 年第 4 期。
47. 元好問《論詩三十首》的文學性，方滿錦，中國詩學研究·第 3 輯·遼金詩學研究專輯，上海古籍出版社，2004 年。
48. 從《論詩三十首》看元好問對唐詩的認識及其意義，邱瑞祥，肇慶學院學報，2008 年第 3 期。
49. 析元好問《論詩絕句三十首》中的「李杜優劣論」——兼論其中第十五首的解讀，駱禮剛，肇慶學院學報，2009 年第 4 期。
50. 論元好問的論詩絕句，吳照明，安徽理工大學學報（社會科學版），2005 年第 4 期。
51. 從《論詩絕句》看元好問的詩學觀，姜曉紅，恩施職業技術學院學報，2006 第 3 期。
52. 從元遺山《論詩絕句》看潘岳的文品與人品，胡鳴，重慶科技學院學報（社會科學版），2009 年第 6 期。
53. 元好問《論詩三十首》在金代文學中的現實意義，牛貴琥，中國傳統文化與元代文獻國際學術研討會會議論文集，中華書局，2009 年。
54. 從元遺山《論詩三十首》「奇外無奇更出奇」看東坡詩的奇趣，楊秀華，（臺灣）新生學報（第 2 期），2007 年 7 月。
55. 疏鑿微旨 涇渭分明——從《論詩三十首》看元好問的詩學觀，茅國華、馬德生，河北大學成人教育學院學報，2002 年第 4 期。

56. 元好問「論詩三十首」詩觀論析，楊松年，（臺灣）佛光人文社會學刊（第2卷），2002年6月。

57. 出門一笑大江橫——元好問論詩三十首的文學解讀：以羅曼・英加登的理論爲中心的探討，周益忠，（臺灣）彰化師大國文學志（第21期），2010年12月。

58. 從論詩絕句三十首看元好問現實主義詩歌理論，張人石，株洲工學院學報，2002年第5期。

59. 元好問《論詩三十首》之詩歌主張及論詩形式淺析，林欣怡，（臺灣）問學（第5卷），2003年3月。

60. 元好問《論詩三十首》詩歌主張評析，唐先強，零陵學院學報，2004年第4期。

61. 略談元好問《論詩三十首》的審美標準，陳憶軍，開封教育學院學報，2002年第3期。

62. 元好問《論詩三十首》的論詩標準，趙非，承德職業學院學報，2006年第1期。

63. 元好問《論詩三十首》的戲作性質，胡傳志，晉陽學刊，2002年第4期。

64. 元好問《論詩三十首》之編次失序研究，方滿錦，北京化工大學學報（社會科學版），2005年第1期。

65.「恐隨春草鬥輸贏」與「春草輸贏較幾多」——遺山《論詩三十首》之一辨析，周巍昆，忻州師範學院學報，2002年第2期。

66. 元好問「論詩絕句其二」初探，李德偉，（臺灣）興大中文研究生論文集（第8卷），2003年5月。

67. 由元好問《論詩三十首》其四論陶淵明的詩與人，任立人，殷都學刊，2002年第2期。

68. 在心爲志 發言爲詩——從元遺山《論詩絕句》談陶淵明的詩品與人品，張麗萍，中共山西省委黨校省直分校學報，2004年第1期。

69. 元好問對陸龜蒙的崇拜——兼就《論詩三十首》（其十九）的解讀與各家商榷，李定廣，汕頭大學學報（人文社會科學版），2005年第6期。

70. 論詩寧下涪翁拜，未作江西社裏人——由《論詩絕句三十首》看元好問對江西詩派的批評，黃春梅，昭通師範高等專科學校學報，2008年第6期。

71. 有我之境：元好問與山水詩的傳統，顏慶餘，中國詩學（第十四輯），人民文學出版社，2010 年。
72. 《荊棘中杏花》詩作者考辨——《疊山集》誤收元好問詩一首，仝建平，忻州師範學院學報，2010 年第 1 期。
73. 遺山詞研究，趙永源，南京師範大學博士學位論文，2006 年。
74. 淺析元好問詞，于新，雁北師範學院學報，2003 年第 1 期。
75. 淺析元好問的詞，于新，長沙鐵道學院學報（社會科學版），2009 年第 4 期。
76. 元好問山水詞新探，梅森，和田師範專科學校學報，2010 年第 1 期。
77. 遺山詞中的「夢」，鄧昭祺，民族文學研究，2009 年 4 期。
78. 元好問與詞序的進化，顏慶餘，蘭州學刊，2009 年第 4 期，
79. 元好問的宋詞觀，黃春梅，廣西教育學院學報，2009 年第 2 期。
80. 論遺山詞的仙家情思，祁秋娟，青年科學，2009 年第 3 期。
81. 論遺山詞的詞史地位及其獨特性，趙永源，江蘇大學學報（社會科學版），2006 年第 5 期。
82. 遺山詞的北方民族文化特質，王菊豔，北方論叢，2003 年第 2 期。
83. 元遺山言情詞初探，吉玉萍，常州師範專科學校學報，2002 年第 1 期。
84. 遺山詞集版本考略，趙永源、秦冬梅，忻州師範學院學報，2002 年第 4 期。
85. 論元遺山詞對大定、明昌詞的繼承和創新，胡梅仙，陰山學刊，2005 年第 2 期。
86. 遺山詞的自我意識管窺，屈小寧，陝西師範大學繼續教育學報，2007 年第 4 期。
87. 士人的痛苦旅程——從遺山詞看元好問的悲劇心理，劉傑峰，沙洋師範高等專科學校學報，2003 年第 3 期。
88. 金詞中的「杜陵嫡派」——析論杜甫詩歌對遺山詞風的影響，趙永源，江蘇大學學報（社會科學版），2007 年第 4 期。
89. 試論宋金元間詞體創作的雅俗之變——以山谷詞與遺山詞爲例，趙永源，江西社會科學，2007 年第 4 期。
90. 元好問亡國後詞作研究，楊韶閒，（臺灣）國立高雄師範大學碩士學位論文，2008 年。

91. 元好問的詞味說，鄧昭祺，山西大學學報（哲學社會科學版），2008 年第 1 期。
92. 元好問詞味說初探，鄧昭祺，忻州師範學院學報，2007 年第 4 期。
93. 元好問詞序、詞題論三則，張博，南陽師範學院學報，2010 年第 1 期。
94. 略論元好問詞學思想在創作中的運用，陳磊，時代文學（理論學術版），2007 年第 3 期。
95. 略論元遺山壯遊流寓期的詞創作，孫曉飛、魏捷，宜賓學院學報，2006 年第 11 期。
96. 元好問遺民詩詞創作心態考證，陳磊，科教文匯（中旬刊），2007 年第 9 期。
97. 悲歌不盡古今情——元好問《水調歌頭・汜水故城登眺》賞析，李量，文教資料，2008 年第 10 期。
98. 元好問詞《永遇樂（絕壁孤雲）》評析，胡洋，滄桑，2003 年第 3 期。
99. 論元好問《鷓鴣天》詞的創作，趙永源，中國詩學研究・第 3 輯・遼金詩學研究專輯，上海古籍出版社，2004 年。
100. 論元好問《鷓鴣天》詞的創作，趙永源，南陽師範學院學報，2005 年第 7 期。
101. 元好問《鷓鴣天》（臨錦堂前春水波）詞繫年辨正，趙永源，江蘇大學學報（社會科學版），2005 年第 1 期。
102. 元好問《邁陂塘》，平志軍，中學生閱讀（高中版），2006 年第 5 期。
103. 情是何物——讀元好問、李治、楊果的《雁丘》唱和詞，張沬、趙維江，名作欣賞，2004 年第 6 期。
104. 元好問的《雁邱》詞與「秋林渡燕青射雁」，孟繁仁，東南大學學報（哲學社會科學版），2003 年第 5 期。
105. 健筆寫柔情 生死常相許——元好問《摸魚兒・雁丘》、《摸魚兒・雙蓮》解讀，梁俊仙，河北北方學院學報，2005 年第 2 期。
106. 摧剛爲柔 雄思情婉——元好問《摸魚兒・雁丘》賞析，梁俊仙，閱讀與鑒賞（高中版），2005 年第 3 期。
107. 讀書人一聲長歎——元好問《定風波・白髮相看老弟兄》賞析，李量，滄桑，2004 年第 5 期。

108. 趙旭《曲入冥》詞與元好問《浪淘沙》小考，趙永源，江海學刊，2005 年第 5 期。
109. 紅塵禍福揮手去 山間風月入懷來——元好問小令《人月圓》賞讀，楊廷平，中學語文園地（高中版），2008 年第 4 期。
110. 清新筆調繪友情——元好問《臨江仙》賞析，曹英姿，語文世界（初中版），2008 年第 9 期。
111. 流落的男遊別都耽閣的女怨深閨——元好問《江梅引》析讀，劉玉，文學界（理論版），2010 年第 10 期。
112. 論元好問之散曲，方滿錦，忻州師範學院學報，2007 年第 1 期。
113. 論元好問對散曲的巨大貢獻，史文山，詩詞月刊，2007 年第 7 期。
114. 論元好問散曲中矛盾思想形成的原因，竇志偉，現代語文：上旬・文學研究，2010 年第 3 期。
115. 論元好問對散曲形成和發展的開創性貢獻，王素美，詞曲研究的新拓展，高等教育出版社，2003 年。
116. 元好問碑誌文分類研究，喬芳，江蘇大學學報（社會科學版），2007 年第 4 期。
117. 遺山碑誌文史學價值芻議，喬芳，山西師大學報（社會科學版），2008 年第 1 期。
118. 遺山碑誌文敘事藝術探析，喬芳，江蘇大學學報（社會科學版），2008 年第 5 期。
119. 元好問碑誌文寫人藝術之維，喬芳，作家，2008 年第 4 期。
120. 試論元好問碑誌文創作之分期，喬芳，山花，2008 年第 13 期。
121. 以事寫人 形隨事賦——元好問碑誌文寫人藝術探微，喬芳，揚州大學學報（人文社會科學版），2008 年第 2 期。
122. 史家意識與遺民情懷——元好問碑誌文新論，王永，民族文學研究，2006 年第 2 期。
123. 論元好問的散文理論和記體文創作，王永，民族文學研究，2008 年第 1 期。
124. 金末文風嬗變與元好問的散文審美理論，王樹林，民族文學研究，2008 年第 3 期。

125. 元好問辭賦原論，武懷軍，濟南大學學報（社會科學版），2006 年第 5 期。
126. 國破山河在 城春草木深——讀元好問《秋望賦》，武懷軍，名作欣賞，2001 年第 3 期。
127.「金」戈鐵馬下的一株文學奇葩——淺論元好問之《秋望賦》，隋曉會，陝西廣播電視大學學報，2010 年第 1 期。
128. 元好問《續夷堅志》研究，王勇，北京師範大學碩士學位論文，2010 年。
129. 淺談《續夷堅志》的文獻價值，曾貽芬、崔文印，籍海零拾，中華書局，2010 年。
130. 試說元好問的《續夷堅志》，李獻芳，中國典籍與文化，2002 年第 4 期。
131. 語體與文體創新中的《續夷堅志》，李獻芳，曲靖師範學院學報，2004 年第 4 期。
132. 民族文化融合背景下的《續夷堅志》，李獻芳，內蒙古大學學報（人文社會科學版），2003 年第 4 期。
133. 元好問《續夷堅志》與金末元初的文壇，李獻芳，殷都學刊，2003 年第 3 期。
134. 元好問《續夷堅志》與金末元初宗教，李獻芳，中國文學研究，2002 年第 3 期。
135. 元好問《續夷堅志》描寫戰爭特點，李獻芳，河南教育學院學報（哲學社會科學版），2002 年第 3 期。
136.《續夷堅志》輯佚，顏慶餘，中國典籍與文化，2007 年第 3 期。
137. 元初理學背景下的《續夷堅志》，李獻芳，中國傳統文化與元代文獻國際學術研討會會議論文集，中華書局，2009 年。
138. 淺析《續夷堅志》的史學價值，李瑞，黑龍江史志，2010 年第 13 期。
139.《元好問全集》誤收宋、明詩四首，張靜，江海學刊，2007 年第 5 期。
140.《元好問全集》增訂本點校問題，張國英，忻州師範學院學報，2008 年第 6 期。
141.《元好問全集》增補詩辨誤，張靜，民族文學研究，2009 年第 3 期。
142. 元遺山詩集編年錄，狄寶心，中國詩學研究·第 3 輯·遼金詩學研究專輯，上海古籍出版社，2004 年。
143. 略論歷代遺山集序的時代特徵，張靜，晉陽學刊，2007 年第 1 期。

144. 施國祁《元遺山詩集箋注》改動原本的得失，狄寶心，江蘇大學學報（社會科學版），2008 年第 2 期。
145. 元好問詞集的版本問題，顏慶餘，書目季刊（41 卷第 4 期），2008 年 3 月。
146. 宋金元的詩性學說與元好問的新樂府理念，張思齊，山西大學學報（哲學社會科學版），2005 年第 5 期。
147. 淺論元好問《唐詩鼓吹》集，陳文平，文教資料，2008 年第 25 期。
148. 金代詞選——元好問《中州樂府》析論，陶子珍，（臺灣）國文學誌（第 12 期），2006 年 6 月。
149. 史筆摧殘的文學場域——元好問《中州集》詩史辯證之研究，呂玨音，（臺灣）國立暨南國際大學碩士學位論文，2006 年。
150.《中州集》版本質疑，薛瑞兆，東北史研究動態，2002 年第 1 期。
151.《中州集》小傳校訢，薛瑞兆，學習與探索，2005 年第 3 期。
152.「借傳以存史」——《中州集》史學價值新論，裴興榮、張晶，北方論叢，2007 年第 1 期。
153. 元好問《中州集》的文學史意義，王輝斌，三峽大學學報（人文社會科學版），2010 年第 4 期。
154.《中州集》編纂體例的開創性和示範性，裴興榮，雁北師範學院學報，2006 年第 1 期。
155.《中州集》文章觀，李瑞卿，民族文學研究，2008 年第 1 期。
156.《中州集》作家小傳的書目文獻價值——小傳中所記錄的詩文著作可補金朝一代之《藝文志》，裴興榮，山西大同大學學報（社會科學版），2008 年第 1 期。
157. 論《中州集》作家小傳的文學史意義，裴興榮，山西大同大學學報（社會科學版），2009 年第 6 期。
158. 論《中州集》作家小傳的詩話性質，裴興榮，山西師大學報（社會科學版），2007 年第 4 期。
159.《中州集》作家小傳的文學價值，裴興榮，忻州師範學院學報，2007 年第 3 期。
160.《中州集》考補，薛瑞兆，文獻，2007 年第 2 期。

161.《中州集》徐鴻熙錄吳祖修批點本跋，顏慶餘，中國典籍與文化（總第69期），2009年。

162. 元好問及其《遺山樂府》研究，蕭豐庭，國立臺南大學碩士學位論文，2008年。

163. 記憶編織與家國印記：《遺山樂府》之身世書寫，李德偉，（臺灣）東海中文學報（第22期），2010年7月。

164.《遺山樂府》中仕隱辨析，陳韋賓，（臺灣）有鳳初鳴年刊（第3期），2007年10月。

165. 略論元好問《詩文自警》中的散文審美觀，王樹林，國文天地（24卷第11期），2009年4月。

166. 朝鮮詩人對元好問詩詞、詩選的接受與評價，孫德彪，民族文學研究，2010年第2期。

九、社會

（一）社會性質、社會階層

1. 游牧封建制觀點與民族文化共生現象的基本闡釋——關於契丹遼朝前期社會性質問題的基本思考，任愛君，遼金史論集（第十一輯），內蒙古大學出版社，2009 年。
2. 游牧封建制觀點與民族文化共生現象的基本闡釋——關於契丹遼朝前期社會性質問題的基本思考，任愛君，遼寧工程技術大學學報（社會科學），2010 年第 1 期。
3. 契丹の社會組織——金啓〔ソウ〕先生逝去二週年に寄せて，愛新覺羅・烏拉熙春，立命館文學（596），立命館大學人文學會，2006 年 11 月。
4. 女眞原始社會形態的思考與再認識，伊葆力，大連大學學報，2003 年第 3 期。
5. 女眞社會の總合資料學的研究——その成立と展開，臼杵勲，アジア遊學（107）（特集 北東アジアの中世考古學），勉誠出版，2008 年 2 月。
6. 從奴婢看金代女眞人社會形態性質，宋立恒，滿語研究，2007 年第 2 期。
7. 關於金代奴婢的幾個問題，宋立恒，內蒙古社會科學（漢文版），2010 年第 4 期。
8. 金元時期冀州社會管窺，默書民，冀州歷史文化論叢，河北人民出版社，2010 年。
9. 論遼朝部族組織的歷史演變及其社會職能，王德忠，東北師大學報（哲社版），2001 年第 6 期。

10. 遼代社會基層聚落組織及其功能考探——遼代鄉村社會史研究之一，張國慶，中國史研究，2002 年第 2 期。
11. 從《遼代石刻文編》看遼代邑社，程嘉靜，遼金史研究通訊，2009 年第 1、2 期。
12. 從《遼代石刻文編》看遼代邑社，程嘉靜，宋史研究論叢（第十一輯），河北大學出版社，2010 年。
13. 遼代燕雲地區民間邑社組織研究，李小麗，山西師範大學碩士學位論文，2009 年。
14. 遼朝社會階層之分析，王德忠，遼金史論集（第十一輯），內蒙古大學出版社，2009 年。
15. 論遼朝社會階層間的流動及其意義，王德忠，東北師大學報（哲學社會科學版），2005 年第 2 期。
16. 遼代隸宮州縣的漢族地主，李錫厚，揖芬集——張政烺先生九十華誕紀念文集，社會科學文獻出版社，2002 年。
17. 遼代漢族士人心態探析，王德朋，史學集刊，2003 年第 2 期。
18. 遼代漢族士人研究，蔣金玲，吉林大學博士學位論文，2010 年。
19. 金代社會等級結構研究，宋立恒，中央民族大學博士學位論文，2005 年。
20. 金代社會階層研究，張瀚，遼寧大學碩士學位論文，2007 年。
21. 論金朝女眞族的社會階層流動及其評價，王德忠，東北師大學報（哲學社會科學版），2007 年第 1 期。

（二）社會習俗

1. 契丹社會風俗瑣談，任崇岳，尋根，2006 年第 3 期。
2. 契丹社會風俗觀念釋例，任愛君，遼寧師範大學學報（社會科學版），2008 年第 5 期。
3. 民俗相融漢契一體，通靈古臺獨幟胡風，屈連志，遼代北鎮，北鎮市文化體育局，2009 年。
4. 遼代民俗中的佛教因素——「佛教文化與遼代社會變遷」研究之五，張國慶、于航，遼金歷史與考古（第二輯），遼寧教育出版社，2010 年。
5. 論佛教影響下的遼代民俗，于航，遼寧大學碩士學位論文，2009 年。

6. 契丹族的民俗風情，王偉，遼金歷史與考古（第二輯），遼寧教育出版社，2010 年。
7. 淺析契丹人的生活形態，申夢博，牡丹江大學學報，2010 年第 10 期。
8. 宋使所見契丹人的生活——以行程錄和使遼詩爲中心，周峰，族際認知——文獻中的他者，社會科學文獻出版社，2009 年。
9. 遼墓壁畫所反映的遼代社會生活，董新林，考古學集刊（第 18 集），科學出版社，2010 年。
10. 契丹の習俗——愛新覺羅恒煦先生逝去 40 週年に寄せて，愛新覺羅・烏拉熙春，立命館言語文化研究（18—2），立命館大學國際言語文化研究所，2006 年 11 月。
11. 生態環境對遼代契丹習俗文化的影響，張國慶，文史哲，2003 年第 5 期。
12. 遼金時期的吉林民俗，麻鈴，東北史地，2006 年第 6 期。
13. 從遼宋之間的戰爭與和平看燕京及周邊地區的民眾生活，楊新，吉林大學碩士學位論文，2009 年。
14. 三棒鼓、秦樓、市語及其它——話本中的金代燕山生活習俗，伊永文，文史知識，2007 年第 2 期。
15. 遼金時期東北漢人的喪葬習俗，楊清華，鞍山社會科學，2002 年第 2 期。
16. 淺談遼代喪葬習俗，陳金梅，遼寧省博物館館刊（第二輯），遼海出版社，2007 年。
17. 遼代契丹葬俗摭議，于志剛、于九江，遼代北鎮，北鎮市文化體育局，2009 年。
18. 遼代契丹貴族喪葬習俗的考古學觀察，彭善國，邊疆考古研究（第 2 輯），科學出版社，2003 年。
19. 遼代喪葬禮俗：生者爲亡者鐫志刻幢——以遼代石刻爲史料，張國慶、于航，東北史地，2009 年第 1 期。
20. 石刻資料中的遼代喪葬習俗分析，張國慶，民俗研究，2009 年第 1 期。
21. 遼代喪葬禮俗補遺——皇帝爲臣下遣使治喪，張國慶，遼寧大學學報（哲學社會科學版），2008 年第 6 期。
22. 遼代喪葬禮俗舉要——以遼代石刻資料爲中心，鄭承燕，內蒙古大學學報（哲學社會科學版），2010 年第 1 期。

23. 遼代契丹貴族喪葬習俗的考古學觀察，彭善國，邊疆考古研究，2003 年第 2 期。
24. 羊與遼代契丹人的葬俗，葛華廷，北方文物，2003 年第 3 期。
25. 遼代眞容偶像葬俗芻議，顏誠，文物春秋，2004 年第 3 期。
26. 眞容偶像與多角形墓葬，李清泉，首屆遼上京契丹·遼文化學術研討會論文集，內蒙古文化出版社，2009 年。
27. 試談宣化遼墓中所見眞容偶像，張帆，中國歷史文物，2005 年第 1 期。
28. 內蒙古巴林右旗出土遼代眞容木偶的分析研究及保護修復，趙桂芳、孫延忠、周霄，文物科技研究（第 4 輯），科學出版社，2006 年。
29. 遼墓出土木雕眞容偶像と日本の肖像雕刻，根立研介，遼文化·慶陵一帶調查報告書：京都大學大學院文學研究科 21 世紀 COE プログラム：グローバル化時代の多元的人文學の拠點形成，京都大學大學院文學研究科，2005 年。
30. 令人驚異的契丹葬服——金屬面具和網絡，都惜青，遼瀋晚報，2007 年 8 月 23 日。
31. 遼代契丹族金屬面具與網絡試析，張力、張豔秋，內蒙古文物考古，2006 年第 1 期。
32. 罕見的遼代金絲面具，楊海濤，北方文物，2006 年第 4 期。
33. 遼代金屬面具，湯寶珠，市場報，2003 年 4 月 5 日。
34. 淺談「覆面」，楊兮，中國文物報，2002 年 7 月 3 日。
35. 契丹覆面、毀物、焚物葬俗小議，張軍，北方文物，2005 年第 4 期。
36. 發現罕見金代「骨灰盒」，叢明宇，哈爾濱日報，2006 年 10 月 18 日。
37. 遼代契丹墓出土葬具について，今野春樹，（日本）物質文化（75），2003 年。
38. 遼代契丹墓出土馬具の研究，今野春樹，（日本）古代（112），2004 年。
39. トプカプ宮殿美術館所藏のサライ·アルバムにおける半円形圖案畫の考察：馬具に見る東西交流の痕跡，水野美奈子，國際文化研究（13），2009 年 3 月 10 日。
40. 遼朝陳國公主墓出土の副葬用馬具について，曹峰、神谷正弘，古文化談叢（46 集），九州古文化研究會，2001 年。

41. 契丹族的馬具與圍獵——從陳國公主墓出土文物談起，孫建華，內蒙古文物考古，2001 年第 2 期。
42. 遼代契丹馬具探索，馮恩學，考古學集刊（14），文物出版社，2004 年。
43. 契丹晚期打獵習俗的演變，金渭顯，遼金史研究，吉林大學出版社，2005 年。
44. 淺談契丹之犬，梁娜，內蒙古文物考古，2010 年第 2 期。
45. 契丹人與騎射同興衰，劉肅勇，北方民族，2008 年第 2 期。
46. 古契丹族與特有的騎射武功共興衰，劉肅勇，中國社會科學報，2010 年 10 月 21 日第 7 版。
47. 遼代契丹人騎射文化述論，張國慶，東北史研究，2010 年第 3 期。
48. 遼金時期的查干湖、月亮泡漁獵文化探析，孫立梅，白城師範學院學報，2010 年第 2 期。
49. 遼金對野生動物的保護及啟示，張志勇，北方文物，2004 年第 2 期。
50. 論遼王朝對野生動物的保護，魏奎閣，阜新遼金史研究（第五輯），中國社會出版社，2002 年。
51. 遼代的拜日風俗及文化解讀，楊忠謙，民間文化論壇，2005 年第 2 期。
52. 淺談遼代契丹人的祖先崇拜，應文達，長春教育學院學報，2010 年第 4 期。
53.. 契丹瑟瑟儀の一解釈，今井秀周，東海女子大學紀要（23 號），2004 年 3 月。
54. 遼の祭天地について，今井秀周，東海女子大學紀要（25 號），2006 年 3 月。
55. 遼朝酒文化與民族文化交流，楊柏怡，吉林大學碩士學位論文，2008 年。
56. 北宋名人筆下的契丹酒俗，王恩山，承德晚報，2008 年 12 月 20 日 B6 版。
57. 歷史文獻中的金代飲酒文化與釀酒業的發展，郭長海，多維視野中的黑龍江流域文明，黑龍江人民出版社，2006 年。
58. 宋代食羊文化と周辺國家——北宋と遼・西夏との關係を中心に，塩卓悟，「宋代中國」の相對化（宋代史研究會研究報告第九集），汲古書院，2009 年。
59. 契丹民族雞冠壺的文化詮釋，王胤卿，內蒙古社會科學（漢文版），2004 年第 1 期。

60. 契丹髡髮，曹明，吉林日報，2006 年 7 月 5 日。
61. 契丹人的髡髮習俗，羅飛，文史知識，2009 年第 1 期。
62. 契丹人有髡髮習俗，溫科學，遼瀋晚報，2007 年 8 月 9 日。
63. 契丹與蒙古民族的髡髮，傅寧，中國古都研究（第 18 輯上冊）——中國古都學會 2001 年年會暨赤峰遼王朝故都歷史文化研討會論文集，國際華文出版社，2002 年。
64. 宋金時代的「留髮不留頭」李喬，歷史檔案，2006 年第 2 期。
65. 遼朝年節芻議，肖愛民、賈啓紅，遼寧工程技術大學學報（社會科學版），2008 年第 1 期。
66. 遼朝的端午節，劉鍾，社會科學論壇（學術研究卷），2007 年第 1 期。
67. 中元節與遼朝皇帝的「迎節」、「送節」，葛華廷，北方文物，2002 年第 4 期。
68. 金代的聖節，周峰，北方文物，2002 年第 4 期。
69. 金帝誕節改期受賀考，李輝，民族研究，2006 年第 5 期。
70. 名馬、紫貂和獵鷹銜珠（上），王德恒，知識就是力量，2010 年第 4 期。
71. 東北亞絲路的一道酷影——艱難的捕鷹和艱苦的採珠，王德恒，知識就是力量，2010 年第 5 期。
72. 遼金元時期的海東青及鷹獵，彭善國，北方文物，2002 年第 4 期。
73. 海東青及其文化現象，于濟源，學問，2001 年第 5 期。
74. 漫話海東青，李慧芝，文史知識，2007 年第 2 期。
75. 海東青探秘，李露露，黑龍江民族叢刊，2003 年第 4 期。
76. 宋人的北珠消費與海東青傳聞，黃曉紅，中國市場，2010 年第 40 期。
77. 海東青與遼宋金時期的社會政治，夏連保，遼金史論集（第 10 輯），中國社會科學出版社，2007 年。
78.《遼史》「海東青鶻三十連」，張旭東，中華文史論叢，2008 年第 2 期。
79.「海東青鶻三十連」的「連」字釋義，劉洪強，中華文史論叢，2009 年第 1 輯。
80. 考古史料再現：契丹人與獵犬有著難以割捨的情，李富，新華每日電訊，2009 年 7 月 9 日第 8 版。
81. 金朝的旱災、祈雨與政治文化，陳學霖，漆俠先生紀念文集，河北大學出版社，2002 年。

82. 金源崇柳文化習俗研究，李秀蓮，金上京文史論叢（第二集），哈爾濱出版社，2008 年。
83. 女眞人崇柳習俗源流探微，李秀蓮、韓亞男，北方文物，2009 年第 1 期。
84. 我國古代東北民族的射柳活動考，韓丹，哈爾濱體育學院學報，2004 年第 1 期。
85.《射柳源流考》補正，郭康松，湖北大學學報（哲學社會科學版），2001 年第 3 期。
86. 女眞人生殖崇拜文化習俗探微，李秀蓮，黑龍江農墾師專學報，2001 年第 1 期。
87. 遼金人的忠孝觀，宋德金，史學集刊，2004 年第 4 期。
88. 淺析遼代貴族忠孝觀，王秀芬，遼東史地，2007 年第 1 期。
89. 契丹遼人的敬母風尚，馮小琴，蘭州學刊，2004 年第 6 期。
90. 二十四孝の研究——宋遼金の孝子圖と《孝行錄》，梁音，名古屋大學人文科學研究（第 31 期），2002 年。
91. 遼代〔リュウ〕金鏨花銀壺の孝子圖——孝子伝圖から二十四孝圖へ，梁音，名古屋大學中國哲學論集（8），名古屋大學中國哲學研究會，2009 年。
92. 遼代「墓誌人」之年壽狀況及死亡原因考論——以墓誌石刻爲史料，張國慶，北方文物，2008 年第 4 期。
93. 從墓葬壁畫看遼代契丹儀仗，吳敬，邊疆考古研究（第 4 輯），科學出版社，2005 年。
94. 傳承與嬗變之間——關於北方游牧民族的「纛」，陳曉偉，尋根，2009 年第 1 期。
95. 信仰、禮儀、權力、羈縻：契丹社會之纛、旗與鼓研究，陳曉偉，民族學報（第 28 期），2009 年 6 月。
96. 我國現存年代最早的雙陸旗，都惜青，遼瀋晚報，2007 年 8 月 21 日。

（三）姓氏、婚姻、家庭、家族與宗族

1. 論遼、金、元三代避諱，王建，貴州文史叢刊，2002 年第 4 期。
2. 略論遼金的避諱，黃緯中，（臺灣）史學彙刊（第 26 期），2010 年 12 月。

3. 試論遼代的避諱，呂富華，遼寧省博物館館刊（第三輯），遼海出版社，2008 年。
4. 遼宋西夏金的避諱、稱謂和排行，王曾瑜，安徽師範大學學報（人文社會科學版），2005 年第 5 期。
5. 避諱制度與宋遼金南北對峙時期的人文政治，辛時代，遼寧師範大學碩士學位論文，2009 年。
6. 契丹姓氏與名號考——紀念金啓孮先生逝世一週年，金渭顯，金啓孮先生逝世週年紀念文集，（日本）東亞歷史文化研究會，2005 年。
7. 契丹名、字初釋——文化人類學視野下的父子連名制，劉浦江、康鵬，文史，2005 年第 3 期。
8. 契丹名、字研究——文化人類學の視點からみた父子連名制，劉浦江著，飯山知保訳，唐代史研究（10）（石刻史料からみた唐宋元の社會と文化 2006 年度唐代史·宋代史研究會夏期シンポジウム特集），唐代史研究會，2007 年 8 月。
9. 契丹古俗「妻連夫名」與「子連父名」——再論契丹人「字」的詞性，吉本智慧子、金適，立命館文學（602），立命館大學人文學會，2007 年 11 月。
10. 契丹人的一族二姓，景愛，百科知識，2009 年第 4、5 期。
11. 耶律與蕭，段逸山，中醫藥文化，2010 年第 4 期。
12. 遼代契丹族姓氏及其分佈，王孝俊，中州學刊，2008 第 1 期。
13. 蕭孝恭墓誌よりみた契丹國（遼朝）の姓と婚姻，武田和哉，內陸アジア史研究（20），內陸アジア史學會，2005 年。
14. 金代契丹人賜姓略議，夏宇旭，東北史地，2010 年第 2 期。
15. 百萬人只有倆姓 外孫女可嫁外公，馬義、丁銘，經濟參考報，2004 年 6 月 7 日。
16. 金源女眞姓氏譜及改漢姓之分類與特點，穆鴻利，滿族研究，2005 年第 4 期。
17. 完顏始祖傳說與姓氏來源，韓世明，五國城文化暨滿族故里論壇，中國戲曲出版社，2009 年。
18.《金史》女眞人名釋例，孫伯君，滿語研究，2002 年第 2 期。

19. 金代歷史人物的女眞人名解讀（上、下），劉文生、朱國忱，遼金契丹女眞史研究，2008 年第 1、2 期。
20. 金代女眞人名解讀，劉文生、朱國忱，黑龍江民族叢刊，2009 年第 2 期。
21. 女眞——滿族氏族裂變及在不同歷史時期改冠漢字姓研究，趙維和，北方民族，2008 年第 3 期。
22. 金人綽號瑣談，周峰，北方文物，2003 年第 4 期。
23. 「哈敦」與「福晉」，孫伯君，遼金史論集（第 10 輯），中國社會科學出版社，2007 年。
24. 遼代婚姻綜述，黃莉，昭烏達蒙族師專學報（漢文哲社版），2003 年第 3 期。
25. 遼代契丹人的婚姻，（日）島田正郎著，何天明譯，蒙古學信息，2004 年第 3 期。
26. 論契丹族的婚俗與婚制，武玉環，西南學院大學國際文化論集（16－2），西南學院大學學術研究所，2002 年 2 月。
27. 契丹長壽公主婚姻探析，高宇，北方文物，2010 年第 2 期。
28. 契丹族的族際通婚，孫紅梅，黑龍江史志，2008 年第 8 期。
29. 契丹族的族際通婚，孫紅梅，東北史地，2008 年第 3 期。
30. 論遼朝的契漢通婚，戴立軍，吉林大學碩士學位論文，2008 年。
31. 遼代貴族聯姻關係述論，孫科麗，內蒙古社會科學（漢文版），2008 年第 3 期。
32. 遼代漢官上層婚姻關係的兼容性——以韓知古、韓延徽家族爲例，齊偉，遼寧省博物館館刊（第四輯），遼海出版社，2009 年。
33. 契丹統治下的漢人婚姻狀態探究，李月新，赤峰學院學報（漢文哲學社會科學版），2010 年第 9 期。
34. 蒙元時期契丹人婚姻研究，胡小鵬、蘇鵬宇，西北師大學報（社會科學版），2009 年第 6 期。
35. 遼金契丹女眞婚制婚俗之比較，夏宇旭、趙瑋彬，吉林師範大學學報（人文社會科學版），2007 年第 3 期。
36. 論金代女眞人與契丹人的婚姻，夏宇旭，北方文物，2008 年第 2 期。
37. 契丹媵婚制考略，楊富學、孟凡雲，黑龍江民族叢刊，2001 年第 4 期。

38. 金室・按虎完顏家における主權確立と通婚家の選択——遼代女眞の氏族集團構造を手がかりに，藤原崇人，大谷大學研究年報（第 56 號），2004 年。
39. 金代完顏氏世婚制研究——以皇室、宗室爲中心，李忠芝，吉林大學碩士學位論文，2007 年。
40. 金代皇族婚姻述論，李玉君，東北史地，2009 年第 6 期。
41. 金代世婚制度與薩滿文化，李忠芝，長春大學學報，2008 年第 11 期。
42. 金代女眞的婚姻形式和習俗，劉箏箏，滿族研究，2009 年第 1 期。
43. 金代女眞的婚姻形式和習俗，劉箏箏，內蒙古農業大學學報（社會科學版），2009 年第 1 期。
44. 滿族先世婚俗禮儀，王瑩，安徽文學（下半月），2009 年第 4 期。
45. 從「放偷日」習俗看女眞族早期婚制與經濟生活，劉肅勇，滿族研究，2009 年第 1 期。
46. 從《董西廂》看女眞婚俗對金代婚姻觀念的影響，劉代霞，黑龍江民族叢刊，2009 年第 4 期。
47. 從《鶯鶯傳》傳到《西廂記諸宮調》看金代婚姻觀念的變遷，林先龍，劍南文學（下半月），2009 年第 8 期。
48. 關漢卿雜劇中的特殊婚俗，孫桂麗，工會博覽・理論研究，2010 年第 5 期。
49. 老夫人的形象流變與唐金元的婚戀觀，齊濤，文學教育（上），2010 年第 7 期。
50. 宋金時期安多藏族的婚姻文化及女性地位，湯開建、楊惠玲，西北師大學報（社會科學版），2005 年第 3 期。
51. 論遼代家庭生活中佛教文化的影響，張國慶，北京師範大學學報（社會科學版），2004 年第 6 期。
52. 遼朝家族史研究，陶玉坤，史學史研究，2007 年第 4 期。
53. 論遼代皇族，王善軍，民族研究，2003 年第 5 期。
54. 遼代的皇族，王善軍，宋史研究論文集（第十輯），蘭州大學出版社，2004 年。
55. 遼朝の皇族——金啓〔ソウ〕先生逝去二週年に寄せて，愛新覺羅・烏拉熙春，立命館文學（594），立命館大學人文學會，2006 年 3 月。

56. 論遼代后族，王善軍，黑龍江民族叢刊，2007 年第 2 期。
57. 論遼代后族，王善軍，遼金契丹女眞史研究，2007 年第 1、2 期。
58. 遼承天皇太后家族與平泉，都興智，中國・平泉首屆契丹文化研討會論文集，吉林大學出版社，2010 年。
59. 遼代國舅拔里氏阿古只家族的幾個問題，都興智，黑龍江民族叢刊，2009 年第 5 期。
60. 從阜新關山遼墓看遼代后族的歷史活動，佟寶山、賀林，遼寧工程技術大學學報（社科版），2002 年第 1 期。
61. 從考古發現略述阜新及毗鄰地區遼代后族的墓儀制度與文化，李宇峰、李品清，遼金史研究，中國文化出版社 2003 年。
62. 遼代蕭氏后族及其居地考，向南，社會科學輯刊，2003 年第 2 期。
63. 遼蕭和家族興衰史，萬雄飛，遼文化・遼寧省調查報告書：京都大學大學院文學研究科 21 世紀 COE プログラム「グローバル時代の多元的人文學の拠點形成」，京都大學大學院文學研究科，2006 年。
64. 契丹蕭思文家族，向南，遼金歷史與考古（第一輯），遼寧教育出版社，2009 年。
65. 契丹蕭諧里家族，向南，遼金歷史與考古（第二輯），遼寧教育出版社，2010 年。
66. 遼史外戚表新補，魏奎閣，阜新遼金史研究（第五輯），中國社會出版社，2002 年。
67. 遼代世家大族研究，王善軍，河北大學博士學位論文，2001 年。
68. 遼代世家大族文化活動述論，王善軍，安徽史學，2006 年第 2 期。
69. 遼代世家大族的經濟勢力及其來源，王善軍，遼金史論集（第 10 輯），中國社會科學出版社，2007 年。
70. 遼代世家大族的軍事勢力，王善軍，安徽史學，2005 年第 4 期。
71. 耶律家族在民族文化融合與發展的貢獻，查洪德，中國・平泉首屆契丹文化研討會論文集，吉林大學出版社，2010 年。
72. 由富求貴：從歸化州張氏看遼金燕雲豪族的發展路徑，王善軍，河北大學學報（哲學社會科學版），2009 年第 6 期。
73. 韓知古家族的婚姻與政治，史風春，黑龍江民族叢刊，2009 年第 6 期。

74. 韓知古家族世系考，愛新覺羅・烏拉熙春，立命館文學（591 號），2005 年 10 月。
75. 遼代韓知古家族世系證補，蔣金玲，遼金史論集（第十一輯），內蒙古大學出版社，2009 年。
76. 玉田韓氏考辨，巴特爾，企業研究，2010 年第 4 期。
77. 初魯得氏族考，愛新覺羅・烏拉熙春，東亞文史論叢（2006 年特集號），2006 年 10 月。
78. 初魯得族系考，愛新覺羅・烏拉熙春、呼格吉勒圖，內蒙古大學學報（人文社會科學版），2007 年第 6 期。
79. 遼代郎君考，張慶玲，中國文物報，2006 年 9 月 29 日。
80. 遼朝政權與漢人世家——以幽州安次韓氏家族爲例，羅文星，（臺灣）遼夏金元史教研通訊，2004 年第 1 期。
81. 略論遼金時期的渤海高氏，都興智，東北亞研究論叢（第三輯），吉林大學出版社，2009 年。
82. 由武功到文治——試論遼代渤海高模翰家族的轉變，王曄，赤峰學院學報（漢文哲學社會科學版），2010 年第 12 期。
83. 試論生女眞人的宗族文化（上），楊茂盛，北方文物，2001 年第 1 期。
84. 試論生女眞人的宗族文化（下），楊茂盛、王萍，北方文物，2001 年第 2 期。
85. 金代宗室研究，李玉君，吉林大學博士學位論文，2010 年。
86. 論金代前期的宗室貴族群體，宋立恒，滿族研究，2010 年第 1 期。
87. 金朝皇族文化產生的背景探析，李玉君、李鴻飛，吉林師範大學學報（人文社會科學版），2010 年第 1 期。
88. 試論金代皇族婚媾的特點，李玉君、孟憲玉，蘭臺世界，2010 年第 1 期。
89. 論金朝皇族的文學藝術成就及其成因，李玉君，大連大學學報，2010 年第 2 期。
90. 論金代家族的文獻積纍與文化教育，楊忠謙，重慶文理學院學報（社會科學版），2010 年第 6 期。
91. 試論金代山東日照張氏家族，孫豔，遼寧師範大學碩士學位論文，2008 年。

92. 金元時期的淨州天山馬氏家族，韓志遠，元史論叢（第 11 輯），天津古籍出版社，2009 年。
93. 金元時期渾源劉氏家族研究——以劉祁爲中心，杜成慧，中央民族大學博士學位論文，2005 年。
94. 稷山段氏の金元代——11～14 世紀の山西汾水下流域における「士人層」の存続と變質について，飯山知保，「宋代中國」の相對化（宋代史研究會研究報告第九集），汲古書院，2009 年。
95. 北京遼金石刻刻工宮氏家族考，周峰，北京文博，2007 年第 3 期。
96. 由「太常禮樂人」到「禮樂戶」——金元之交「禮樂戶」的形成，張詠春，中國音樂學，2008 年第 4 期。
97. 遼金時期的神童，周峰，遼金歷史與考古（第二輯），遼寧教育出版社，2010 年。

（四）婦女

1. 《遼史》中的婦女形象，錢俊嶺，保定學院學報，2010 年第 1 期。
2. 試論契丹族婦女的社會地位——從其生活習俗談起，楊選娣、趙敏，內蒙古師範大學學報，2002 年增刊。
3. 略論契丹族女性之參政心態，賈秀雲，山西大學學報（哲學社會科學版），2005 年第 2 期。
4. 試論遼代契丹貴族女性在社會生活中的作用與影響，吳啓慧，遼寧師範大學碩士學位論文，2010 年。
5. 遼國契丹貴族婦女的地位概貌，涂玉嬿，（臺灣）中正高工學報（第 8 期），2009 年 7 月。
6. 從參與軍政活動看遼代契丹貴族女性的社會地位，李秀，前沿，2009 年第 7 期。
7. 遼代上層婦女頻繁參政溯源，石豔軍，遼東史地，2006 年第 2 期。
8. 儒家思想對遼代契丹女性的影響，石金民，北方文物，2009 年第 3 期。
9. 論遼朝宮廷女性尚武崇文之風，周淑舫，社會科學戰線，2008 年第 12 期。
10. 遼代貴族婦女社會生活狀況評價，任麗穎，昭烏達蒙族師專學報，2003 年第 1 期。

11. 論遼代女性詩人的生命情懷，賀利，內蒙古大學藝術學院學報，2009 年第 4 期。
12. 金朝女性社會地位探析，王文卓，黑龍江大學碩士學位論文，2010 年。
13. 墓誌所見金代士族女性形象——以《遺山集》墓誌爲重點，楊果，10～13 世紀中國文化的碰撞與融合，上海人民出版社，2006 年。
14. 史家筆下遼金元女性節烈觀綜探，陳素貞，（臺灣）東海中文學報（13 卷）2001 年 7 月。
15. 金代女性貞節觀的變異，王昕，文史知識，2007 年第 2 期。
16. 金代女眞人的貞節觀，賈淑榮，內蒙古民族大學學報（社會科學版），2009 年第 5 期。
17. 從婚姻法比較宋金婦女地位的差異，游惠遠，（臺灣）中國歷史學會史學集刊（第 33 卷），2001 年 7 月。

（五）捺鉢

1. 遼金元捺鉢研究評述，尤李，中國史研究動態，2005 年第 2 期。
2. 遼・金王朝千年の時をこえて（18）「捺鉢」の四季，阿南ヴァージニア史代，人民中國（686），人民中國雜誌社，2010 年 6 月。
3. 北域風情話「春水」，荊溪，中國商報，2004 年 2 月 19 日第 10 版。
4. 遼代捺鉢制度研究，谷文雙，黑龍江民族叢刊，2002 年第 3 期。
5. 遼代捺鉢制度探源，鄭毅，東北史研究，2005 年第 4 期。
6. 契丹族的「四時捺鉢」，東師、江竹，吉林日報，2001 年 9 月 25 日。
7. 契丹皇宮一年「搬」四次——談遼代的四季捺鉢制度，溫科學，遼瀋晚報，2007 年 8 月 10 日。
8. 春水秋山——契丹人的捺鉢生活，王明蓀，（臺灣）故宮文物月刊（第 325 期），2010 年 4 月。
9. 「春水秋山」說漁獵，于濟源，學問，2002 年第 4 期。
10. 四季山水與「四時捺鉢」，烏力吉，中華文化畫報，2009 年第 1 期。
11. 略論遼代的「行朝」體制，鄭毅，東北史地，2007 年第 5 期。
12. 關於契丹四時捺鉢文化模式的思索，穆鴻利，內蒙古社會科學（漢文版），2005 年第 6 期。

13. 論契丹捺鉢文化及其對中世紀草原文化的創新，楊福瑞，論草原文化（第六輯），內蒙古教育出版社，2009 年。
14.「捺鉢文化」: 遼代非物質文化遺產的歷史追尋，周惠泉，江蘇大學學報（社會科學版），2007 年第 2 期。
15. 遼朝議政的獨特方式——捺鉢制度，周惠泉，社會科學報，2006 年 5 月 18 日。
16. 月亮泡與遼的春季捺鉢活動，王平，白城師範高等專科學校學報，2002 年第 3 期。
17. 遼春捺鉢鈎魚及頭魚宴——兼及清代的貢鰉魚，李嵩岩，遼金契丹女真史研究（總第 34 期），2004 年。
18. 遼春捺鉢鈎魚與頭魚宴——兼及清代的貢鰉魚，李嵩岩，遼金史論集（第十一輯），吉林文史出版社，2008 年。
19. 淺議契丹人春水秋山習俗，于靜波，遼上京研究論文選，政協巴林左旗委員會，2007 年。
20. 論遼代慶陵的「冬捺鉢」，榮寶齋，2009 年第 3 期。
21. 遼中京至廣平甸捺鉢間驛館考略，胡廷榮，中國邊疆史地研究，2004 年第 1 期。
22. 說契丹遼朝前期四樓、捺鉢、斡魯朵的關係，任愛君，蒙古史研究（第 8 輯），內蒙古大學出版社，2005 年。
23. 金朝初期春水納鉢之地的考察——兼考「冒離納鉢」與「莫力街古城」之謎，王禹浪，黑龍江民族叢刊，2004 年第 2 期。
24. 金上京「冒離納鉢」的位置及語義，陳士平，東北史研究，2010 年第 3 期。

（六）衣食住行

1. 從《奉使遼金行程錄》透析遼代社會生活，石光英，吉林大學碩士學位論文，2006 年。
2. 從宋人邊疆行記看遼人的生活習俗，閆薇，理論學刊，2007 年第 4 期。
3. 春水秋山，袁宣萍，浙江工藝美術，2003 年第 4 期。
4. 略談契丹服飾文化對宋朝的影響，姜念思，遼金契丹女真史研究，2007 年第 1、2 期。

5. 略論契丹服飾文化對宋朝的影響——以「鈞墩」爲例的考察，姜念思，旅順博物館學苑，吉林文史出版社，2007 年。
6. 契丹傳統袍服及遼朝樂舞人物服飾淺探，王未想，中國古都研究（第 18 輯上冊），國際華文出版社，2002 年。
7. 契丹服飾文化與社會生活，孫佳佳、趙金軼，南寧職業技術學院學報，2009 年第 1 期。
8. 「黃金旺族」展中的契丹民族服飾，嵇若昕，黃金旺族——內蒙古博物院大遼文物展，（臺灣）時藝多媒體傳播股份有限公司，2010 年。
9. 從獬豸紋紫綾袍看遼代傳統袍服，王國慶，首屆遼上京契丹・遼文化學術研討會論文集，內蒙古文化出版社，2009 年。
10. 燕雲十六州漢人男性常服之研究，吳宇然，（臺灣）輔仁大學碩士學位論文，2003 年。
11. 遼代官服「蹀躞帶」帶銙之形制淵源考，韓雪岩，南京藝術學院學報（美術與設計），2010 年第 3 期。
12. 契丹帶飾研究：以蹀躞帶爲中心，滕亞秋，遼寧師範大學碩士學位論文，2010 年。
13. 衣冠簡樸古風存：遼代契丹族金冠，盧昉，蘇州工藝美術職業技術學院學報，2010 年第 2 期。
14. 宋遼金時期服飾文化的時代特徵，矯石，華章，2009 年第 9 期。
15. 簡論金代服飾的特點，陳曉燕，黑龍江史志，2009 年第 23 期。
16. 金代服飾與中華文化（論綱），劉志琴，金上京文史論叢（第二集），哈爾濱出版社，2008 年。
17. 試述金代女眞族服飾及演變，王春雷，黑龍江農墾師專學報，2002 年第 4 期。
18. 金代女眞族服飾文化的整合性發展，顧韻芬、高岩、李丹，紡織學報，2008 年第 2 期。
19. 金代女眞族服飾文化的涵化，顧韻芬、張姝，紡織學報，2009 年第 1 期。
20. 民族學視野下的金代女眞服飾研究，曾慧，滿族研究，2007 年第 2 期。
21. 金代女眞族服飾文化的傳承性發展，顧韻芬、楊書岫、曾慧，紡織學報，2007 年第 11 期。

22. 金代女真族服裝結構處理技術的探討，顧韻芬、劉國聯、曾慧，東華大學學報（社會科學版），2007 年第 4 期。
23. 從金墓磚雕看金人統治下的晉南人物服飾，楊及耘，山西省考古學會論文集（四），山西人民出版社，2006 年。
24. 戲劇中女真人服飾、化裝的多元依據，劉美娟，劇作家，2007 年第 4 期。
25. 淺談遼金時期黑龍江省民族飲食，潘淑豔，青年文學家，2006 年第 4 期。
26. 有容乃大——遼宋金元時期飲食器具研究，韓榮，蘇州大學博士學位論文，2010 年。
27. 食器からみた女真社會と日本列島，中澤寛將，考古學ジャーナル（605 號），ニューサイエンス社，2010 年。
28. 醫在廚房 金元時代の食文化，辰巳洋，漢方と診療 1（4），2010 年 11 月。
29. 宋使節在遼的飲食活動，蔣武雄，東吳歷史學報（第 16 期），2006 年 12 月。
30. 膏嫩還數契丹羊，李開周，中國烹飪，2007 年第 5 期。
31. 契丹飲食文化在墓葬壁畫中的反映，張景明、楊晨霞，大連大學學報，2007 年第 1 期。
32. 遼代飲食文化在墓葬壁畫中的反映，張景明，中國古都研究（第 18 輯上冊）——中國古都學會 2001 年年會暨赤峰遼王朝故都歷史文化研討會論文集，國際華文出版社，2002 年。
33. 遼朝酒的種類，楊柏怡，華章，2007 年第 8 期。
34. 從考古發現看遼代契丹族的飲酒習俗，李麗新，遼金歷史與考古（第二輯），遼寧教育出版社，2010 年。
35. 從考古發現看遼代契丹族的飲酒習俗，李麗新，遼寧工程技術大學學報（社會科學版），2010 年第 2 期。
36. 北宋名人筆下的契丹酒俗，王恩山，中國・平泉首屆契丹文化研討會論文集，吉林大學出版社，2010 年。
37. 遼代宴會考論，張國慶，遼海歷史文化論文集，遼寧大學出版社，2005 年。
38. 遼代契丹人的飲茶習俗，趙淑霞、于文蒞，中國古都研究（第 18 輯上冊）——中國古都學會 2001 年年會暨赤峰遼王朝故都歷史文化研討會論文集，國際華文出版社，2002 年。

39. 契丹的茶與茶文化研究，張景明，飲食文化研究，2006 年第 2 期。
40. 契丹族人的飲茶、茶事與政治，王洪軍、胡玉涵，飲食文化研究，2006 年第 2 期。
41. 遼代の吃茶生活——宣化遼墓壁畫から，關劍平，Aube（4、5）（特集 たべる），淡交社，2009 年 3 月。
42. 遼墓壁畫所反映的茶文化，張梅，陝西歷史博物館館刊（第 12 輯），三秦出版社，2005 年。
43. 遼宋「托盞」之考，韓榮，裝飾，2009 年第 6 期。
44. 遼代茶具：遵漢制、習漢俗，陳龍，海峽茶道，2009 年第 3 期。
45. 遼代茶具與唐宋茶具一脈相承——茶具雜侃之二，陳龍，東方收藏，2010 年第 8 期。
46. 漫話茶食，永文，文史知識，2007 年第 2 期。
47. 金代的茶葉與飲茶風俗，彭善國，北方文物，2001 年第 2 期。
48. 金朝的茶俗和茶禁，呂維新，茶葉通訊，2003 年第 3 期。
49. 金代茶俗與文人茶情，劉福燕，中國國情國力，2009 年第 10 期。
50.「餅茶」「餅、茶」辨——《遼史》校正一例及其它，王福利，文史，2003 年第 4 期。
51. 從董解元《西廂記》看金代中原飲食文化，劉樸兵，中華飲食文化基金會會訊（15 卷第 1 期），2009 年 2 月。
52. 金代女眞人飲食習俗考，崔廣彬，學習與探索，2001 年第 2 期。
53. 金代女眞人與酒，王孝華，北方文物，2007 年第 3 期。
54. 水與火淬煉的精靈——金代燒酒，蘭雪燕，文史知識，2007 年第 2 期。
55. 五代遼宋西夏金時期的葡萄和葡萄酒，陳習剛，南通師範學院學報（哲學社會科學版），2004 年第 2 期。
56. 從遼墓壁畫論契丹社會生活中的居住與出行文化，李萃萃，大連大學學報，2010 年第 4 期。
57. 東北地區古代火炕初探，華陽，北方文物，2004 年第 1 期。
58. 遼代傢具研究，曾分良，蘇州大學碩士學位論文，2008 年。
59. 從遼墓壁畫看遼代東北地區的傢具形式，劉亞萍、朱毅，大眾文藝，2010 年第 24 期。
60. 從椅子看遼代傢具風格的多元化，曾分良，北方文物，2010 年第 2 期。

61. 宣化遼墓壁畫中的桌式研究，邵曉峰，藝術百家，2010年第6期。
62. 觀金墓壁畫 品金代傢具，劉亞萍、朱毅，美與時代（上），2010年第12期。